개성공단 노사관계

개성공단 노사관계

초판 1쇄 발행   2018년 7월 9일

지은이 │ 박천조
펴낸이 │ 윤관백
펴낸곳 │ 도서출판 선인

등 록 │ 제5-77호(1998.11.4)
주 소 │ 서울시 마포구 마포대로 4다길 4(마포동 324-1) 곳마루 B/D 1층
전 화 │ 02)718-6252 / 6257
팩 스 │ 02)718-6253
E-mail │ sunin72@chol.com

정가   29,000원
ISBN   979-11-6068-193-2   93320

개성공단 노사관계

| 박 천 조 |

1998년 10월 故 정주영 현대그룹 명예회장의 소떼 방북, 2000년 6·15공동선언, 2000년 8월 '개성공업지구 건설·운영에 관한 합의서' 체결, 2002년 11월 '개성공업지구법' 제정, 2003년 6월 1단계 개발 시작, 2004년 시범단지 분양, 6월 15개사 계약 체결 및 준공, 12월 첫 시제품 반출, 2005년 8월 개성공단 1단계 1차 기업 분양, 2007년 6월 기반시설 완공 및 본단지 2차 분양, 2015년 12월 현재 123개사 가동…….

이렇게 쉼 없이 달려왔던 개성공단은 기업들이 가동한 지 12년 만인 2016년 2월 이후 전면 중단된 상태이다.

개성공단은 가동 초기의 여러 우려 속에서도 남북 간 대화와 협력의 방식으로 운영되어 왔고 이는 경제, 안보, 평화, 통일의 관점에서 긍정적인 효과를 준 것으로 평가받아 오고 있다. 특히 개성공단이 경제적 관점에서 긍정적인 효과를 주었음은 불문가지이다.

개성공단은 '남과 북이 협력하여 조성한 공단'이라는 점에서 두 가지의 관점을 담고 있다. 하나는 기본적으로 '공단'이라는 측면으로 인해 발생하는 노사관계라는 경제적 관점이고, 다른 하나는 '남북협력'이라는 측면으로 인해 발생하는 남북관계라는 정치적 관점이다. 이러한 두 관점은 개성공단 운영

과정에서 혼재되어 나타난다.

본서는 두 관점 중에서 노사관계라는 경제적 관점을 통해 개성공단을 바라본다.

비록 남북관계라는 정치·군사적 측면이 노사관계에 영향을 주기는 하였지만 기본적으로 우리 기업과 북한 근로자 간에 형성된 노사관계는 정치사상적으로 다른 두 국가의 구성원들이 어떠한 과정과 방식을 거쳐 서로의 이익을 극대화하는 방향으로 협력하여 나갔는지 생동감 있게 보여준다.

본서는 필자의 박사 학위논문인 『개성공단 노사관계 연구』(2014)를 수정·발전시킨 것으로, 노사관계적 관점의 기술을 위해 자본주의적 시각에서의 노사관계 이론을 검토해보고 이러한 이론이 개성공단에 적용 가능한지 여부를 살펴본다. 사회주의 국가의 경우 노사관계라는 관점을 그대로 적용하는 것이 현실적으로 불가능하지만 개성공단과 같은 협력공간의 경우 자본주의적 이론을 적용할 여지가 있기 때문이다.

노사관계 이론에 따르면 노사관계는 행위주체가 외부환경을 감안하여 상호작용의 결과물로 만들어 내는 것이기에 본서는 이러한 관점에서 행위주체인 우리 기업과 북한 근로자에 대한 분석을 진행한다. 이후 외부환경에 대한 분석과 함께 상호작용의 모습들을 기술한다. 특히, 상호작용의 모습과 관련해서는 실제적 사례를 통해 우리 기업들의 문제의식과 해소 상황을 설명함으로써 독자들의 이해를 돕고자 한다.

필자는 통일이라는 장기적 과정에서 남북 간의 경제협력은 필연적으로 경험할 수밖에 없는 단계라고 판단한다. 이러한 점에서 본서가 설명하는 개성공단에서의 노사관계 사례는 향후 전개될 남북 간의 경제협력 공간에서 우리 기업들이 긍정적인 부분을 최대화하고 부정적인 부분은 최소화할 수 있는 지침서로 활용될 것이라 생각한다.

본서가 경제협력 사업을 고민하고 있거나, 학문적으로 관심을 가지고 있는 이들에게 유용하게 활용되기를 기대해 본다.

2018년 6월 박 천 조

제1장

서론

제1절 발간 목적

개성공단이 중단된 현 시점에서 우리는 지난 시기 개성공단을 통해 평가해야할 부분은 무엇이고, 앞으로의 과제는 어떠한 것인지 돌이켜 볼 필요가 있다. 특히 우리의 자본과 기술, 북한의 노동력과 토지라는 생산요소의 결합이 단순한 물리적 차원에 그친 것인지, 아니며 화학적 차원으로 승화되었는지를 살펴보는 것은 개성공단과 같은 남북 협력공간의 미래를 전망케 하는 중요한 판단 지점이다.

개성공단에서의 성공 여부를 판단하는 기준으로 여러 가지를 들 수 있지만 우리는 노사관계라는 측면에서 살펴볼 필요가 있다. 왜냐하면 개성공단에서의 노사관계는 단순한 노사 간의 이익을 넘어 국가 간의 이익을 반영하는 측면이 있기 때문이다.

노사관계에서의 이익은 기업의 입장에서는 생산성 향상과 생산능력 확대, 이윤 극대화인 반면 근로자 입장에서는 임금·근로조건의 개선과 노동 기본권의 확대 등을 들 수 있다.

이러한 행위주체의 이익 극대화는 노사관계라는 영역에서 마주하게 되는데 노사관계가 안정적인지 여부는 행위주체의 이익 극대화 과정이 협력적인가 대립적인가를 통해 알 수 있다. 즉, 관계적 측면에서 보았을 때 행위주체인 기업과 근로자의 이익이 상호 극대화 되었을 때 노사관계가 협력적이고 성공적이었다고 평가 받을 수 있기 때문이다.

그동안 개성공단의 노사관계에 대해서는 양 극단의 시각이 존재했다. 하나의 시각은 북한 근로자들이 우리 기업이 지급하는 임금에 의해 생활하는 임금노동자로서 인사권으로 대표되는 기업 경영권의 일방적 행사가 가능할 것이라는 것이다. 또 다른 시각은 사회주의 계획경제에 익숙한 북한 체제의 특성상 개별 사업장에서도 우리 기업의 권한 행사는 사실상 불가능하며 북한 정부의 개입과 이를 통한 일방적 의사관철만이 있을 것이라는 것이다.

우리 기업 주도의 노무관리가 가능할 것이라고 인식한 데는 개성공단에서의 기업 운영이 기존 북한의 기업 운영방식과는 차이가 있으며 북한 근로자들은 우리 기업의 임금을 받는 임금 노동자이기에 우리의 노무관리 방식이 그대로 적용될 것이라는 시장경제적 시각에 기인한다. 반면 북한 주도의 기업 운영을 예상한 데는 채용 방식의 한계와 임금직불 제한 등과 같이 개성공단은 북한 사회의 작동 방식이 여전히 영향을 미치고 있고 북한 사회의 강력한 통제체제와 열악한 환경 변수를 감안할 때 노사관계 형성은 불가능할 것이라는 시각에 기인한다.

그러나 본서는 양 극단의 시각 모두 개성공단의 노사관계를 충분히 설명할 수 없다고 본다. 왜냐하면 외부적으로는 기업과 임금 노동자라는 자본주의적 형태가 존재하면서도 내부적으로는 북한 사회의 노동력 관리 방식이 유지되는 개성공단의 노사관계를 어느 한 시각으로 설명한다는 것은 불완전하기 때문이다. 더욱이 남북관계의 미래를 전망케 할 수 있는 개성공단의 노사관계를 특정적인 시각으로만 바라보는 것은 왜곡된 평가와 전망을 가져올 수 있기 때문이다. 또한 개성공단의 노사관계를 둘러싸고 있던 환경변수를 근거로 개성공단 노사관계가 행위주체들의 상호작용 없이 환경변수에 지배되었다라고 하는 환경결정론적 시각도 개성공단에서의 노사관계를 온전하게 설명하지 못한다.

본서는 개성공단의 노사관계는 양 극단의 형태가 아닌 노사가 협상과 타협, 갈등을 통해 만들어 내는 중간지대가 있었다고 판단한다. 그리고 이러한 중간지대는 행위주체들이 주어진 환경변수 하에서 동태적으로 벌이는 각종 노사관계의 사례와 실태로 나타나고 이러한 부분을 구체적으로 분석함으로써 확인할 수 있다고 가정한다. 다만 이러한 중간지대는 균일한 결과물만을 만들어 내기보다는 시기의 변화나 기업의 관리능력·수준에 따라 다양한 모습을 발생시킨다.

이에 본서의 발간목적은 노사관계 행위주체들의 각종 상호작용 과정과 결과를 살펴봄으로써 개성공단의 노사관계가 양 극단의 시각과는 다른 중간지대에 위치하고 있었음을 드러내기 위함이다. 아울러 환경변수를 고려하여 행위주체 간 상호 작용과 그 변화 과정을 살펴봄으로써 개성공단 노사관계의 긍정적 전망도 확인해 보고자 한다.

제2절 선행연구 검토

개성공단의 노동에 관한 연구는 개성공단에 대한 접근성과 개성공단의 특수성으로 인해 활성화되지 않은 측면이 있으며 이에 선행연구를 살핌에 있어 일정한 한계가 있다. 그러함에도 개성공단의 노동에 관한 연구를 살펴보면 크게 두 가지로 구분할 수 있다. 첫째는 개성공단에서의 노동 사례와 실태의 분석을 통한 개성공단 노동 실제에 대한 연구이며 둘째는 개성공단의 노동 영역을 중국이나 베트남 등 체제 전환 국가와 비교하여 그 가능성을 살펴 본 연구라고 할 수 있다.

첫째, 개성공단에서의 노동 사례와 실태 분석을 통한 개성공단 노동 실제에 대한 연구로는 문무기·윤문희, 박천조, 강미연의 연구가 있다.

문무기·윤문희[1]는 2005년 7월경 시범단지 진출 기업을 대상으로 한 인터뷰 등을 통해 개성공단에서 노동규정과 현실과의 관계 및 노동규정과 현실 간의 괴리로 인한 문제점이 무엇인지 살펴보았다. 이를 위해 연구 영역을 노력알선 계약과 근로자 관리, 집단적 노사관계로 구분하였는데 연구 결과 법과 실제 간에 괴리 현상이 있음을 발견하였다. 그러면서 기업 활동 중 발생하는 문제 해결 방식이 법과 제도보다는 북한 근로자와의 신뢰관계에 바탕을 두고 있음을 강조하고 신뢰 형성을 통한 상생의 필요성을 설명하였다.

박천조[2]는 개성공단 입주 기업들과의 인터뷰를 중심으로 노무관리 실태를 분석하였다. 박천조는 개성공단의 경우 과거와는 달리 고용제도나 임금제도 등에 있어 제도적 진전과 함께 능동적인 기업 행동을 보이고 있어 과거 북한의 노동제도나 대북사업 경험만을 가지고 개성공단의 노무관리를 예단하는 것은 부적절하다고 지적하였다. 개성공단의 경우 형식적이나마 고용제도와 임금제도의 진전이 있으며 그와 함께 '개성공업지구 출입체류거주 규정' 등 제도의 보장이 있고 남북 간 공동 관리구조를 통해 노무관리상 애로가 해소되고 있음을 설명하였다.

강미연[3]은 개성공단과 관련한 기존 연구들이 주로 정책 지향적 성격의 연구였음을 비판하였다. 그러한 점에서 개성공단 노동과 관련한 법적 · 제도적 측면에서의 인력 활용도를 높이고 기업에 의한 노무관리 제도의 보완 필요성을 언급하며 다양한 시각과 접근의 필요성을 강조하였다. 기본적으로 경제특구의 경우 기업의 자본 철수 위협에 따라 유치국 주도의 노동통제가 이루어지며 노동통제에는 문화적 기제가 활용된다는 시각을 유지하고 있다. 이러한 관점에서 개성공단 작업장의 독특한 관리 방식을 바탕으로 개성공단 작업장 문화를 소개하였다. 강미연은 개성공단의 구조와 체제, 문화 차이는 충돌과 갈등의 요소로 작용하고 기업들은 이러한 한계를 완화하기 위해 '안정화 기제'를 고안하였다고 본다. 결국 이러한 '안정화 기제'가 작업장 문화로 고착되었다고 주장하였다.

개성공단의 노동 실제 관련 연구는 실제적 접근을 통해 개성공단의 노동을 살펴보았다는 공통점이 있으나 우리가 살피고자 하는 개성공단 노사관계의 분석 범위 및 시각과 비교해 차이가 존재하였다.

문무기·윤문희는 개성공단 시범단지 입주 기업들의 사례를 살펴봄으로써 개성공단 초기의 상황을 이해하는 데 유용한 자료를 제공하였다. 또한 제도와 실제의 괴리를 살펴봄으로써 이러한 간극을 좁히기 위한 문제의식도 제공하고 있다. 그러나 개성공단 조성 후 상당한 시간이 흐른 시점에서는 초기의 상황과는 다른 형태가 확인될 수 있으며 제도와 실제의 괴리를 좁히기 위한 행위주체들의 다양한 모습을 동태적으로 살펴야 할 필요성이 제기되었다.

박천조는 노무관리적 시각으로 개성공단의 노동문제를 살펴보고 접근했으나 개성공단이 보편적인 자본주의 사회와 같이 사용자의 일방적 관리 개념이 통용될 수 있는 공간인지에 대한 근본적인 고민이 제기되었다. 과연 개성공단이 사용자의 우월적 지위가 통용될 수 있는 일방적인 공간이라고 할 수 있을 것인가라는 문제의식에 직면하였다. 이질적인 체제하에 있던 기업과 근로자가 결합된 상황에서 사용자 중심의 노무관리로만 개성공단의 노동 사례와 실태를 바라 볼 경우 우리는 노사관계의 상당 부분을 분석하지 못하는 한계에 직면할 수 있었기 때문이다.

강미연은 주재원들과의 면담을 통해 작업장 문화의 특성을 설명하고 작업장 안정을 위한 노동관리와 문화전략을 설명하였으나 이는 사회문화적인 측면에서의 접근 방식만을 보이고 있었다. 또한 개성공단 내 갈등 양상을 살피면서 이를 가치의 차이와 노동구조라고 하는 다소 협소한 시각으로도 바라보고 있었다. 아울러 개성공단에서 작업장을 안정화 시키는 기제로 Two track 노무관리, 문서화, 문화 전략 등으로만 바라봄으로써 생산, 분배, 규칙 제정과 같은 노사관계적 측면과는 다른 시각을 유지하고 있었다.

두 번째, 개성공단을 중국이나 베트남 등과 비교하여 그 가능성을 구체적으로 살펴 본 연구로는 임을출, 김영진·박문수 등이 있었다.

임을출[4]은 중국 경제특구와 개성공단의 초기 조건 비교를 통해 남북한 사이에 이미 합의되고 법제화된 사안들이 실제 이행되지 않는 현실을 이해하고자 중국의 개혁개방 초기 사례와의 비교 분석을 통해 시사점을 도출하였다. 임을출은 중국의 경우 외자 유치를 통한 경제특구 발전을 위해 임금 결정과 고용의 자주권 보장이 필요함을 인식하여 입법화했음에도 실제 이행은 점진적으로 이루어 졌다고 본다. 그 이유로는 개혁개방 초기 사회적 안정이 우선시 되면서 여전히 과거의 사회주의적 관행이 잔존했다는 것이다. 법치주의가 정착되기 전까지는 법제도와 기존 관행이 불가피하게 병존했음을 밝히고 있다.

김영진·박문수[5]는 개성공단의 노동관리 구조와 노동규정 분석을 통해 바람직한 노무관리 방향을 모색하고자 하였다. 김영진·박문수는 개성공단의 노동관리 구조가 노동관리 기관, 입주 기업, 노동자라는 3주체로 구성되었다고 전제하고 개성공단의 성공을 위해서는 기업과 노동자의 협조관계 유지가 관건이라고 설명한다. 그러면서 중국 하얼빈이 개성공단의 노동관리 구조와 유사하다는 점에 착안하여 하얼빈에서의 노무관리 사례를 기초로 개성공단에서의 시사점을 도출하고자 하였다.

중국이나 베트남 등 체제 전환 국가와 개성공단을 비교한 연구는 개혁개방 초기 노사관계를 토대로 현재의 개성공단 사례와 향후 개선 방안을 도출할 수 있다는 긍정적인 점이 있다. 그러나 우리가 도출하고자 하는 개성공단에서의 분석 범위와 시각에서 차이가 있었다.

임을출이 살펴 본 1980년대 초반 중국 경제특구에서의 제도 이행 여부는 개성공단에서의 노사관계를 분석하는 데 있어 유용한 시각을 제시하고 있으나 분석 대상이 '임금제도'와 '고용제도'에만 집중되어 있어 개성공단 전체를 조망하기에는 불완전한 측면이 있었다.

김영진·박문수는 노동관리 구조에 대한 비교적인 시각을 제시함으로써 개성공단 진출 기업이 노동관리 구조상 고려해야 할 지점을 설명하였다. 그러나 우리가 살펴볼 노사관계가 행위주체와 환경의 상호작용의 결과라는 점에 비춰볼 경우 노동관리 구조라는 행위주체의 측면에만 집중하는 것은 노사관계의 동태성을 살피는 데는 부족함이 있었다.

이상의 선행연구에서 살펴 볼 수 있듯이 노사관계 개념을 통해 개성공단을 살펴보려는 연구는 사실상 존재하지 않았다고도 할 수 있다. 또한 개성공단 노동에 관한 연구라 할지라도 사용자의 일방적 힘이 작용하는 노무관리적 접근에 치우치거나 비교 분석 범위와 대상이 우리가 살펴보고자 하는 노사관계의 틀과는 다른 측면도 있었다. 이에 본서에서는 기존 자본주의 노사관계 이론을 토대로 개성공단에서의 노사관계 분석틀을 구성해보고 개성공단의 행위주체와 노사관계를 둘러싼 중요한 환경변수를 도출한 후 행위주체들 간의 상호작용을 살펴보고자 한다.

제3절 분석 방법: 인터뷰 및 설문조사

본서를 위해 전반적으로 우리 주재원(법인장, 중간관리자)과의 인터뷰 자료와 설문조사를 동원하였다. 우리 주재원들과의 인터뷰 내용은 시기별 주요 사례를 도출하였으며 전체 123개사 중 48%인 총 59개사와의 내용을 정리하였다. 인터뷰를 통해 기업현장에서의 다양한 사례를 확인함으로써 저자는 개성공단에서 일상적으로 진행되었던 각종 노사관계의 내용을 파악할 수 있었다.

〈표-1〉 인터뷰 기업 현황

업종	기업명	계
섬유	C, D, E, F, K, P, R, T, I, A1, B1, D1, Z2, H, U, N2, O2, W1, S2, T2, U2, X2	22개사
기계금속	A, B, P2, K1, L, O, Q, S	8개사
전기전자	G, W2, Y, A3, V, Z, L2, M2, E1, F1, G1, X1, Y1, Z1	14개사
화학	M, N, W, C1, J1, Q2, H1, J2, K2, R2, V2, W2	12개사
기타	J, X, I1	3개사
계		59개사

※주: 인터뷰 기업 현황은 기업보호를 위해 필자가 임의로 처리했음.

인터뷰 외에 최근의 노사관계에 대한 객관성을 확인하고자 재직 중인 우리 주재원(법인장, 중간관리자)을 중심으로 설문조사를 진행하였으며 그 결과를 반영하였다. 본 설문조사는 2013년 2~3월 간 전체 123개사 중 51%에 해당하는 우리 주재원(법인장, 중간관리자) 63명을 대상으로 진행되었고 기업들이 인식하는 노사관계 전반의 사례를 확인하기 위해 설문내용은 다음과 같이 구성하였다.

〈표-2〉 설문조사 참여자 직책

구분	법인장	중간관리자	무응답	계
기업수	35(55.6%)	27(42.8%)	1(1.6%)	63(100%)

〈표-3〉 설문조사 참여자 업종

구분	섬유 봉제	기계 금속	전기 전자	화학	식품	기타	계
업종	30(47.6%)	7(11.1%)	12(19.0%)	6(9.6%)	2(3.2%)	6(9.5%)	63(100%)

〈표-4〉 설문 구성 내역과 구성 의도

구분	설문 구성	구성 의도
일반	업종, 규모, 우리나라에서의 경험(관리 경력, 노동조합), 해외 경험 등(8개 문항)	우리 주재원의 수준, 경험 평가
노무관리 또는 노사 협상의 영향 요인	협상 주체, 협상시기, 노사협상의 영향 요인, 노사협상의 장애 요인, 협상력 강화 방안 등(16개 문항)	협상 주체와 환경과의 관계 확인
경영참여	작업조직 구성 및 경영참여(5개 문항)	북한 근로자의 경영참여 수준 확인
북한 종업원 대표 관련	종업원 대표와의 관계 설정 기간, 능력, 능력 평가 기준(6개 문항)	노사관계의 주요 주체인 종업원 대표 평가

본 설문의 목적은 노사관계의 성격을 규명하고 노사 협상에 영향을 미치는 각종 요소들을 살펴보기 위함이었다.

노사관계의 성격을 규명하기 위해서는 협상 주체와 협상 대상자의 수준과 권한, 협상체계, 협상방식 등에 대한 고찰이 필요했다. 아울러 노사협상에 대한 영향요소를 파악함으로써 노사관계에 결정적 영향을 미치는 환경변수는 무엇이며 그것이 어떠한 영향을 미치는지를 파악하는 것 또한 중요한 요소였다. 협상에 영향을 미치는 환경변수가 기업 내부의 문제인지, 남북 간 정치적 환경과 같은 기업 외부의 문제인지의 파악을 통해 향후 노사관계의 발전을 위해 개선해야할 지점은 무엇인지 도출이 가능했기 때문이다.

이 설문조사는 2013년 2~3월에 이루어져 시기적인 문제가 제기될 수 있다. 그러나 2013년 2~3월은 북한에 의한 개성공단 잠정 중단 조치 직전 시기로 개성공단의 노사관계가 기존의 흐름에 따라 정점에 달했던 시기라고 할 수 있다. 오히려 재가동 이후 시기인 2013년 9월 16일부터 전면중단 직전인 2015년 말까지는 잠정 중단 이전과 같은 노사관계가 회복되지 않았다. 재가동 직후 북한 근로자의 경우에는 잠정 중단에 따른 기업 피해를 최소화하기 위해 과거와 달리 요구 수준과 빈도가 잦아들었던 시기였다. 기업에서도 잠정 중단 이전과는 다른 제반 환경(생산물량 감소, 바이어 이탈, 설비 피해 등)에 대응하기 위해 기업 내 노사관계에는 집중할 수 없었던 시기였다.

아울러 2014년 이후에는 북한 당국이 제도적 변화를 통해 개성공단의 근본적 틀을 흔들어 보려는 측면이 강했기에 우리 기업들로서는 과거의 노사관계에 대한 정돈된 평가가 불가능했던 시기로 왜곡된 결과가 도출될 가능성도 있었다.

이러한 점을 고려할 때 2013년 2~3월에 진행되었던 설문조사 결과는 우리 기업 관계자들의 인식을 일관성 있게 살필 수 있었다는 측면에서 충분한 의미가 있다고 할 수 있다.

제4절 구성

본서는 개성공단의 노사관계 실태를 고찰하기 위해 다음의 내용으로 구성하였다. 제2장에서는 일반적인 노사관계 이론을 살펴보고 이를 통해 개성공단에서의 노사관계 이론의 적용 가능성을 설명하였다. 노사관계 이론으로는 노사관계 시스템론, KKM 이론, PDR 시스템 이론을 설명하고 이후 개성공단 노사관계에 적용 가능한 요소들을 도출하여 분석틀을 구성하였다.

제3장에서는 개성공단 내 노사관계 행위주체들을 설명하였다. 노사관계 행위주체로서 사용자와 사용자 단체인 기업협회, 기업책임자회의, 개성공업지구관리위원회의 구성과 역할을 살펴보고 그의 또 다른 축인 종업원 대표와 중앙특구개발지도총국의 구성과 역할도 살펴보았다. 그 외 개성공단의 노사관계에 중요한 영향을 미치고 있는 남북 정부도 노사관계의 주체라는 측면에서 바라보았다.

제4장에서는 개성공단에서의 노사관계 환경을 살펴보았다. 노사관계를 둘러싼 환경은 경쟁 환경변수와 일반 환경변수로 구분하였다. 경쟁 환경변수로는 노동시장, 노동제도, 남북관계, 관리구조, 이해관계를 설정하며 일반 환경변수로는 사회·문화적 환경, 정치적 환경, 경제적 환경으로 구성하였다. 그러나 환경변수에 대한 분석에 있어서는 기업의 전략적 선택을 통해 개성공단 노사관계를 특징짓는 경쟁 환경변수의 분석에 집중하고 환경변수가 미치는 영향을 살펴볼 수 있다.

제5장과 제6장에서는 행위주체들이 벌이는 각종 상호작용 과정을 살펴보았다. 상호작용이라 함은 임금 및 근로조건 개선을 위해 근로자들이 기업에게 제기하는 주요 내용과 방식, 갈등[6] 형태 등을 의미하는데 이러한 상호작용의 내용과 그 결과물들을 설명하였다. 이러한 상호작용으로는 임금 및 근로조건에 대한 협상을 비롯해 노사 협조, 경영 참가, 단체행동, 분쟁조정 등이 있다.

제7장에서는 개성공단의 노사관계를 평가하고 그 성과와 한계를 도출하였다. 아울러 성과와 한계를 추동하는 각각의 성과 요인과 한계 요인도 분석하였다.

제8장에서는 행위주체들의 상호작용을 살펴본 결과 개성공단의 노사관계가 기존 양 극단의 시각과는 다른 중간지대의 형태를 보이며 각종 환경변수 속에서 행위주체들이 이익 극대화 과정을 거쳐 다양하게 변화하고 있음을 설명하였다.

【주】

1) 문무기 · 윤문회, 『개성공단의 인력관리 실태와 노동법제 분석』(서울: 한국노동연구원, 2006).

2) 박천조, 『개성공단 입주 기업의 노무관리 실태연구』(북한대학원대학교 석사 학위논문, 2010).

3) 강미연, 『개성공단 경제특구의 작업장 문화』(연세대학교 대학원 박사 학위논문, 2013).

4) 임을출, "중국 경제와 개성공단의 초기 조건 비교: 임금 · 고용 법제와 실제를 중심으로", 『북한연구학회보』, 제11권 제1호(2007).

5) 김영진 · 박문수, "개성공단의 노동환경과 노무관리: 중국 하얼빈시 투자기업사례와 비교하여", 『동북아연구』, 제9권(2005).

6) 갈등은 "불일치와 불화"를 의미하며, 이와 반대 개념인 조화는 "갈등이 적극적으로 해소된 상태"를 의미한다. 갈등은 두 사람 이상이 같은 목적을 추구하거나 상호배타적인 목적을 동시에 추구하려고 할 때 발생한다. 이러한 갈등의 생성 원인에 대해 인류학적 측면에서는 "개인, 가족, 공동체, 계급, 조직, 혹은 지역 간의 경쟁"으로 본다. 반면 사회학적 측면에서는 "가치에 대한 투쟁과 지위 · 권력 등의 희소자원에 대한 요구과정"으로 본다. 마지막으로 심리학적 측면에서는 "한 당사자의 목표, 목적, 선호가 다른 사람들의 활동이나 의도에 의하여 위협을 받을 때" 발생한다고 본다. 개별 사업장에서의 노사관계가 "생산성 향상"과 그에 따른 "근로조건 향상"이라는 경제적 부분과 상호협조가 전제되는 개념이라 한다면 사회학적이나 심리학적 개념보다는 인류학적 개념이 더 적절할 수 있을 것이다. 이달곤, 『협상론: 협상의 과정, 구조, 그리고 전략』(서울: 법문사, 2005), 5~9쪽.

제2장

노사관계 이론과 개성공단에의 적용

제1절 노사관계에 대한 이론적 접근

1. 노사관계 시스템 이론

던롭(Dunlop, J.T.)의 노사관계 시스템 이론은 행위주체들이 주어진 환경 하에서 공유된 이데올로기를 전제로 상호작용을 통해 여러 규칙을 제정한다는 것을 기본 모형으로 하고 있다.[1] 이러한 인식에 기초하여 던롭은 노사관계가 행위주체, 환경요소, 이데올로기, 규칙 등으로 구성된다고 보았다.

행위주체와 관련하여 던롭은 사용자, 근로자, 정부 등을 명시적으로 설정하고 있는데 이 이론에서는 행위주체의 동태적인 모습을 다루기보다는 '행위주체들의 조직'에 중점을 두고 노사관계를 설명하고 있다. 특히, 행위주체를 다룸에 있어 조직의 구조를 강조하고 노동자 조직과 기업의 상호작용을 분석하는 데 중점을 두었다.[2]

이데올로기는 노사관계 시스템 이론에서 매우 중요한데 행위주체들이 공유하고 있는 이데올로기는 노사관계 시스템이 하나의 실체가 될 수 있도록 통합

하는 역할을 하고 있다.[3)]

환경요소와 관련해서는 환경의 변화가 노사관계에 미친 영향을 검토할 수 있다고 가정하고 있고 행위주체들이 상호작용을 하는 외부환경으로 기술적 특성, 제품시장과 예산 제약, 전체 사회에서의 권력 배분 상태를 설정하고 있다.[4)]

마지막으로 규칙은 다양한 노사관계 시스템과 그 시스템 간 상호작용의 결과로 나타난다고 보았다.

던롭의 노사관계 시스템 이론은 규칙과 규칙의 제정 과정을 주요 분석 대상으로 보고 있으며 사업장 내 규칙을 상호작용의 내용으로 경영과 노동자들의 조직 간 상호작용에 집중하고 있으며 상호작용 방식은 주로 협상(단체교섭)으로 나타난다고 보았다.[5)] 협상의 결과 다양한 규칙들이 나타나는데 이러한 규칙은 기업의 정책, 노동자 조직의 규약, 정부의 제 규정, 단체협약, 사업장과 공동체의 관습과 전통 등 다양한 형태를 취하고 있다.[6)]

던롭의 노사관계 틀은 〈그림-1〉과 같이 행위주체와 환경적 요소, 그리고 공통의 이익에 해당하는 이데올로기가 투입되어 교섭과 조정이라는 과정을 거쳐 하나의 규칙으로 제도화 되고 이러한 것들은 다시 피드백 되는 과정으로 구성할 수 있다.

그러나 던롭의 노사관계 시스템 이론은 "①동태적이지 않으며 정태적, ②절차가 무시된 채 구조에 집중, ③갈등과 불일치보다는 시스템의 안정성을 강조, ④비공식적인 규칙이나 절차의 중요성은 게을리 한 채 공식적인 규칙에 치중, ⑤추상과 실제 사이에서 시스템의 사용 간에 혼란 조성, ⑥시스템 내에서 투입이 산출로 전환되는 점에 대한 설명 부재" 등의 비판이 제기된다.[7)] 하이만 (R.Hyman)도 "대립적인 과정과 힘도 인정하고 나아가 노사관계 시스템의 산출로서 안정과 함께 불안정도 똑같이 중요하게 다루어질 때만이 시스템적 접근 방법이 가치를 가질 수 있으며, 그렇게 될 때 안정의 문제를 중요시하는 시스템론 그 자체가 정당한 대접을 받게 될 것이다."라고 하였다.[8)] 즉 노사관계의 결과물로서 안정적인 측면뿐만 아니라 불안정적인 측면 또한 다루어질 필요가 있음을 제기하고 있다.

〈그림-1〉 던롭의 노사관계 시스템

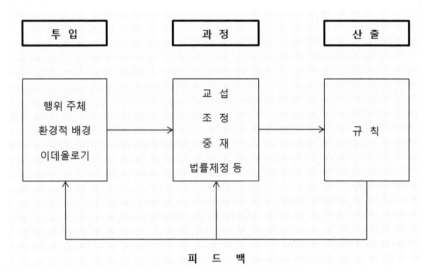

※자료: Dunlop, J.T., *Industrial Relations Systems*(illinois: Southern illinois University press, 1958) in Farnham, D. and Pimlott, J., *Understanding Industrial Relations*, 4rd ed.(London: Cassell, 1990), p.11. FIGURE 1.2 수정.

KKM 이론은 이러한 노사관계 시스템 이론에 대한 비판들 중에서 "구조에 집중하고, 정태적이며, 규칙에 치중한다"는 비판을 극복하기 위한 방안으로 대두되었다.

2. KKM(Kochan, Katz, McKersie) 이론

KKM 이론은 미국 노사관계 시스템의 역사적 변화를 환경의 압력과 조직 전략의 결과물로 보았다. 이 이론은 노사관계 시스템 이론에서 제시된 행위주체 간의 '이데올로기 공유'라는 개념을 비판하였다. 또한 의사결정 수준을 세 가지로 나누고 이 중에서 장기전략과 정책결정이 중요하다는 점을 강조하였는데 이렇게 함으로써 던롭의 노사관계 시스템 이론이 '중위 수준'인 단체교섭에만 집중하고 있음을 비판하고 있다.

KKM 이론은 정부를 행위주체가 아닌 환경으로 설정하고 있는데 미국에서 무노조 사업장의 증가에 따라 노동조합을 주요하게 다루는 시스템 이론의 효용성이 낮아졌음을 지적하고 경영의 가치관과 전략적 선택을 중요시 하고 있다.[9]

외부 환경과 관련하여 KKM 이론은 던롭의 외부 환경에 노동력의 특성과 가치관, 공공정책을 추가하였고 가치관, 사업전략, 역사와 문화구조 등도 고려하고 있다.[10] KKM 이론은 노사관계의 과정과 결과는 환경의 압력과 반응 사이에 연속적으로 나타나는 '상호작용'에 의해 결정되고 노동자와 기업, 정부의 '선택'과 자율성이 노사관계 시스템의 과정과 결과에 영향을 미친다고 보았다.[11]

〈그림-2〉 노사관계 이슈의 분석을 위한 일반적인 모형

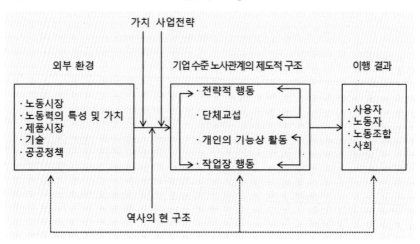

※자료: Korchan, T.A., Katz, H.C., and McKersie, R.B., *The Transformation of American Industrial Relations*(New York: Basic Books, 1986), p.11. FIGURE 1.1

이러한 KKM 이론의 주요 분석 대상은 경영의 전략적 선택[12]이었다. 특히

상위수준의 전략을 강조하고 있고 이것이 중위와 하위수준의 전략과 상호작용한다고 보고 있다. 이 모형에 의하면 기존 노사관계 시스템 이론에서 노사관계 시스템 내 상호 통합적인 역할을 했던 이데올로기의 한계를 인정하고 각 주체들의 전략적 선택의 중요성을 강조하고 있다. 특히 이 모형은 〈그림-2〉와 같이 노사관계 형성에 있어 기업 경쟁력 제고를 위한 경영자들의 전략적 선택을 강조하였다.

아울러 KKM은 노사관계 변화에 맞춰 노사관계 행위를 〈표-5〉와 같이 세 개의 수준으로 나누었다. 그에 따라 사용자, 노동조합, 정부의 각 관심사와 각각의 영역에 대한 행위 역할을 제시한 후 전략적 선택의 관점에서 노사관계를 바라볼 것을 주문하고 있다.

〈표-5〉 노사관계 행위의 세 수준

수준	사용자	노동조합	정부
장기전략 및 정책형성 (상위 수준)	· 사업전략 · 투자전략 · 인적자원전략	· 정치적 전략 · 대표권 전략 · 조직화 전략	· 거시경제 및 사회정책
단체교섭 및 인사정책 (중위 수준)	· 인사정책 · 협상전략	· 단체교섭 전략	· 노동법 및 노동행정
작업장 및 개인/조직 관계(하위 수준)	· 감독유형 · 근로자 참여 · 직무설계 및 작업조직	· 단체협약(계약) 관리 · 근로자 참여 · 직무설계 및 작업조직	· 근로기준 · 근로자 참여 · 근로자 개인의 권리

※자료: Korchan, T.A., Katz, H.C., and McKersie, R.B., *The Transformation of American Industrial Relations*(New York: Basic Books, 1986), p.17. TABLE 1.1

이러한 KKM 이론과 같이 전략적 선택을 강조하는 관점은 기존의 노사관계 시스템이 각 제도와 주체들의 변화에 따라 새로운 형태로 변화하지 않으면 안 된다는 점을 강조하고 있다. 그러나 KKM 이론은 시스템 내에서 생산과 분배 시스템과의 관계를 분명히 하지 못함에 따라 노사 간에 상호협력의 필요성과 상호 간에 이익이 발생하는 메커니즘을 보여주지 못했다는 평가를 받았다.[13]

3. PDR(Production, Distribution, Rule-making) 시스템 이론

PDR 시스템 이론은 임금노동에 의해 생산이 이루어지는 모든 조직에는 노사관계가 존재하고 있다고 보고 노사관계를 생산(Production), 분배(Distribution), 룰의 제정 및 집행(Rule-making)과 관련하여 노·사·정 사이에 일어나는 일체의 관계로 정의하였으며 생산 시스템을 강조하였다.[14]

앞서 살펴본 KKM 시스템 이론이 노사 간의 협력 필요성을 보여주지 못한 반면 PDR 시스템 이론은 노사관계를 갈등 관계로만 보지 않고 갈등과 조화의 관계로 파악하고 있다.[15] 즉 생산에서는 협력, 분배에서는 갈등이라는 이분법적 사고로만 바라보지 않으며 협력과 갈등이 생산, 분배, 룰 메이킹 시스템 각각에 내재되어 있다고 보고 있다. 이러한 PDR 시스템 이론의 인식은 생산, 분배, 규칙의 전 과정에서 다양한 상호작용을 통해 타협의 결과물을 만들어내고 있는 개성공단의 노사관계를 살펴봄에 있어서는 필요한 시각이다.

특히 이 이론에서는 행위주체들이 환경변수들을 고려하여 생산 시스템, 분배 시스템, 룰 메이킹 시스템을 구축하고 다양한 상호작용을 한다는 점에 주목하고 있다. 이에 따라 PDR 시스템 이론에서는 환경변수를 경쟁 환경변수와 일반 환경변수로 구분한다. 경쟁 환경변수(제품시장, 기술, 노동시장, 기업 소유권과 규모)는 주어진 환경임과 동시에 기업의 전략적 선택의 대상이 되고 노사관계를 끊임없이 변화시킨다. 이에 비해 일반 환경변수(사회·문화적 환경, 정치적 환경, 경제적 환경)는 기업의 전략적 선택의 대상이 될 수 없지만 사회규범을 통해 행위주체들의 가치관과 세력관계에 영향을 미친다.[16]

환경변수의 구분과 분석은 개성공단 노사관계에서도 행위주체의 전략적 선택에 영향을 주는 각종 환경변수를 구체적으로 살펴봄으로써 동태적 분석을 가능하게 하고 있다. 이러한 PDR 시스템 이론의 기본 틀은 다음과 같다.

〈그림-3〉 PDR 시스템 이론의 기본 틀

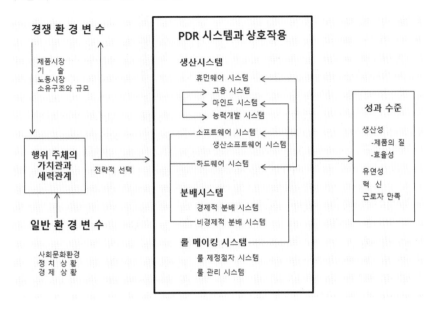

※자료: Lee, Hyo-Soo, "Theory Construction in Industrial Relations: A Synthesis of PDR Systems", 1995년도 한국경제학회 정기학술대회 발표논문, 5쪽.

4. 평가

우리는 개성공단 노사관계에 대한 분석틀로서의 적용 가능성을 보기 위해 노사관계 시스템 이론, KKM 이론, PDR 시스템 이론 등 자본주의 노사관계에서의 시스템 이론을 살펴보았다.

노사관계 시스템 이론은 기본적으로 노사관계 연구에서 중요한 영향력을 가지고 있고 KKM 이론도 이러한 노사관계 시스템 이론을 기초로 하고 있다. PDR 시스템 이론은 기존 서구 이론이 갖는 한계점을 극복하고자 노사관계 이론을 재구성하고 있으며 던롭의 노사관계 시스템 이론과 KKM 이론을 기초로 전개되고 있다. 이 점에서 세 가지 이론은 상호 보완적이라고 할 수 있다.

〈표-6〉 노사관계이론의 장·단점

구분	장점	단점
노사관계 시스템 이론	· 노사관계 분석틀로서 행위주체, 환경, 상호작용, 피드백 등 요소 도입 · 협상을 통한 상호작용에 중점을 두고 그 결과물로 규칙 제정의 개념을 도출 · 안정성 측면에서 행위주체들의 공유된 이데올로기 강조	· 규칙을 노사관계의 종속변수로 설정함으로써 노사관계를 협소하게 규정 · 정태적이고 구조적
KKM 이론	· 노사관계에서 사용자의 전략적 선택의 중요성 강조 · 노사관계를 전략 수준, 단체교섭 및 인사관리 수준, 작업장 수준으로 구분	· 시스템의 구체성 부족 · 당사자 간 상호협력 필요성과 상호이익 구조에 대한 설명 부족
PDR 시스템 이론	· 노사관계를 갈등과 조화의 관계로 파악 · 경쟁 환경변수와 일반 환경변수의 개념을 도입함으로서 노사관계의 동태적 분석 가능	· 하위시스템 설명을 위해 도입된 구성 개념의 불일치

우리는 노사관계 이론에 대한 분석을 통해 노사관계 시스템 이론이 제시하는 틀이 노사관계 전반에 대한 부분적인 논의들을 통합한 것으로서 노사관계 시스템을 살피는 보편적 모형임을 인식할 수 있다. 이러한 관점에서 개성공단의 노사관계 분석도 이론적 측면에서 던롭에 의해 주창되어온 노사관계 시스템 이론을 기본적으로 적용할 수 있다. 즉 ①행위주체, ②환경, ③상호작용 메커니즘, ④상호작용의 결과, ⑤피드백 등 다섯 가지의 요소에 대한 도입이 가능하다. 반면 개성공단 노사관계에서 그 상호작용의 결과가 다양한 형태로 표출되나 그 방식이 '상호 인정'과 '관행' 등의 형태라는 점에서 상호작용의 결과물을 '단체협약', '법률'과 같은 규칙·제도로만 바라 본 노사관계 시스템 이론은 개성공단 노사관계를 살핌에 있어서는 수정될 필요가 있다. 아울러 개성공단 노사관계가 행위주체들의 환경변수를 고려한 다양한 상호작용으로서 매우 동태적으로 나타난다는 점에서 기존 '구조 중심'의 노사관계 시스템 이론은 재구성 될 필요성이 제기된다.

노사관계 시스템 이론을 재구성함에 있어 우리는 개성공단 행위주체들이 다양한 환경변수를 고려하여 전략적 선택을 행한다는 점에서, 개성공단 노사관계에서 우리가 살피고자 하는 영역이 개별 기업 또는 작업장 수준에서의 상호작용의 결과물이라는 점에서 KKM 이론의 분석틀을 활용할 필요가 있다. KKM 이론은 '사용자의 전략적 선택을 강조'하고 '노사관계 행위를 상위·중위·하위 수준으로 구분'해서 분석하고 있는데 특히, 우리의 분석 영역이 KKM 이론의 '중위 수준' 또는 '하위 수준'에 해당하는 작업 현장과 개인·조직과의 관계라는 점에서 이에 집중할 필요성도 제기된다.

그러나 우리는 노사관계가 생산에서는 협력만을, 분배에서는 갈등만을 만들어내는 구조가 아니라 모든 과정에서 협력과 갈등이 상호작용하고 있다는 점을 인식할 필요가 있다. 특히 개성공단의 경우 우리 기업 또는 북한 근로자가 일방적으로 의사를 관철하거나 권한 행사를 하는 것이 아니라 생산, 분배, 규칙의 전 과정에서 협력과 갈등의 상호작용을 추진한다는 점에서 협력과 갈등의 상호작용을 강조하는 PDR 시스템 이론의 인식은 참고 할만하다. 또한 우리는 환경변수가 행위주체들의 상호작용에 중요한 역할을 한다는 점에서 환경변수를 구체적으로 구분할 필요성도 제기된다. 이 점을 감안하여 우리는 PDR 시스템 이론이 제시한 경쟁 환경변수와 일반 환경변수의 개념을 도입해 볼 수 있다. 환경변수를 구체화 한다는 것은 개성공단의 노사관계에 주요한 영향을 미치는 다양한 환경변수를 살펴봄으로써 각각의 환경변수에 대응하는 행위주체들의 동태성을 확인할 수 있기 때문이다.

제2절 개성공단 노사관계의 분석틀

1. 개성공단 노사관계의 분석 단위와 대상

본서에서는 개성공단 가동 기업 123개사를 주요 분석 대상으로 하고 있다.[17] 즉 입주 기업과 북한 근로자들과의 관계에서 발생하는 각종 노사관계가 주요 분석 대상이다. 노사관계의 주요 발생 현장이 기업 내라는 점에서 사용자와 북한 근로자(종업원 대표) 간 관계를 중심으로 개성공단의 노사관계를 살펴볼 수 있다. 기업은 입주 시기와 규모, 업종, 주재원의 관리능력·수준에 따라 노사관계의 차이가 있을 수 있지만 개성공단의 경우에는 노사관계 양태가 기업의 규모, 업종, 주재원의 관리능력·수준에 따라 일부 차이에도 불구하고 일정한 경향성을 보이고 있었다는 점에서 기업별 미시적 차이보다는 주요 흐름을 중심으로 분석하였다.

또한 개별 기업을 둘러싼 사용자 단체(기업협회, 기업책임자회의)와 개성공업지구관리위원회(이하 '관리위원회'라 한다), 중앙특구개발지도총국(이하 '총국'이라 한다), 남북 당국 간의 역학관계 등을 고려한 노사관계 환경들도 보완적으로 살펴보고자 한다. 사용자 단체와 관리위원회, 총국의 경우 행위주체로서 개별 기업의 노사관계에 일정한 영향력을 가진다는 점에서 분석되어야 할 부분이다.[18] 이러한 행위주체적 측면과 더불어 환경적 측면으로 노동시장 및 법·제도적 부분과 함께 정치·군사적 변화에 따른 실태 파악도 중요한 분석 지점이다. 특히 환경적인 측면에서 법·제도적 부분과 함께 남북관계의 변화 여부는 개성공단 노사관계에서 근본적인 제약요인의 하나로 작용했기 때문이다.

2. 개성공단 노사관계 분석틀 구성

가. 행위주체와 관계

우리는 개성공단의 경우에도 국가(정부), 노동조합(노동자 조직), 사용자(경영)라고 하는 행위주체가 있지만 자본주의 사회의 노사관계와 비교해 행위주체들의 지위와 역할, 관계 측면에서 다소간의 차이점이 있음을 발견할 수 있다.

자본주의 노사관계의 경우 각 주체가 상호 대등한 지위를 형성하고 있는 반면 개성공단은 행위주체인 기업 측과 근로자 측 사이에 서로 다른 수준의 지위와 연계성을 보여준다. 즉 근로자 측이라 할 수 있는 북한 정부와 근로자 사이에는 아주 강한 연계성이 나타나는 반면, 기업 측이라 할 수 있는 우리 정부와 기업 사이에는 자본주의적 노사관계에서와 같이 낮은 수준의 연계성이 유지된다. 이러한 근로자 측의 연계는 중국·베트남과 같은 체제 전환 국가에서의 연계보다 강한 모습을 보이고 있다. 이는 〈그림-4〉와 같이 표현할 수 있다.

〈그림-4〉 행위주체와 관계 비교

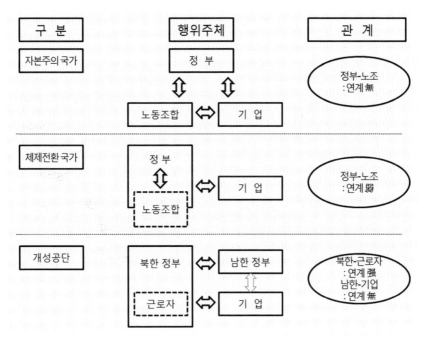

나. 환경변수

노사관계 시스템 이론에서 고려되는 환경변수는 기술적 특성, 제품 시장과 예산 제약, 전체 사회에서의 권력의 배분 상태 등이다. KKM 이론은 노사관계 시스템 이론의 환경변수에 노동력 특성과 가치관, 공공정책을 추가하고 있다. PDR 시스템 이론은 경쟁 환경변수를 제품 시장, 기술, 노동 시장, 기업 소유권, 기업 규모로 일반 환경변수를 사회·문화적 환경, 정치 상황, 경제 상황으로 구분한다.[19]

통상 자본주의 국가나 중국·베트남과 같은 체제전환 국가에서의 환경변수는 노사관계 시스템 이론이 상정한 구성요소와 큰 차이가 없다고 할 수 있다. 그러나 개성공단의 환경변수는 자본주의 국가나 중국·베트남과 같은 체제전환 국가의 경우와는 그 내용이 다르다고 가정한다.

본서에서는 개성공단에서 '주어진 환경이면서 동시에 기업의 전략적 선택의 대상'이기도 한 경쟁 환경변수를 노동시장, 노동제도, 관리구조, 이해관계로 본다. 반면 기업의 전략적 선택의 대상이 될 수 없지만 '행위주체들의 가치관과 세력관계에 영향을 미치는' 일반 환경변수는 남북관계, 사회·문화적 환경, 정치적 환경, 경제적 환경으로 본다. 즉 개성공단은 자본주의 사회와 달리 노동시장, 노동제도, 관리구조, 이해관계가 경쟁 환경변수로 작용하며 이러한 환경이 기업의 전략적 선택과 협상력에 영향을 주고 이에 따라 협상의 결과인 산출물도 변화된다고 본다.

본서에서는 일반 환경변수보다는 개성공단 노사관계에 주된 영향을 미치는 경쟁 환경변수를 중심으로 분석을 진행하였다. 우리는 이러한 개념에 입각하여 환경변수를 〈그림-5〉로 정리할 수 있다.

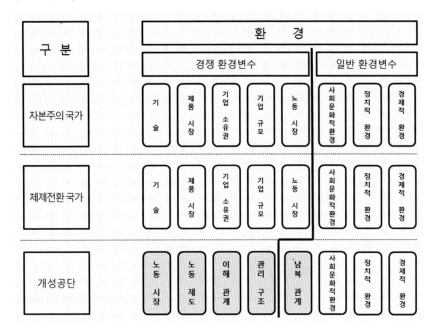

구 분	환 경							
	경쟁 환경변수					일반 환경변수		
자본주의 국가	기술	제품시장	기업소유권	기업규모	노동시장	사회문화적환경	정치적환경	경제적환경
체제전환 국가	기술	제품시장	기업소유권	기업규모	노동시장	사회문화적환경	정치적환경	경제적환경
개성공단	노동시장	노동제도	이해관계	관리구조	남북관계	사회문화적환경	정치적환경	경제적환경

다. 상호작용 및 결과

상호작용의 결과에 대해서는 각각의 이론이 주장하는 바에 차이가 있다. 노사관계 시스템 이론은 행위주체들이 주어진 환경에서 생산현장에 필요한 제반 규칙을 제정하는 것을 그 산출물로 보고 있다.[20] KKM 이론은 노동생산성, 제품의 질을 산출물로 바라보며 PDR 시스템 이론은 KKM 이론보다 생산 시스템에서의 내용을 강조하고 생산성(제품의 질, 효율성), 유연성, 근로자의 만족 수준을 그 산출물로 구체화하고 있다.

그러나 개성공단의 경우에는 우리의 분석 대상이 입주 기업의 노사관계라는 점에서 상호작용의 결과도 국가 차원의 '상위 수준'보다는 '중위 수준'과 '하위 수준'에서 살펴보는 것이 적절하다. 예를 들어 '상위 수준'에서 국가의 장기적

정책결정 하에 만들어지는 노동제도의 경우에는 이미 현재의 노사관계에 영향을 주는 환경적 요소라는 점에서 상호작용의 결과물인 산출물로 판단하기에는 부적절하다.

그렇다면 '중위 수준'이나 '하위 수준'에서 도출될 수 있는 단체협약이나 작업장 내의 관습과 전통은 상호작용의 결과물인 산출물로 볼 수 있겠는가라는 문제의식이 제기될 수 있다.

본서에서는 개성공단의 제도화 수준과 내용은 자본주의 사회에 비해 높지 않다는 점에 주목한다. 그 점에서 상호작용의 결과물은 자본주의 사회에서의 산출 결과인 '단체협약'과 같은 성문화되고 강한 구속력을 갖는 형태보다는 '상호 인정'과 '관행'이라는 낮은 수준의 제도화로 나타난다고 본다.

〈그림-6〉 상호작용과 산출물

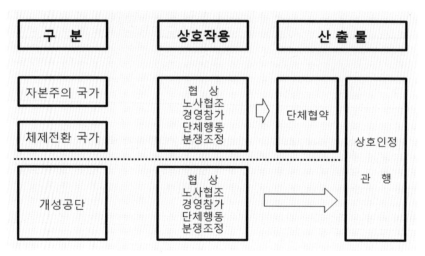

라. 분석틀

본서에서는 자본주의 노사관계 이론에서 살펴 본 행위주체, 환경변수, 산출물을 전제로 개성공단 노사관계의 분석틀을 다음과 같이 구성하였다. 그 모형에 있어서는 시스템적 접근 이론을 참조하였으며 분석 단위와 대상, 환경변수를 고려하여 분석틀을 재구성 해보면 다음과 같다.

〈그림-7〉 개성공단 노사관계 분석틀

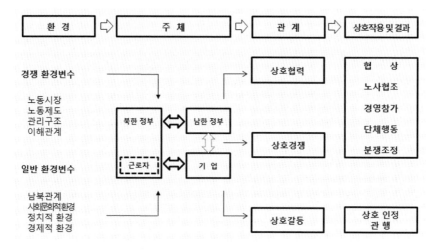

【주】

1) Dunlop, J.T., *Industrial Relations System*, rev. ed.(Massachusetts: Harvard Business School Press, 1993), p.13.

2) 이효수 · 김태진, "노사관계이론의 비교연구," 『산업관계연구』, 제6권 제1호(1996), 114쪽.

3) Dunlop, J.T., Ibid., p.54.

4) 이효수 · 김태진, 앞의 책, 1996, 116쪽.

5) 이효수 · 김태진, 앞의 책, 1996, 118쪽. 이는 KKM 이론에 비춰 보면 '중위 수준(단체교섭과 인사정책)'에 해당한다고 볼 수 있다.

6) Dunlop, J.T., *op. cit.*, p.54.

7) K.F.Walker, "Towards Useful Theorizing about Industrial Relations", *British Journal of Industrial Relations*, vol.15, No.3(November 1977), pp.311~312.

8) 엘드리지(J.F.T Eldriedge)도 노사관계 연구에서는 갈등과 협력, 질서와 안정이 똑같이 중요하게 다루어져야 함을 강조하였다. 정재훈, 『노사관계론』(서울: 북넷, 2011), 41쪽.

9) Korchan, T.A., Katz, H.C., and McKersie, R.B., *The Transformation of American Industrial Relations*(New York: Basic Books, 1986), pp.8~9.

10) 이효수 · 김태진, 앞의 책, 1996, 116쪽.

11) Korchan, T.A., Katz, H.C., and McKersie, R.B., Ibid., p.13.

12) '전략'이란 군대라는 조직에서 사용된 용어이지만 현재는 많은 조직에서 그 표현을 사용하고 있다. '전략'에 대해서는 다양한 개념 정의가 존재한다. Hofer, C.W. and Schendel, D.에 의하면 전략은 조직의 목적을 달성하기 위해 현재 보유하고 있거나 미래에 처분가능한 자원을 배분하고 상호작용을 하는 기본적인 행동양식이라고 정의하고 있다. Hofer, C.W. and Schendel, D., *Strategy formulation: analytical concepts*(Minnesota: West Publishing, 1978). 반면 Chandler, A.D.는 전략을 조직의 목표를 설정하고 행동의 방침 또는 방향을 설정하여 목표를 달성하는데 필요한 제반 자원을 배분하는 것이라고 주장한다. Chandler, A.D., *Strategy and Structure: Chapters in The History of The American Industrial Enterprise*(Massachusetts: MIT Press, 1984). 이러한 정의에 따르면 전략은 일정한 목표와 수단, 그리고 방향성을 가지며 환경변화에 적응하고 다양한 의사결정의 지침이 되는 것이라고 할 수 있다.

13) Korchan, T.A., Katz, H.C., and McKersie, R.B., *op. cit.* 참조.

14) 이효수, "세기적 전환기와 노사관계의 신기축," 『노동경제논집』, 제19권 제1호(1996), 226쪽.

15) Korchan, T.A., "Launching a Renaissance in International Industrial Relations Research", Presidential Address, 10th World Congress of the International Industrial Relations Association, Washington, D.C., May 31. 1995, pp.8~9.

16) 이효수, 『노사 공동선 경제학』(서울: 한국노동연구원, 1997), 25~26쪽.

17) 개성공단 가동기업 123개사는 2011년 이후 전면 중단 시점까지 큰 변화가 없었다.

18) 특히 총국과 북한 종업원 대표의 관계는 주요한 분석 지점이라 할 수 있다. 왜냐하면 자본주의 노사관계와 달리 개성공단에서 근로자 측의 경우 행위주체 간의 연계가 두드러지게 나타나고 있기 때문이다. 이러한 연계는 중국과 베트남에서의 노사관계에서도 여전히 유지되고 있으며 개성공단은 그 연계가 더욱 강하게 나타난다. 다만, 중국과 베트남은 개별 사업장의 노사관계에 대해 국가의 직접 개입 형태가 아닌 노동조합에 대한 지도를 통해 간접적으로 개입하며 필요시 국가의 입장을 전달하는 형태를 띠고 있다.

19) 이효수, 앞의 책, 1997, 228쪽.

20) Dunlop, J.T., *op. cit.*, p.51.

제3장

개성공단 노사관계에서의 행위주체

제1절 사용자와 사용자 단체

1. 사용자

북한에서 '사용자'라는 개념은 기업 관리체계상 기본적으로 성립할 수가 없으며 자본주의 체제하에서의 기업과도 근본적으로 다르다. 북한의 기업은 대안의 사업체계라는 방식에 의해 관리·운영되는데 대안의 사업체계에서는 기업 운영에 있어 당의 역할이 절대적으로 중요하게 제기된다. 즉 공장 당위원회가 최고 지도기관이 되며 그 아래 지배인과 책임비서라는 이원적인 구조로 되어 있다. 따라서 사용자는 지배인으로 볼 수 있으나, 이들이 독자적인 독립성을 가지고 책임경영을 할 수 없다는 점에서 자본주의 기업과는 다르다고 할 수 있다.[1] 달리 말하면 북한 기업에서 최고의 지위는 공장 당위원회가 가지고 있으며 지배인은 생산량 결정, 생산목표·경영전략 수립, 기술개발, 투자 등에 대해 실질적인 권한이 없이 실무적으로 기업소나 공장을 관리하는 기능만을 수행한다.[2]

2015년 12월 기준 입주 기업의 우리 주재원은 전체적으로 총 820명, 북한 근로자는 54,988명으로 우리 주재원 1인당 북한 근로자 67명을 관리하는 등 가급적 개성공단 현지에서 최소 인원을 유지하고 있다.

개성공단에서 사용자는 법인장을 중심으로 한 우리 주재원이라고 할 수 있다. 필자가 지난 2013년 3월경 우리 주재원들을 대상으로 진행한 설문 결과에 따르면 우리 주재원들의 대규모 노동력 관리 경험, 인사 또는 노무관리 경험, 해외 법인 근무 경험, 개성공단 근속년수 등은 다음과 같았다.

〈표-7〉 기업 내 북한 근로자 수

구분	200명 이하	200명 이상~ 400명 미만	400명 이상~ 600명 미만	600명 이상~ 800명 미만	800명 이상~ 1,000명 미만	1,000명 이상	계
기업수	17 (27.0%)	20 (31.7%)	9 (14.3%)	8 (12.7%)	5 (8.0%)	4 (6.3%)	63 (100%)

〈표-8〉 현 개성법인의 규모와 같은 노동력 관리 경험 유무

구분	있다	없다	계
경험 유무	34(53.9%)	29(46.1%)	63(100%)

〈표-9〉 개성법인 입사 전 인사 또는 노무관리 분야 경험 유무

구분	있다	없다	계
경험 유무	35(55.6%)	28(44.4%)	63(100%)

〈표-10〉 개성공단 근무기간

구분	1년 미만	1년 이상~ 2년 미만	2년 이상~ 3년 미만	3년 이상~ 4년 미만	4년 이상~ 5년 미만	5년 이상	계
기업수	11(17.6%)	8(12.7%)	3(4.7%)	7(11.1%)	13(20.6%)	21(33.3%)	63(100%)

위 설문 결과에 비춰 보면 우리 주재원들의 개성공단 내 재직 기간은 3년 이상이 평균 65.0%로 다수 인원이 개성공단에서 장기간 근무하고 있는 것으로

확인되었다. 또한 53.9%는 현 개성 법인 규모의 노동력을 관리해 본 경험이 있는 것으로 나타났다. 그러나 46.1%의 주재원은 현재 규모의 노동력을 관리해 본 경험이 없는 것으로 나타나 대규모 인원에 대한 관리 경험이 부족함을 확인할 수 있다. 아울러 이러한 경험 부족을 대체할 만한 인사 또는 노무관리 경험이 있는지 여부에 대해 44.5%의 인원이 경험 부재를 언급하고 있어 북한 근로자를 관리함에 있어 우리 주재원들에게 애로가 발생할 가능성이 있음을 알 수 있다.

〈표-11〉 개성공단 이외의 해외 지사 근무 경험 유무

구분	있다	없다	무응답	계
경험 유무	21(33.3%)	41(65.0%)	1(1.7%)	63(100%)

한편 해외에서의 근무 경험이 있는 주재원은 33.3%에 불과한 것으로 나타났다. 해외에서의 근무 경험은 타 국가에 파견될 때 현지화 과정에서 취해야할 여러 행동양식의 필요성에 대해 최소한의 이해도가 있는지 여부를 확인할 수 있는 요소이다. 즉, 현지화를 위해 주재원들이 어떻게 행동하고 사고해야 하는지를 확인해볼 수 있는 부분이다. 특히 우리 기업들이 개성공단에 주재원을 파견할 때 별도의 현지화 교육이 없다는 점에 비춰 보면 주재원들의 해외 근무 경험은 개성공단에서의 정착과정에 중요한 요소라고 할 수 있다.

〈표-12〉 우리나라에서 재직 시 노동조합 가입 경험 유무

구분	있다	없다	무응답	계
경험 유무	14(22.2%)	49(77.8%)	0(0.0%)	63(100%)

필자가 재직 시 노동조합 가입 경험 유무를 확인한 이유는 우리나라에서의 인사·노무관리 경험이 없거나 해외공단에서의 재직 경험이 없다면 이를 보완할 수 있는 요소는 집단적 노사관계의 한 축인 노동조합 가입 및 활동 경험이

라고 판단했기 때문이다. 또한 집단적 노사관계의 경험 여부는 북한 근로자와의 각종 협상 과정에서 최소한 의제 조율이나 협상 기술 등을 활용할 수 있다는 점에서라도 확인이 필요한 부분이었다. 그러나 77.8%가 노동조합 가입 경험이 없다고 답변하고 있어 우리 주재원이 북한 근로자와의 협상 과정에서 각종 애로사항에 직면할 가능성이 있음을 확인시켜 주고 있다.

2. 사용자 단체

사용자 단체로는 사단법인 개성공단기업협회(이하 "기업협회"라 한다)와 개성공업지구법에 의해 조직된 기업책임자회의(이하 "기업책임자회의"라 한다)로 구분할 수 있다.

기업협회는 2004년 6월 23일 기업책임자회의(입주 기업 대표자회의)에서 출발하였다. 당시 시범단지 입주 기업(15개사) 대표들이 기업책임자회의를 최초로 개최하고 수시로 모임을 갖는 등 기업책임자회의가 활성화되었으나, 기업협회 설립 이후 기업들은 관리위원회의 회의체 성격인 기업책임자회의에서 벗어나 새로운 이익단체로서의 활동을 목적으로 기업협회 활동에 치중하게 되어 결과적으로 관리위원회 주도의 기업책임자회의는 유명무실화 된다.

기업협회는 2006년 5월 11일 통일부 소관 비영리법인의 설립 및 감독에 관한 규칙에 근거하여 비영리 사단법인 형태인 사단법인 개성공단기업협의회로 등록하였고 2009년 5월 사단법인 개성공단기업협회로 명칭을 변경하였다. 설립 목적은 회원 간 협력 활성화, 고용 유지 및 인적 교류, 정보 교류, 권익 옹호, 친목 도모 등이었다. 회원은 정회원(입주 기업)과 특별회원(협력업체, 기관 및 단체, 연구소 등)으로 구성되어 있고, 회비 납부 의무가 있으며, 회원 등급별로 회비를 차등 납부하였다.

운영 방식은 협회 사업 관련 회원사와 주요 현안 논의, 의결, 집행 등으로 기업협회는 기본적으로 회원들의 가입금 및 월 회비, 기타 찬조금 등으로 운영되며 협회 사무국을 운영 중에 있다. 기업협회는 회비를 납부하는 회원들로 구성되어 있으며 기업책임자회의는 개성공단 내 등록이 되어 있는 기업이 그 대상이 된다.

〈그림-8〉 사단법인 개성공단기업협회 조직도

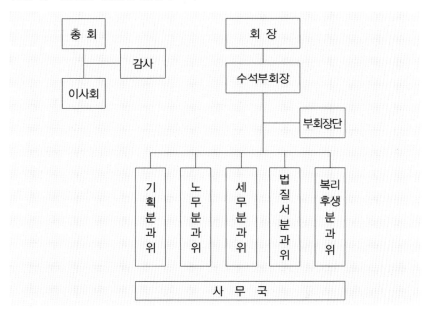

※자료: 사단법인 개성공단기업협회 홈페이지(www.gaesong.net). 2014년 5월 들어 기업협회의 분과위는 기존 4개(인사기획분과위, 노무분과위, 재무분과위, 법무분과위)에서 5개(기획분과위, 노무분과위, 세무분과위, 법질서분과위, 복리후생분과위)로 확대된다. 2016년 전면중단 이후에는 비상대책위원회 체계로 전환하여 운영되고 있다.

기업책임자회의는 기업협회 출범 이후 활동을 중단하고 있었으나 2010년 7월 29일 임원진 구성, 규약 마련 등을 통해 다시 설립되었다. 설립 목적은 공업지구 개발 및 관리 운영 관련 중요문제 토의·대책이었고 개성공업지구 관리기관설립 운영규정 제16조에 근거하고 있다. 기업책임자회의는 북한 법·제도인 개성공업지구법에 근거하여 북한(총국)에 대하여 전체 입주 기업을 대표하는 개성공단 내의 유일한 합법적·공식적 기업 조직이라 할 수 있고 개성공단 내 등록기업이면 자동적으로 회원이 되는 방식이다. 운영 방식은 총회, 운영위원회를 통해 운영되고 매월 정기 운영위원회와 회장·분과위원장 회의를 통해 공단 주요 현안, 관리위 주요 사업 추진 현황 공유 및 의견 수렴, 공동 대책 마련 등이다.

기업협회와 기업책임자회의는 2012년도에 기업협회 구성원과 기업책임자회의 구성원이 통합되었다. 그러나 통합 초기에는 입주 시기에 따라 적극적 참여 그룹이 구분되었다. 예를 들어 2010년경에는 후발기업인 본 단지 2차 기업과 시범단지 및 본 단지 1차 기업 간에 노동력 공급 문제 등 개성공단 현안에 대한 입장 차이가 발생하였는데 통합 초기 기업책임자회의에는 노동력 공급에 있어 상대적으로 불리한 위치에 있었던 본단지 2차 기업들이 주로 참여하였다. 결국 기업단체에 주도적으로 참여하는 구성원들의 근본적인 입장 차이로 인해 개성공단 현안 대응에 있어 조율되지 못한 입장이 제기되는 등 문제점이 나타나기도 하였다.

기업협회와 기업책임자회의는 조직 설립의 법적 근거나 조직의 목적, 성격, 위상, 구성원, 운영 방식, 활동 영역 등에서 근본적으로 다른 조직이라 할 수 있는데 이를 구분하면 〈표-13〉과 같다.

한편 이러한 사용자 단체와는 별개로 법인장들의 자치조직인 개성공업지구 법인장회의(이하 "법인장회의"라 한다)도 존재했다. 법인장회의는 2005년 3월 4일 설립되었으며 설립 초기에는 '주재원 협의회'라는 명칭으로 시작되었다. 기업협회가 출범한 이후에는 산하 조직으로 법인장회의가 운영되었으며 2010년부터는 전체 입주 기업 법인장이 참여하는 독립된 법인장회의로 변화한다. 설립 목적은 개성공단 사업과 관련하여 현장에서 발생하는 주요 현안사항 논의, 입주 기업 애로사항을 수렴·건의하는 것으로서 개성 현지 기업 법인장들로 구성되었고 회비 납부 의무는 없었다.

이러한 법인장회의는 섬유봉제, 전기전자, 기계금속, 화학 등 업종별 분과위를 구성하여 운영하고 있으며 관리위원회와 상시 협의 채널을 마련하여 기업 애로사항을 해결하는 방식을 취하였다.

<표-13> 기업협회와 기업책임자회의 비교

구분	기업협회	기업책임자회의
법적 근거	· 통일부 소관 비영리법인의 설립 및 감독에 관한 규칙(통일부령)	· 개성공업지구관리기관설립운영규정(북한법)
목적	· 회원 친목도모, 정보교류, 권익도모	· 공업지구 개발 및 관리운영 관련 중요 문제 토의, 대책
회원 구성	· 개성공단 기업협회 활동에 동의하는 가입회원사	· 개성공업지구 모든 기업 자동회원
운영 방식	· 기업협회가 조직운영의 주체 · 가입회원에 대해 회원자격 부여 · 정관에 근거한 조직체계에 의해 운영 · 정관에 근거한 회비 징수 가능	· 관리위원회가 조직운영의 주체 · 공업지구 등록기업 자동 회원가입 · 총회, 운영위원회를 통해 운영 · 원칙적으로 회비 납부의무는 없음. (실제로는 일정금액을 징수)
활동 영역	· 협회사업 관련 회원사와 주요 현안논의, 의결, 집행 · 의결사항에 대해 회원사 강제	· 공업지구 (대북)사업 관련 현안논의, 의결, 집행 · 의결사항에 대해 전체기업 강제 → 관리기관은 책임자회의에서 제기되는 의견을 제때 처리하고, 중요문제를 총국과 협의(개성공업지구관리기관설립운영규정 17, 18조)
상호 관계	· 기업협회와 기업책임자회의는 법적근거, 목적, 운영방식, 활동영역이 상호 독립적	

제2절 근로자와 근로자 단체

1. 근로자

가. 종업원 대표

일반적으로 북한의 공장·기업소는 생산공정별, 생산품목별로 직장이 조직되며, 각 직장은 여러 개의 작업반으로, 작업반은 다시 분조들로 나누어진다. 즉 생산조직으로 직장, 작업반, 분조가 있다.

개성공업지구 노동규정 제13조(로동규칙의 작성과 실시)는 "기업은 종업원 대표와 협의하여 …… 로동규칙을 작성하고 실시할 수 있다."고 규정되어 있고 제21조(노동시간의 준수)는 "연장 작업이 필요한 기업은 종업원 대표 또는 해당 종업원과 합의하여야 한다."고 규정하고 있다. 즉 북한은 근로자들에 대한 총괄 관리책임을 지는 자에 대해 종업원 대표라는 용어를 사용하는 데 북한 근로자들은 직장장이라는 단어도 사용하였다.

당사자 측면에서 북한 근로자들을 대표하는 자로서 '종업원 대표' 또는 '직장장'이라는 개념이 존재하는 것인데 북한 자료에 의하면 '직장장'은 '공장[3]', 기업소[4] 안의 한개 생산단위인 직장[5]을 행정적으로 책임지고 관리하는 사람 또는 그 직위'를 말한다.[6]

개성공단에는 이러한 '종업원 대표'[7] 또는 '직장장'과는 별개로 '총무'[8] 직책을 가진 자가 있었는데 '총무'의 경우 통상적인 사무 업무를 처리하는 자이기보다는 남·북한 인원에 대한 통제를 목적으로 배치된 보위부, 보안성 출신의 인원으로 판단된다.

통상 북한에서의 직장 배치는 간부사업 대상자와 일반 근로자가 구분되어 이루어지는 것으로 알려져 있다. 간부사업 대상자는 도·시·군 당 간부부에서 관장하며 노동자는 해당 지역 시·군 인민위원회 노동과에서 배치한다.[9] 개성공단 입주 기업 내 북한 종업원 대표는 최초 기업 배치 시 종업원 대표·총무가 함께 일방적으로 배치되어 온다는 점,[10] 개성공단 내 종업원 대표들의 입·퇴사가 몇 개 기업씩 한꺼번에 이루어진다는 점, 그들의 해고 요청이 상당히 어렵다는 점 등에 비추어 보았을 때 북한의 간부사업 대상자 배치와 같이 당 간부부를 통해 배치되는 것으로 이해된다.[11]

나. 일반 근로자

일반 근로자는 앞서 설명한 바와 같이 인민위원회 노동과를 통해 배치되는 것으로 이해된다. 이러한 북한 근로자들은 노사관계의 한 주체이면서도 총국과 종업원 대표를 통해 전일적인 지시를 받는 위치에 놓여 있다. 이러한 지시 체계의 하부 단위는 생산현장의 작업반이라고 할 수 있다.

작업반에 대해 북한은 "일정한 생산과제에 따라 공동 작업이 수행되고 직접 기술혁신이 실현되는 생산의 말단 단위일 뿐 아니라, 기업관리에 대중이 직접 참가하는 기본 단위이며, 대중적 사상교양 사업의 거점"[12]이라고 표현한다.

개성공단의 일반 근로자들도 이러한 작업반 또는 작업조 중심으로 생산을 비롯해 생활총화 등이 이루어졌다.[13] 일일·주간 단위 생산목표에 대한 지시와 성과에 대한 보상도 작업반 또는 작업조와 같이 집단 중심으로 진행되었다.[14]

이들은 주 1회씩 조직별 '생활총화'를 통하여 생산과 조직 생활에 대한 자아비판과 상호비판으로 생산과 생활을 통제하였다. '생활총화'는 개성공단에서는 '문화생활'이라는 표현으로 사용되었다. 개성공단 근로자들의 경우 주 1회 특정일 중 반나절을 개성시에서의 '문화생활' 시간으로 활용하여 각 단체별로 조직 생활을 하였던 것으로 추정된다.

한편 일반 근로자들은 우리 주재원이나 기업에 제기하고 싶은 사안들이 발생할 경우 이를 직접 제기하기보다는 종업원 대표와 총무 등 북한의 간부 근로자를 통하여 제기하였다. 우리 주재원이나 기업에 대한 직접적인 문제제기나 요구는 북한 체제의 특성상 여전히 제한적인 측면이 있었다.

2. 근로자 단체

북한 조선로동당의 외곽 단체로는 4개의 '근로 단체'를 들 수 있다. 근로 단체로는 우선 우리의 노동조합총연맹과 유사한 조직으로서 조선직업총동맹(이하 "직업동맹"이라 한다)[15]이 있다. 직업동맹은 당원, 농근맹원, 여맹원이 아닌 30세 이상의 모든 노동자와 기술자, 그리고 사무원들이 맹원으로 가입하게 되어있다. 그러나 직업동맹은 사상교양사업과 증산경쟁 운동을 통해 당의 '방조자'이자 '후비대'로서의 기능만을 가지고 있을 뿐이며 자본주의 기업의 노동조합과는 다르다. 다음으로 김일성 – 김정일주의청년동맹(청년동맹)이 있는데 여기에는 14세부터 30세에 이르는 청년, 학생, 군인, 직장인 등 모든 청년이 의무적으로 가입하게 되어 있다. 청년동맹은 기존 김일성 사회주의청년동맹이 2016년 8월에 명칭을 변경한 것으로서 그 목적은 혁명과업을 직접 계승하는 청년들의 혁명적 조직으로 노동당의 전투적 후비대(로동당 규약 제9장 제56항)로 규정되어 있다. 또한 조선사회주의여성동맹(여맹)이 여성을 대상으로 조직되어 있다. 이 단체는 여타 단체에 가입하지 않는 만 31세부터 55세까지의 일반 여성을 가입대상으로 한다. 조선사회주의여성동맹은 기존 조선민주여성동맹이 2016년 11월에 명칭을 변경한 것이다. 끝으로 농업 근로자만을 대상으로 하는 조선농업근로자동맹(농근맹)이 결성되어 있다.[16]

이와 같은 근로 단체 중에서 우리의 노동조합과 가장 유사한 조직은 직업동맹으로 볼 수 있다.[17]

외국인투자기업 노동규정 제8조는 "외국인 투자기업은 종업원들의 권리와 리익을 보호하며 종업원을 대표하는 직업동맹과 로동계약을 맺어야 한다. 로동계약에는 종업원이 수행해야 할 임무, 생산량과 질지표, 로동 보수와 생활조건의 보장, 로동 보호와 로동 조건, 로동 규률, 상벌, 사직 조항 같은 것을 밝혀야 한다."고 하여 직업동맹과의 단체계약을 규정하고 있다.[18]

외국인기업법 시행규정 제59조도 직업동맹의 활동 내용에 대해 규정하고 있는데 그 내용을 보면 다음과 같다. 즉 ①노동 규율을 준수하고 경제 과업을 잘 수행하도록 근로자들을 교양하는 것, ②근로자들에 대한 정치사상 교양사업과 과학지식 보급사업을 하며 체육 및 문예활동과 관련한 사업을 하는 것, ③외국인기업과 노동조직, 노동보수, 노동보호와 관련한 단체계약을 맺고 그 집행을 감독하는 것, ④외국인기업과 근로자 사이에 발생되는 노동분쟁을 조정하는 것, ⑤근로자의 권리·이익과 관련한 문제 토의에 참가하여 조언을 주거나 권고안을 제기하는 것이다.

그러나 개성공업지구 노동규정에는 이러한 역할을 하는 '직업동맹'에 대한 규정이 없다. 그렇다면 과거 '직업동맹'이 수행하던 역할을 개성공단에서는 누가 대체하고 있었던 것일까?

이를 이해하기 위해 우리는 개성공업지구 노동규정의 하위규범인 채용 및 해고세칙을 살펴볼 필요가 있다.

채용 및 해고세칙 제22조(종업원 대표의 사업내용)는 종업원 대표의 사업 내용으로 "①종업원들의 로동 조건과 로동 생활과 관련한 의사와 요구를 기업에 제기, ②기업의 로동규칙을 협의, ③종업원들이 정해진 질서를 지키도록 규율, ④기업의 관리운영 사업 협조, ⑤기타 기업이 위임하는 사업 등"으로 되어 있다. 즉 외국인기업법 시행규정 제59조에 명시된 ③외국인기업과 노동조직, 노동보수, 노동보호와 관련한 단체계약을 맺고 그 집행을 감독하는 역할 중의 일부를 개성공단에서는 종업원 대표가 수행하도록 규정하고 있다.

이러한 법적근거를 토대로 필자가 판단하건대 개성공단에서는 과거 '직업동맹'이 수행하던 업무 중 일부 영역에 대해 북한 내부적으로 역할 분담이 이루어진 것으로 보인다. 즉 '직업동맹'이 수행하던 대(對) 기업 협상의 영역은 종업원 대표가 수행한 반면 분쟁조정의 역할은 별도의 노동중재 절차가 마련되어 있지 않은 상황에서 총국이 대체하고 있었다고 보아야 한다. 예를 들어 기업과의 관계에서 근로 조건, 생산 협의 등 외부적으로 드러나는 부분은 '직업동맹'이 아닌 '종업원 대표'로 역할이 이동되었던 것으로 이해할 수 있다.

제3절 지도기관과 관리기관

1. 중앙특구개발지도총국

개성공단과 관련된 주요 북한 기구들로는 조선아시아태평양평화위원회, 민족경제협력연합회, 중앙특구개발지도총국 등이 있다. 그중에서 개성공단의 개발·운영을 총괄하는 북한의 기관이 중앙특구개발지도총국이다.[19] 총국은 기존의 조선아시아태평양평화위원회, 민족경제협력연합회, 민족경제협력연합회 산하의 삼천리총회사 등을 한데 묶어 개성공단 관련 업무를 총괄하기 위해 만든 별도 기구로 알려지고 있으며 민족경제협력위원회의 산하기구이다.[20]

총국은 개성공업지구법 제5조에 근거하여 개성공단에 대한 통일적 지도를 수행한다. 총국의 역할은 개성공업지구법 제22조에 따라 '①개성공업지구 개발업자 지정, ②관리기관 사업에 대한 지도, ③시행세칙 작성, ④노력, 용수, 물자의 보장, ⑤설계 문건의 접수, 보관, ⑥생산 제품의 북측 지역 판매, ⑦세무관리, ⑧이밖에 국가로부터 위임받은 사업' 등이다. 그러나 이러한 일반적인 역할 이외에 총국은 북한 정부와 근로자들의 이해관계를 대변하는 기능을 수행한다.

총국의 직제와 관련해서는 총 8개처로 구성되어 있다는 주장도 있다.[21] 그러나 이러한 총 8개처의 구성은 개성공단 초기의 자료를 인용한 것으로 이해되며 총국 개성사무소의 활동에 비춰 보면 이러한 직제 구성에 변화 또는 축소가 있어 보인다. 즉 총국 개성사무소에서 활동하는 부분은 4처(개발·건축), 5처(세무·회계), 7처(협력부), 8처(투자 홍보) 등에 불과해 보인다. 이는 기존 부총국장 중 1명의 부총국장만 대외적으로 활동하고 있다는 점에서도 간접적으로 추론할 수 있다.

특히 개성공단 내 노동력 공급이나 노무 관련 업무를 수행하는 노동처의 경우 이미 오래전에 그 직제의 변화가 있는 것으로 이해된다. 즉 2008년 6월까지는 탁아소 설치 등 각종 노동 현안 협의 시 노동처장이 공식적으로 참여를 하였으나 그 이후 노동력 공급 관련 사안이나 최저노임 협의는 '노력알선기업'[22]의 책임참사가 참여하였다. 그러나 '노력알선기업'은 '노동력의 보장'을 책임지는 기관으로서 총국 노동처 소속의 사업단위에 불과하였다.[23] 이러한 점에 비춰 보면 노동처는 총국의 공식적인 직제에서 사라졌거나 최소한 개성공단에서 만큼은 노동처 대신에 '노력알선기업'이 실질적인 업무를 수행했던 것으로 판단된다.[24]

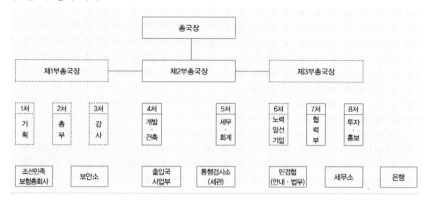

〈그림-9〉 총국 직제도[25]

노력알선기업의 권한 범위는 아주 제한적인 것으로 이해되는데 기업에서 취합한 노동력 신청서를 개성시 인민위원회 노동과에 전달하고 선발된 노동력을 데리고 오는 역할에 불과했던 것으로 보인다.[26] 이에 비춰 보면 노동력의 선발과 배치와 관련해서 노력알선기업이 확보하고 있는 권한은 제한적이었으며 과도기 단계였던 것으로 판단된다. 총국 노력알선기업이라는 명칭을 쓰고는 있으나 총국과 같은 조직체가 아니라 총국보다는 상대적으로 지위가 낮은 조직체였던 것이다.

총국의 직제와 관련하여 주목해야 할 부분은 총국 내 '경영국'의 역할이다. 경영국은 총국의 공식 직제에는 나타나지 않고 있다. 그러나 자료[27]에 의하면 총국에는 경영국이 있고 경영국에는 '재정회계처'와 '로력관리처'가 있다. 경영국은 내각 산하 기관인 총국과 실제 개성시 인민들의 생활을 책임지는 개성시 인민위원회와의 업무 연계를 담당했던 기관으로 이해된다. 즉 총국이라는 명칭을 쓰고 있으나 실제로는 인민위원회의 인원들이 다수 배치되어 업무를 수행했던 것으로 보인다. 자료에 의하면 '재정회계처'는 근로자들의 생산 활동과 관련한 사항, 즉 생산 목표 설정, 실적 관리, 평가 환산 등의 업무를 담당하고, '로력관리처'는 개성시 노동력 원천을 확보·관리·공급, 노동보수 계산 및 지불, 노동 조건과 노동 강도, 노동 능력 등에 대한 판단 업무를 수행하였다. 정리하자면 경영국은 총국이 대외적인 측면을 고려하여 개입할 수 없는 영역, 즉 생산 활동과 근로자들의 생활에서 제기되는 각종 문제들을 실질적으로 관리하는 역할을 수행했던 조직이라고 할 수 있다.

〈그림-10〉 임금 지급 흐름도

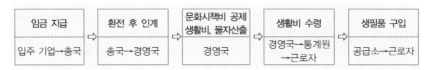

예를 들어 임금 지불과 관련하여 매월 10~20일경 기업들로부터 임금이 지급되면 총국은 북한 화폐(조선원)로 환전하여 경영국에 인계하고 경영국은 사회문화시책비(노동보수의 30%)를 공제하여 개인별 생활비 및 물자를 산출하여 할당한다. 이후 생활비는 매월 20~30일경 입주 기업 근로자인 북한 통계원이 경영국에서 인수하여 기업 단위로 각 근로자에게 배분한다. 물자는 개성공단 근로자 전용의 식량 배급소 및 물자 공급소에서 경영국의 물자 산출 내역을 인계받아 관리하며 기업 단위별로 지정된 일자에 본인 또는 가족이 공급소에서 생필품을 구입하고 개인이 소지하는 물자공급 카드에 기록을 유지하게 된다.

2. 개성공업지구 관리위원회

개성공업지구의 관리기관으로는 개성공업지구 관리위원회가 있다.

관리위원회는 개성공업지구법 제21조에 근거하여 개성공단에 대한 관리 사업을 진행한다. 관리위원회의 역할은 개성공업지구법 제25조에 따라 '①투자 조건 조성, 투자 유치, ②기업 창설 승인, 등록, 영업 허가, ③건설 허가, 준공 검사, ④토지 리용권과 건물, 륜전기재 등록, ⑤기업의 경영 활동 지원, ⑥하부

구조 시설 관리, ⑦공업지구의 환경 보호, 소방 대책, ⑧남측 지역에서 공업지구로 출입하는 인원과 운수수단 출입증명서 발급, ⑨공업지구 관리기관 사업준칙 작성, ⑩이밖에 중앙공업지구 지도기관으로부터 위임받은 사업'을 하는 것으로 명시되어 있다.

관리위원회는 이중 기업의 경영 활동 지원의 측면에서 우리 정부와 기업의 이해관계를 대변하는 기능을 수행한다. 개성공단의 총국과 관리위원회와 같은 조직 구성은 중국과 베트남 등 사회주의 국가에서 중앙 및 지방정부가 외국자본을 유치하여 공단 개발 후 자국민으로 관리기관을 구성하는 방식과는 차이가 있다.

또한 북한이 총국−종업원 대표−근로자로 이어지는 강력한 연계성을 가지고 있는 것과는 달리 우리의 경우 상대적으로 연계성이 약하였다. 관리위원회는 기업 내 노사관계에 대한 직접 개입에 있어 소극적일 수밖에 없었는데 이는 기업 내 노사관계는 사용자와 근로자 간 자율적으로 진행하고 가급적 정부의 개입은 최소화해야 한다는 인식과 무관하지 않다. 하지만 기업들은 북한의 연계체제에 대응하는 차원에서 노사관계에 있어 관리위원회의 직접적 개입을 요구하였다. 북한이 총국−종업원 대표라고 하는 강력한 연계체계를 가지고 있고 이러한 체계가 기업 내 협상에 큰 영향을 미친다는 점을 고려할 때 관리위원회와 기업 간 연계체제를 강화해야 한다는 주장은 향후 고민되어야 할 지점이다.

한편 우리는 관리위원회의 위상과 역할과 관련하여 기업 측의 기대(근로자 측에 대응하는 기업 보호 역할 등)와는 괴리가 큰 북한의 인식을 살펴볼 필요가 있다.

관리기구 제도에 대한 북한의 자료[28]를 살펴보면 특수경제지대 관리 원칙과 관련하여 "새로 제정되거나 수정보충된 특수경제지대 관계법 제도에서 관리기구 제도는 중요한 자리를 차지"한다. 이러한 특수경제지대 관리 원칙에서의 기본은 "법규를 엄격히 준수하고 철저히 집행"하고 "지대관리위원회와 기업의 독자성을 보장"하며 "무역과 투자 활동에 특혜를 제공"하는 것이다.[29]

관리기구 체계가 중요한 이유에 대해 북한은 "특수경제지대 관리운영체계를 옳바로 세우고 그에 대한 국가의 통일적 지도를 원만히 실현할 수 있는 기구적

담보로 되기 때문"이라고 한다.

특수경제지대 관리기구 체계의 종류와 관련해서는 두 가지 유형으로 구분하고 있는데 "하나는 중앙과 지방, 현지 관리기구 체계이며 다른 하나는 중앙과 현지 관리기구 체계"이다. "라선 경제무역지대와 황금평, 위화도 경제지대의 관리기구 체계는 전자에 속하며 개성공업지구와 금강산 국제관광특구의 관리체계는 후자에 속한다"고 본다.

관리기구 체계의 특징과 관련해서는 "라선 경제무역지대와 황금평, 위화도 경제지대의 관리기구 체계에서 중간적 위치에 있는 지방정부들의 지위는 서로 구별 된다"고 한다. 아울러 "중앙과 지방, 관리위원회 세 체계로 되어 있는 라선 경제무역지대와 황금평, 위화도 경제지대의 관리기구 체계에서 중간적 위치에 있는 지방정부로서의 라선시 인민위원회와 평안북도 인민위원회의 지위는 자기의 권능에 맞게 정해져 있다"고 적고 있다. 그러면서 라선시 인민위원회는 "지대 개발 및 관리를 직접 맡아하는 지위"에 있지만 평안북도 인민위원회는 "지대 개발 및 관리를 직접 맡아하지 않고 다만 지도방조하는 지위"라고 적고 있다. 그러면서 이러한 차이는 "량자의 지역적 범위 및 지리적 위치에서의 차이와 관련"되어 있다고 한다.

개성공업지구와 금강산 국제관광특구의 관리기구 체계와 관련해서는 중앙 지도기관들이 서로 다르면서도 "중앙과 관리위원회 두 체계로 되어 있다는 측면에서 개성공업지구와 금강산 국제관광특구의 관리기구 체계는 공통적인 측면이 있다"고 적고 있다. 반면 "관리기구 체계에서 중앙의 위치에 있는 지도기관들은 서로 독자적으로 존재"한다면서 "개성공업지구에서는 중앙 공업지구지도기관이, 금강산 국제관광특구에서는 중앙 관광지도기관이 중앙 지도기관으로 되어있다"고 적고 있고 이는 "개성공업지구와 금강산 국제관광특구가 모두 전문화된 특수경제지대라는 사정과 관련"되어 있다고 하고 있다.

아울러 "라선 경제무역지대나 황금평, 위화도 경제지대는 종합적인 성격을 띤 특수경제지대"이기에 그 명칭을 "'라선 경제무역지대', '황금평, 위화도 경제지대'로

한 반면 "개성지구나 금강산지구는 전문성을 띤 특수경제지대인 것으로 하여 명칭을 '개성공업지구', '금강산 국제관광특구'"로 구분하고 있다고 한다.[30]

〈표-14〉 특수경제지대 관리기관들의 임무[31]

명칭	라선 경제무역지대	황금평, 위화도경제지대	개성공업지구	금강산 국제관광특구
중앙 기관	중앙특수경제 지대지도기관	중앙특수경제 지대지도기관	중앙특구개발 지도총국	중앙관광 지도기관
중앙 기관 임무	· 경제무역지대의 발전 전략 작성 · 지대개발 · 건설 관련 국내기관들과의 사업상 련계 보장 · 다른 나라 정부들과의 경제협조 및 련계 보장 · 기업창설심의기준 승인 · 지대에 투자할 공화국기업 선정 · 지대에서 생산된 제품을 지대 밖의 우리나라 령역에 판매하는 것을 협조	좌동	· 개발업자 지정 · 관리기관의 사업에 대한 지도 · 시행세칙 작성 · 노력, 용수, 물자의 보장 · 설계문건의 접수, 보관 · 생산제품의 북한 지역 판매 · 세무관리 · 이밖에 국가로부터 위임받은 사업	· 관리기관의 사업을 지도 · 시행세칙 작성 · 설계문건사본 접수, 보관 · 관리기관이 요구하는 물자와 기념상품 보장 · 세무관리 · 이밖에 국가로부터 위임받은 사업
지방 정권 기관	라선시 인민위원회	평안북도 인민위원회	-	-
지방 정권 기관 임무	· 경제무역지대의 개발 · 관리 관련 지대 법과 규정의 시행세칙 작성 · 지대의 개발과 기업 활동에 필요한 로력을 보장 · 지대의 개발 및 관리와 관련하여 중앙특수경제지도기관으로부터 위임받은 사업	좌동	-	-

현지관리기관	산업구 관리위원회	관리위원회	관리위원회	관리위원회
현지 관리 기관 임무	·지대의 개발·관리에 필요한 준칙 작성 ·투자환경 조성, 투자 유치 ·기업창설 승인, 등록, 영업허가 ·투자장려·제한·금 지목록 작성, 공포 ·건설 허가, 준공검사 ·건설설계문건 보관 ·독자적인 재정관리 체계 수립 ·토지리용권, 건물소 유권 등록 ·위임받은 국가재산 관리 ·기업의 경영활동 협 조 ·하부구조·공공시설 건설, 경영감독, 협조 ·관할지역에 대한 환 경보호, 소방대책 ·인원과 운수수단의 지대출입과 물자반 출입사업 협조 ·관리위원회의 규약 작성 ·이밖에 지대의 개발 및 관리와 관련하여 중앙특수경제지도기 관과 라선시 인민위 원회로부터 위임받은 사업 *경제무역지대안의 사 업구를 비롯한 정해진 대상에 대한 관할권만 을 보유	좌동(단, 지대전반에 대 한 환경보호 및 소방 대책사업) *지대 전체 지역에 대 한 관할권을 보유하기 때문임.	·투자조건 조성, 투자 유치 ·기업창설 승인, 등록, 영업허가 ·건설허가, 준공검사 ·토지리용권과 건물, 륜전기재 등록 ·기업의 경영활동 지 원 ·하부구조시설 관리 ·공업지구의 환경 보 호, 소방대책 ·남측지역에서 공업지 구로 출입하는 인원 과 운수수단 출입증 명서발급 ·공업지구관리기관 사 업준칙 작성 ·이밖에 중앙공업지구 지도기관으로부터 위 임받은 사업	·관광계획 작성 ·관광자원 조사, 개발, 관리 ·관광선전, 관광객 모 집, 관광조직 ·투자유치 ·기업창설 승인, 등록, 영업허가 ·토지리용권과 건물, 륜전기재 등록 ·하부구조시설물 관리 ·환경 보호, 소방대책 수립 ·이밖에 중앙관광지도 기관으로부터 위임받 은 사업

【주】

1) 그러나 이러한 지배인의 역할은 2013년 이후 변화가 있는 것으로 보인다. 2013년 5월 10일 자 조선신보는 새로운 경제관리 방법에 따라 국영기업에 경영자율권이 대폭 부여되었으며 노동과 실적에 따른 분배가 가능해졌음을 밝히고 있다. 또한 생산물과 생산품을 국가와 7:3으로 분배하거나 개인투자가 부분적으로 허용되는 등 인센티브제가 현실화되었음을 설명하고 있다. 동년 6월 11일자 조선신보는 북한 경공업성의 김명오 국장과의 인터뷰에서 "올해부터 기업소, 공장 지배인에게 많은 권한을 주어 생산물의 일정한 %를 국내외에 팔고 확대재생산할 수 있는 조건을 마련했다"고 밝혔다. 즉 북한이 2013년 새로운 경제관리 조치를 추진하면서 공장과 기업소에서 지배인의 권한을 강화하기 시작한 것이다. 북한에서 지배인은 공장, 기업소의 모든 사업을 행정적으로 책임지는 사람으로 북한의 지배인 권한 강화는 노동당의 영향력을 줄이고 생산현장의 자율성을 높인 조치로 평가된다.

2) 북한은 사회주의 국가로서 법 체계상 '사용자'라는 개념을 비롯해 임금, 노동조합 등의 개념이 성립할 수 없지만 본서에서는 개성공단에서의 노사관계를 살피기 위해 북한에서의 존재 여부와는 별개로 동 단어를 사용한다.

3) '공장'은 사회적 생산조직을 분업에 따라 나눈 가공공업의 기본단위로 '공장'은 개념상 '기업소'와 일정하게 구별된다. '공장'은 주로 사회적 생산조직의 단위를 가리키며 '기업소'는 경영단위의 견지에서 쓰인다. 사회과학출판사, 『조선말대사전 1』(평양: 사회과학출판사, 2006), 399쪽.

4) '기업소'는 경영활동을 독자적으로 직접 조직 진행하는 경제단위. 일정한 노력, 설비, 자재, 자금 등을 가지고 생산활동이나 봉사활동을 진행한다. 자체의 수입으로 지출을 보상하고 채산을 맞추는 데 특징이 있다. 사회주의 기업소는 생산수단에 대한 사회적 소유에 기초하고 있으며 기업활동의 목적이 인민들의 물질문화적 수요를 원만히 충족시키는데 있다. 위의 책, 632쪽.

5) '직장'은 여러 개의 작업반들의 연합으로 이루어지는 공장, 기업소의 부문별 생산단위이다. 직장은 생산과정에서 차지하는 지위와 역할, 업무에 따라 기본직장, 보조직장, 봉사직장, 부대직장 등으로 구분된다. 직장은 많은 부문에서 생산을 책임지며 공장 전체가 당과 국가에서 맡은 임무를 어김없이 집행하도록 협동생산을 보장해야 한다. 또한 작업반을 통솔할 의무가 있으며 작업반 활동에 대한 모든 책임을 진다. 직장에는 자기에게 맡겨진 과업을 원만히 수행하기 위한 기구를 두고 있으며 부문별 생산단위 책임자로서의 직장장 외에 교대별 부직장장과 부기원, 통계원, 등이 있다. 최신림·이석기, 『북한의 산업관리체계와 기업관리제도』(서울: 산업연구원, 1998), 50~51쪽.

6) 북한은 직장장을 재교육 하거나 직장장을 새로 양성하는 학교로 경제관리간부 양성기관의 하나로 '직장장 학교'도 두고 있다. 사회과학출판사, 『조선말대사전 2』(평양: 사회과학출판사, 2007), 1615쪽.

7) 코르나이는 공장장(개성공단에서는 종업원 대표 또는 직장장)은 수많은 권한을 가지고 있다고 한다. 그들이 가지고 있는 권한으로는 ①생산관리, ②작업장의 감독관, ③정치권력과 이데올로기의 대리 역할, ④관료기구의 대리인 역할, ⑤범죄 예방당국의 대리인 역할, ⑥국가 행정조직의 대리인 역할, ⑦소득분배 당국의 대리인 역할, ⑧온정주의적인 정책 대리 역할, ⑨가족생활에의 개입을 들고 있다. 그러면서 이러한 점은 기업과 공장장 및 관리자들에게 피고용인을 지배할 수 있는 권력을 부여한다고 한다. 즉 공장은 단순한 작업장이 아니라 전체주의적 권력의 단위가 되고 기업의 모든 노동자들은 대체로 그들의 공장장에게 의존하게 된다. Kornai, Janos., *The Socialist System-The Political Economy of Communism*(New Jersey: Princeton University Press, 1992), pp.221~222.

8) '총무'는 북한의 사전에 의하면 ①전체적이며 일반적인 사무 ②(어떤 기관이나 단체의) 행정실무적인 일반적 사무를 맡아 처리하는 직위 또는 그 직위에 있는 사람을 의미한다. 사회과학출판사, 『조선말대사전 3』(평양: 사회과학출판사, 2007), 151쪽.

9) 최종태 · 김강식, 『북한의 노동과 인력관리』(서울: 서울대학교 출판부, 2003), 58쪽.

10) 개성공업지구 노력채용 및 해고세칙 제21조(종업원 대표의 선발)는 "기업의 종업원 대표는 중앙공업지구지도기관이 임명한다"고 규정하고 있다.

11) 종업원 대표는 개성공단 재직 후 개성시로 나가는 경우와 개성공단 내에서 승진하는 경우로 나누어 볼 수 있다. 개성시로 나가는 경우는 배치 상황을 알 수 없으나 개성공단 내에서 승진하는 경우는 최초 소규모 기업 재직(예를 들어 아파트형 공장 반장)후 성과를 인정받아 중간 규모의 기업을 거쳐 대규모 기업으로 배치되는 사례를 확인할 수 있다. 종업원 대표의 성과 인정 기준은 생산성 증가, 임금 · 근로조건 인상, 노사관계 안정 등의 요소가 감안되는 것으로 추정된다.

12) 작업반은 행정적으로는 작업반장이 정치 · 사상적으로는 당세포비서(당의 최하위 조직책임자), 그 외에 작업반 내에 각급 조직책임자(청년동맹은 초급 단체위원장, 직업동맹은 직업동맹위원장)가 조직의 생산과 생활에 대한 연대책임과 통제를 실시하는 것으로 알려져 있다. 즉 작업반 내에 당원과 청년동맹, 직업동맹 등의 인원들이 혼재되어 있는 형식이다. 전정희, "대중적 기술혁신운동의 새로운 형태," 『근로자』, 제9호(1964).

13) 만일 25명의 작업반원이 있다면 당세포 대표인 세포비서와 부비서가 있고, 작업반장, 보위부원, 안전부원, 당조직 파견일꾼, 당조직 동향파악일꾼, 당조직 임무수행일꾼, 직맹과 청년동맹의 초급일꾼들이 분포되어 있다고 한다. 25명의 작업반원 중에서 당원이 10여 명이라면 이 사람들이 하나의 세포를 구성하고 당 대표가 세포비서로서 작업반 4~5개가 모여 직장을 구성하므로 1개 직장 안에 4~5개의 세포와 세포비서가 존재한다고 한다. 이들을 묶어 상급 당조직이 구성되며 부문당이라고 한다. 또한 25명의 작업반원 중에서 당원이 10명이면 당원들이 1개의 당세포를 조직하고 당원이 아닌 나머지 15명은 각 근로단체 소속이라 한다. 나머지가 청년동맹원 6명, 직업동맹원 9명 정도로 구성된다고 한다. 좋은벗들 엮음, 『북한사람들이 말하는 북한이야기』(서울: 정토출판, 2002), 258, 262쪽.

14) 북한에서 작업반의 계획 수행은 전적으로 작업반장의 책임과 지시로 이루어진다. 생산에 대한 행정적인 책임은 작업반장에게 있으나 연대적인 책임은 세포비서가 지게 되어 사상 통제는 세포비서가 수행 하는데 작업반장이 실질적인 권력(의식적인 측면에서)을 갖고 있 다면, 비서는 출세나 개인별 평가서와 관련하여 사상적 권력을 갖고 있어 서로의 갈등도 존재하는 것으로 알려져 있다. 김승철, "북한 주민의 노동의식에 관한 연구," 『통일경제』 (1998), 59~60쪽.

15) 박정호·구갑우는 사회주의 노동의 국가화 정책의 특징 중의 하나로 '사회주의 산업화 과 정에서 노동조합과 같은 노동자 조직의 국가기구화가 이루어졌다는 점'을 들고 있다. 자본 주의 국가에서 산업화는 노동착취에 대항한 노동자 조직의 강화를 초래한 반면 사회주의 국가에서 노동자 조직은 국가가 추진하는 산업화의 보조자이자 집행기구 역할에 충실했 다고 한다. 스탈린 시기의 소련에서 노동성 폐지와 함께 전 소련 노동조합 중앙평의회로 의 편입을 통해 노동조합의 국가기구화가 진행되었고 이러한 노동조합의 위상은 사회주 의 국가에서 보편적인 현상이라고 지적한다. 박정호·구갑우, 『북한의 노동』(파주: 한울, 2007), 17~19쪽.

16) 세종연구소 북한연구센터, 『조선로동당의 외곽단체』(파주: 한울, 2004), 16, 115쪽.

17) 선한승 외, 『북한의 노동제도와 노동력에 관한 국제비교연구』(서울: 한국노동연구원, 2000), 13쪽. 선한승은 "북한의 노동자 대표조직은 중국, 베트남 등과 비교했을 때 가장 정치조직 에 가까운 형태를 보이고 있으며 노동자의 자주적인 대표 조직이라기보다는 당의 하부 조 직 또는 당의 지배를 공고히 하기 위한 외곽 조직에 불과"하다고 주장한다. 또한 "북한은 북한 사회주의노동법에 의해서 노동자 대표 조직의 기능을 제한적으로 허용하고 있으나 이는 자본주의 국가의 노사관계와는 근본적으로 다르다. 예를 들어서 노동조합의 대표적 인 활동전략인 파업권과 임단협체결권이 전혀 인정되지 않기 때문이다. 합영법과 합작 법에서 노동자 대표에게 협의권을 부여하고 있지만 이마저도 매우 제한적이다"라고 강 조한다. 선한승 외, 『사회주의 국가의 노동개혁과 북한 모형 연구』(서울: 한국노동연구원, 2003), 19~21쪽.

18) 과거 직업동맹의 역할은 "공장 측과 단체계약을 맺거나 기업 관리운영에 대한 감독통제기 능을 수행"하는 것이었다. 그러나 1964년 6월 하순 열린 당중앙위원회 제4기 제9차 전원회 의에서는 "근로단체사업을 개선 강화"할 것을 논의한다. 당시 전원회의는 직업동맹의 기존 역할을 "낡은 활동 형식"으로 규정하고 "직업동맹사업에서 낡은 틀을 없애고 발전하는 현 실에 맞게 동맹사업을 새로운 높은 단계에로 올려세울 데 대한 문제에 대해 토의"하였다. 그러면서 "모든 로동자, 기술자, 사무원들이 사회주의 건설과 사회주의 경리운영에 주인답 게 참가하도록 당의 사상으로 튼튼히 무장시키는 것을 직업동맹의 기본임무로 규정"하였 다. 직업동맹의 기존 역할을 낡은 틀로 본 것은 "대안의 사업체계가 확립되어 공장 당위원 회가 기업활동의 모든 문제를 장악지도하게 된 조건에서 더는 필요 없게 되었기" 때문이 었다. 이 회의를 통해 직업동맹의 중요 과업으로 "생산을 보장하기 위한 정치사업, 로동보 호사업, 기술교양사업과 문화혁명을 다그치기 위한 사업, 국가재산을 애호하기 위한 사업" 을 제시하였다. 이러한 내용에 비춰보면 북한도 1964년 이전까지는 직업동맹과 기업 간에 노사관계와 유사한 형태가 존재하였음을 알 수 있다. 조선로동당 중앙위원회 당력사연구 소, 『조선로동력사』(평양: 조선로동당출판사, 2006), 329~330쪽.

19) 총국은 내부 직제구성이나 북한의 설명 등에 비추어 보면 내각 산하기관으로 볼 수 있다. 내각의 경우에는 총리 밑에 부총리, 위원장, 부위원장, 상, 제1부상, 부상, 총국장, 부총국장, 국장, 부국장, 처장, 부처장, 과장, 실장, 책임지도원, 지도원, 보조지도원 순으로 되어 있다. 현재 총국은 총국장, 부총국장, 국장, 처장, 과장 등의 직제를 사용함에 비춰 직제상으로 보면 내각 기관임을 알 수 있다. 최진욱, 『현대북한행정론』(서울: 명인문화사, 2008), 203쪽.

20) 이후 북한은 2005년 7월 6일 최고인민회의 상임위원회 정령(제1182호)으로 북남경제협력법을 채택하여 남북 경제협력사업의 수행기관을 정리한다. 북남경제협력법은 남북경제협력 전반을 규율하는 기본법으로 평가된다. 이 법에서는 북남경제협력의 통일적인 지도는 '중앙민족경제협력지도기관'이 담당하는 것으로 규율하고 있다. '중앙민족경제협력지도기관'은 개성·금강산지구의 각 지도기관을 포함하여 대남사업과 관련된 각종 기관·단체를 총괄적으로 지도하는 상급기관으로 '중앙민족경제협력지도기관'은 '민족경제협력위원회(약칭 민경협)'로 추정된다(북한 최고인민회의 상임위원회는 2005년 6월 22일 민족경제협력위원회 발족을 발표). 이러한 '중앙민족경제협력지도기관'의 설치는 그 동안 '광명성경제연합회', '조선아시아태평양평화위원회', '민족경제협력연합회(민경련)' 등 대남사업 기관의 난립, 기관 간 경쟁, 역할 혼선 등 부작용 발생에 대해 '중앙민족경제협력지도기관'이라는 정부(내각) 차원의 공식 기관을 통하여 북남경제협력을 통일적으로 지도 관리하려는 강한 의지 차원으로 볼 수 있다. 법무부, 『북한 '북남경제협력법' 분석』(서울: 2006, 법무부), 20~45쪽.

21) 이임동, 『개성공단 위기시 행위주체의 역할에 관한 연구: 입주 기업 위기극복 활동 중심으로』(중앙대학교 대학원 석사 학위논문, 2013), 67쪽.

22) '노력알선기업'은 개성공업지구 노동규정 제8조에 노동력 공급을 책임지는 기관으로 명시되어 있으며 노동력 원천에 대한 권한이 개성시 인민위원회에 있음에 따라 인민위원회와의 협업이 이루어지는 것으로 이해된다.

23) 중국의 경우 개혁개방 초기 지방정부 노동국(인사국)의 지휘감독을 받는 외국인기업복무공사 (FESCO: Foreign Enterprise Service Corporation)를 통해 노동력 알선 업무를 수행하였다. 경제특구 내 외국인 기업에 근무하기를 원하는 중국 측 근로자는 FESCO와 고용계약을 체결하고 FESCO는 다시 외국인 기업과 고용계약을 맺는 방식으로 이루어졌다. 노력알선기업도 이와 유사한 업무를 수행하고 있다고 볼 수 있다. 임을출, "중국 경제와 개성공단의 초기 조건 비교: 임금·고용 법제와 실제를 중심으로", 『북한연구학회보』, 제11권 제1호(2007), 10쪽.

24) 현재 '노동처'는 사실상 총국 내에서 해소된 것으로 보인다. 2007년 5월경부터 총국은 개성시 노동력이 고갈됨에 따라 외곽지역(개풍군, 장풍군)으로 노동력 알선 범위를 확대해야 하고 이를 위해서는 '노력알선기업' 설립이 필요하다면서 관리위원회에 차량 및 유류 등의 지원을 요청해왔다. 이러한 요청에 따라 관리위원회와 총국은 2007년 12월 25일 설립지원 합의를 한다.

25) 필자는 내부적으로 활동하는 것으로 추정되나 외부에서는 구체적 활동을 파악하기 어려운 곳과 함께 노력알선기업과 같이 공식적인 총국 직제와는 다른 곳으로 보이는 곳은 점선으로 표시하였다. 이임동, 『개성공단 위기시 행위주체의 역할에 관한 연구: 입주 기업 위기극복 활동 중심으로』(중앙대학교 대학원 석사 학위논문, 2013), 67쪽. 〈그림 13〉을 재구성.

26) 노동력은 기존 공장·기업소의 노동력 중 일부를 인민위원회가 개성공단에 파견 보내는 형식이며, 이러한 파견 과정에서 노력알선기업이 수행하는 역할은 확정된 노동력의 개성 공단 출입수속과 인수인계 정도로 판단된다.

27) 동 내용은 필자가 확보한 개성공단의『일 생산 및 재정총화 사업』을 통해 파악된 자료의 일부분이다.

28) 이 자료는 북한에서 라선 경제지구와 황금평·위화도 경제지구에 대한 논의가 활성화되던 시기에 나온 것으로 기존에는 이러한 관리기구에 대한 기록은 없었다. 리광혁, "공화국특수경제지대 관리기구제도의 기본내용,"『김일성종합대학학보(력사·법률)』, 제58권 제2호 (2012).

29) 위의 책, 100쪽.

30) 위의 책, 101~102쪽.

31) 위의 책, 102~103쪽.

제4장

개성공단 노사관계 환경

제1절 경쟁 환경변수

1. 노동시장[1]

가. 노동력 공급 규모

개성공단의 노동력은 2007년과 2008년 대규모 노동력의 투입·이후 점차 공급 규모가 줄어 정체 상태에 있었다. 특히 2009년 이후 2013년 잠정중단 이전까지는 3,500명 정도만의 순증이 있었다. 이 정도의 순증 규모라면 연간 자연퇴사 인원이 1,500~2,000명 정도 발생되었던 점을 감안할 경우 연 5,000명 수준의 노동력만이 공급되었던 것이다.

〈표-15〉 연도별 노동력 현황

(단위: 명)

구분	2005년	2006년	2007년	2008년	2009년	2010년	2011년	2012년	2013년	2014년	2015년

근로자 수	6,011	11,160	22,538	38,931	42,561	46,284	49,866	53,448	52,329	53,947	54,988
(증감)		(5,149)	(11,378)	(16,393)	(3,630)	(3,723)	(3,582)	(3,707)	(-1,119)	(1,618)	(1,041)

　개성공단의 노동력은 북한이 부담하기로 한 생산요소 중의 하나였다. 그럼에도 불구하고 이렇게 노동력 부족 현상이 발생한 이유는 무엇이었을까? 그리고 2009년 이후 노동력 공급 규모가 일정 수준만을 유지했던 이유는 무엇일까?

　이는 기본적으로 개성공단의 배후도시인 개성시 노동력의 부족 문제, 개성공단을 둘러싼 북한 정부의 이해관계 등이 결합된 것이라고 할 수 있다.

　개성시 전체 인구에 대해서는 통계의 부족으로 정확한 인구 규모를 추산하기는 어렵다. 그러나 통상적으로 개성시 외곽 인구까지 포함하여 20~30만으로 추산하였는데 개성공단 북한 근로자가 약 5만 5천 명인 상황에 비춰보면 이미 개성시 인구의 20% 이상이 개성공단에 종사하고 있던 상황이었다.[2] 즉 개성시에 있는 공장·기업소의 가동을 위해 필요한 최소한의 노동력을 제외한 개성시 노동가능인구의 상당수가 개성공단에서 근무하고 있던 상황이었다.

　만일 북한이 개성시 공장·기업소를 모두 해체하고 개성공단에 집중하는 경우 북한으로서는 경제적 측면에서 개성공단에 종속될 수밖에 없게 된다. 따라서 개성시 공장·기업소 등을 모두 해체한다는 것은 현실적으로 불가능한 일이다. 오히려 개성시에 공장·기업소 등을 일부 유지하면서 개성공단 활성화를 통해 임가공을 하는 것이 북한으로서도 부담이 적었다. 노동력 활용 측면에서도 개성공단 내에서 정상적인 근무가 어려울 수 있는 개성 시내 인력, 예를 들어 출산 후 총국 탁아소에 영유아를 맡길 수 없어 출근하지 못하는 젖먹이 엄마 등을 활용하여 공장·기업소 등을 가동하는 것이 북한 입장에서도 현실적인 인력 운용이었던 것이다.

　2015년 말 현재 1단계 공장용지 중 준공 면적(㎡)기준 개발 진행율은 41.7%로 기업수는 123개사(55,000명)에 불과했다.[3] 이 경우 미준공이 58.3%를 차지하는 상황으로 비율적으로 환산하면 앞으로 76,890명의 추가 공급이 필요한 상황인 것이다.⁴⁾ 이대로라면 '현 입주 기업'이 근로자를 선점함에 따라 '향후 미준공 필지 입주 기업'과의 불균형 심화가 우려된다. 특히 잔여 부지 입주는 대북 투자 금지 조치(이하 "5·24 조치"라 한다) 해소 시기와 연계되어 '현 입주 기업'과 '향후 입주 기업' 간 인력배분이 가변적일 수도 있는 상황이다.

우리는 이러한 개성공단 노동력 부족의 원인을 개성시 노동력의 근본적인 부족과는 별개로 북한 정부의 이익 측면에서도 살펴볼 필요가 있다. 즉 개성공단의 부족한 노동력을 해소하기 위해서는 외부로부터 노동력을 공급받아야 하나 과연 대규모 이주를 감행할 만큼 개성공단이 북한 정부에게 있어 매력적인 곳이었는지 살펴보아야 한다.⁵⁾

후술하겠지만 개성공단에 대해 북한이 애초에 기대했던 경제적 측면, 기술적 측면, 대외 개방 측면의 이익 중 과연 어느 측면이 북한의 기대에 부합했는지는 여전히 미지수다.

대안으로 고민될 수 있는 기업별 기숙사도 북한 체제상 검토가 불가능한 사항이다. 원칙적으로 기숙사는 수익자 부담 원칙에 의해 기업들이 자체 비용을 통해 건설함이 타당하나 기업 내 기숙사 건설은 북한 정부의 입장에서는 관리적인 측면, 체제 유지적인 측면에서 상당한 부담 요인이 될 수 있다.⁶⁾

나. 노동력 공급 체계

북한의 노동력 공급 체계는 국가가 파견하는 형식을 가지고 있고 철저히 국가에 의해 통제되고 있다. 북한에서는 직업 결정이 개인의 선택보다는 국가 계획에 의한 노동력 배치에 의해 이루어진다. 형식적으로는 개인의 능력과 의사를 원칙으로 하지만 실제로는 국가 차원의 노동력 수급 계획에 따라 개인의 의사와 적성보다는 출신성분과 당성이라는 정치적 기준에 의해 강제적이고 집단적으로 노동력 수급이 이루어진다. 즉 직장 배치의 기준으로 개인의 성분과 당성과 같은 정치적 지표가 결정적 기준이고 학력, 자격, 활동 경력, 근무 연수,

직무 능력 등이 보충적인 기준이 된다. 이렇게 한번 배치된 직장을 근로자는 특별한 사유가 없으면 변경할 수 없다. 이러한 계획적인 직장 배치는 사회주의 국가의 전형적인 인력자원 관리 방식으로 알려져 있다.[7]

이는 시장경제하에서의 노동력이 수요와 공급법칙에 의해 자유로이 공급되고 이동되는 것과는 다른 모습인데 개성공단 또한 국가의 노동정책에 따라 국가가 파견하는 곳에 노동력이 배치되는 방식이라고 할 수 있다.

개성공단에서의 노동력 알선 절차를 그림으로 구성하면 다음과 같다. 점선으로 표시된 부분은 필자가 기존 자료를 토대로 재구성한 것이다.

〈그림-11〉 북한 노동력 알선 절차

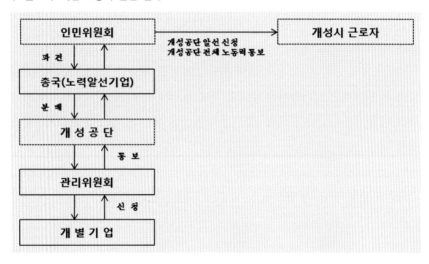

개성공단의 노동력 공급 부족 이유에 대해 총국 관계자들은 북한 당국의 노동력 배치 노력에도 불구하고 북한 근로자들이 개별 기업의 작업 환경과 근로조건을 들어 입사를 꺼린다는 점을 들기도 하였다.[8] 예를 들어 국가의 노동력 배치 명령에 대해 '질병이 아직 회복되지 않았다'거나 '아이가 아직 어려서' 또는 '기능이 아직 모자라서' 등 다양한 이유를 들어 배치에 불응하였다고 한다.

그러나 북한 근로자들이 기업에 대해 일정한 선호도를 보일 수는 있으나 북한의 노동력 배치 절차에 근본적인 변화가 있었다고 보기는 어렵다. 필자가 판단하건대 총국의 이러한 설명은 노동력이라고 하는 주요 협상 영역을 총국이 활용하는 과정에서 내세웠던 일종의 협상 논리로 이해된다.

다. 노동력의 환경적 중요성

개성공단에서 노동력 문제는 환경적 측면에서 매우 중요한 요소였다.

〈그림-12〉 노동력 수급과 임금과의 연계

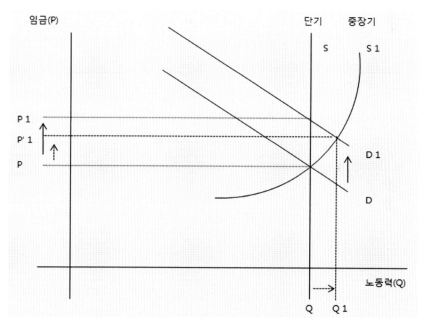

※주: 이 그림은 이해의 편의를 위해 단기의 경우 공급이 완전비탄력적이라고 하는 극단적인 형태로 표현하였다.

개성공단은 노동력 공급자(근로자) 중심의 시장이 형성(수요＞공급)되어 있었다. 이를 수요－공급 곡선을 활용하여 본 다면 〈그림-12〉와 같은 모습이 될 수 있다. 즉 공급이 제한적인 상황에서 수요가 증가한다면 이는 곧바로 임금 인상과 직결되는 구조였다.

이러한 공급 노동력의 부족은 개성공단 노사관계에서 각 기업들이 감안해야 할 주요 요인 중의 하나였다. 결국 개성공단의 노사관계가 노동력 '수요자(기업) 중심'이 아닌 '공급자(근로자) 중심'으로 전개되는 주요 요인 중의 하나였으며 노사협상 측면에서 보면 기업보다는 근로자의 협상력이 커질 수 있음을 의미하는 것이기도 하였다.

근로자의 '공급' 문제가 북한 당국(노력알선기업)의 협상력을 높이는 수단이라면 근로자의 '유지' 문제는 재직 중인 북한 근로자의 협상력을 높이는 중요한 수단이었다.[9] 재직 중인 근로자들이 사직을 전제로 각종 임금 및 근로 조건 인상을 요구할 경우 기업은 경영환경(납기, 생산계획 등)을 고려하여 이에 대응할 수밖에 없었다. 실제로 임금이 낮은 기업들을 대상으로 북한 근로자들은 집단 사직을 진행한 바 있고 기업들은 이를 막고자 임금 인상을 수용하는 사례도 있었다.

노동력 확보 수단으로서 기숙사 건설에 대한 논의는 2007년 12월 21일 개성공단협력 분과위원회 제1차 회의를 통해 남북 간 합의된 바 있다. 당시 합의 내용을 보면 "2008년 상반기 내에 1만 5천여 명 규모의 북한 근로자 숙소를 착공하고 추후 남북 협의를 거쳐 단계적으로 숙소를 추가 건설"하기로 하였다. 이에 따라 "1단계 450여 개 입주 기업이 완전 가동되는 2010년 말경에는 10만여 명(당시 2만 2천 명 고용 중)이 고용될 것으로 전망"하였다. "숙소 건설비용은 우선 남북협력기금을 투입하되, 수익자인 기업으로부터 임대료를 받아 장기적으로 건설비용 회수 계획" 및 "관리운영 비용은 남측과 북측이 분담하되, 구체적 비율은 추가 협의를 통해 결정할 계획"과 같이 세부적인 내용까지 합의되어 있었다.[10]

이후 기숙사 건설 추진이 지연되자 총국은 2008년 7월 25일 관리위원회에 통지문을 보내 "올해 9월부터 공업지구에 필요한 로력을 보장하기 어려운 실정"임을 설명하며, "총국과 관리위원회 사이에 여러 차례의 협의를 진행하였으나 합숙소 건설 문제에 대하여 우리 당국이 할 사업이라고 실천적 합의를 회피하여온 관리위원회의 사업 태도에 대하여 총국은 유감을 표시"한다. 그러면서 "개성공업지구 관리위원회 또는 개성공업지구 지원재단 실무자들이 개성공업지구에서 총국 실무자들과 만나 합숙 건설과 관련한 협의를 진행하자"는 의견을 통지한다.

그럼에도 기숙사 건설 논의가 지연되자 노동력 부족에 어려움을 겪던 본단지 2차 입주 기업 2개사(A사, B사)가 건설사(C사), 총국과의 개별적인 접촉을 통해 기숙사 건설문제에 대해 합의한다.[11]

그러나 기업과 총국 간의 개별적인 합의를 통해 진행하던 기숙사 건설 논의 또한 여러 사정으로 인해 진행되지 못하였고 이후 기숙사 건설 논의는 사라지게 된다.[12]

노동력 공급 문제는 이렇듯 기업에게는 중요한 지점이었다.[13] 이에 따라 기업 수요에 맞춰 노동력을 공급하는 현행 '필요 노동력' 개념이 아닌 노동력 공급의 유한성을 감안하여 개성공단 1단계에 대한 '적정 노동력' 개념을 반영한 총괄 관리방안을 수립하는 문제가 제기되기도 한다.[14]

후술하겠지만 노동력을 얻기 위해 기업들은 기숙사 건설을 위한 총국과의 합의서 체결(2008년) 외에도 근로 조건 보장 차원에서 기업별 출퇴근 버스 구입[15]을 도모하는 등 다양한 활로를 모색한다. 또한 노동보호물자 규모의 유지(결근자 몫의 국값 또는 노동보호물자를 종업원 대표에게 보전), 수습기간 단축(3월→1월 또는 0월), 노력알선료 인상, 노력알선료 추가 지급[16], 임금 인상, 장려금·상금 인상, 건축물 건설 영업세 원천징수분 기업 부담[17], 화재보험 가입[18] 등 노동력 공급 문제는 기업에 대한 주요 압박 수단으로 작용하였다.

2. 노동제도

가. 노동제도 변화와 시기 구분

노동제도의 변화는 개성공단 환경변수에서 노동력 공급, 남북관계와 함께 노사관계의 변화를 유도하는 주요한 요인이다.

통상 노동제도의 형성 여부에 따라 노사관계는 변화하는데 제도가 불완전한 상황에서는 당사자 간 합의를 통한 관행이 형성되고 이러한 관행이 하나의 준거기준으로 작용하게 된다. 개성공단의 경우에도 비록 개성공업지구 노동규정이라고 하는 노동제도가 있었으나 하위 규범의 부재에 따라 상위 규범인 노동규정만으로 설명하거나 해석할 수 없는 부분은 관리위원회나 총국의 해석과 이에 근거한 관행으로 노사관계가 규율될 수 있었다. 그러나 노동제도가 점차 구체화되는 경우 노사관계는 이러한 제도의 구체적 집행에 따라 영향을 받을 수밖에 없게 된다. 즉 제도가 확정됨에 따라 노동제도의 세부적인 집행이 있게 되고 이는 노사관계에 영향을 주게 된다.

본서는 개성공단 기업들의 가동 시점인 2004년부터 2016년 2월까지 12년간의 시기를 '제도 구축기'와 '제도 집행기', '제도 변화기'로 구분한다.[19]

'제도 구축기'와 '제도 집행기'로 나누는 기준은 기존 「개성공업지구 노동규정」의 하위 규범이라고 할 수 있는 「노동규정 시행세칙」(이하 '노동세칙'이라 한다)의 통지와 그 이후 구체적인 집행이 있었는지 여부이다. 상위 규범의 세부적인 내용을 보완하기 위해 노동세칙이 만들어 졌으나 상위 규범과의 충돌 등 여러 문제가 있던 상황에서 이의 실질적 집행은 노사관계에도 영향을 미치게 된다. '제도 변화기'는 북한 당국의 이해관계와 개성공단 조성 이후의 시기 변화에 맞춰 기존 노동제도를 개정하는 등 근본적인 변화가 도모되는 시기를 의미한다.

2004~2008년은 '제도 구축기'로 「개성공업지구 노동규정」과 「노동세칙」이 있었으나 「노동세칙」의 구체적이고 실제적인 집행이 유보되던 시기이다. 초기에는 「개성공업지구 노동규정」을 근거로 노동제도가 운용되었으나 규정이 모호하였으며 하위규범인 「노동세칙」이 제정된 후에는 상위규범과의 충돌로 기업 현장에서는 제도 해석을 둘러싼 혼란이 빈번하던 시기라 할 수 있다. 이러한 이유로 인해 「노동세칙」이 통지되었음에도 실제적인 집행은 유보되었다.

이 시기의 노사관계는 '노사협력 > 갈등(대립)' 또는 '노사협력=갈등(대립)'의 형태를 보인다.

이에 반해 2009~2013년은 '제도 집행기'로「노동세칙」통지 이후 총국과 북한 근로자가 구체적으로 제도를 활용하는 시기를 의미한다. 이 시기에 들어서면 개성공업지구 노동규정에 비해 구체화되고 세분화된 법적 근거를 가지고 기업들에게 제도의 이행을 구체적으로 요구하게 된다. 그러나 상위 규범과의 충돌, 북한 근로자에게 유리한 제도의 해석, 노동보수 분야에 대한 활용 확산 등으로 인해 우리 기업에게는 많은 부담이 발생한다.

'제도 변화기'는 2014년 북한이「개성공업지구 노동규정」을 수정 통지한 이후의 시기를 말한다. '제도 변화기'는 '제도 구축기'와 '제도 집행기'의 과정에서 북한 당국과 근로자들이 끊임없이 시도했던 제도 변화의 요구가 실제화 된 것으로서 기존의 노동제도와는 다른 근본적인 변화를 가져온다. 이 시기에는 개성공업지구 노동규정 시행세칙마저 통지되어 온다.

'제도 집행기'와 '제도 변화기'의 노사관계는 점차 '노사협력<갈등(대립)'의 형태가 확산되어 간다.

제도 구축 및 집행에 따른 시기 구분은 다음과 같이 나눈다.

〈표-16〉 제도 구축 및 집행에 따른 시기 구분

시기	구분	비고
2004~2008년	제도 구축기	○ 개성공업지구 노동규정만 제정, 노동세칙 협의기 ○ 채용 및 해고세칙, 노동시간 및 휴식세칙, 노동보호세칙(2008.10.1), 노동보수세칙(2008.11.20) 통지 *노동세칙을 제정했으나 전면시행은 유보
2009~2013년	제도 집행기	○ 제재 및 분쟁해결 세칙(2010.7.21) 통지 ○ 조선민주주의인민공화국 노동정량법 제정(2009.12.10), ○ 조선민주주의인민공화국 노동보호법 제정(2010.7.8) *노동세칙의 구체적 집행
2014~2016년 2월	제도 변화기	○ 개성공업지구 노동규정 수정(2014.11.20) 통지 ○ 개성공업지구 노동규정 시행세칙 수정(2015.4.14) 통지 *개성공단 노동제도의 구체적 변화

나. 시기별 주요 제도와 노사관계에의 영향

1) 제도 구축기: 2004~2008년

가) 노동규정 및 노동세칙

이 시기 개성공단의 노동제도는 2003년 제정된 개성공업지구 노동규정과 북한이 2008년 통지한 4개의 노동세칙(채용 및 해고, 노동시간 및 휴식, 노동보수, 노동보호) 및 2010년 통지한 1개의 노동세칙(노동법규위반에 대한 제재 및 분쟁해결) 등으로 구성되어 있었다. 이외에도 개성공업지구 관리위원회가 사업준칙 형태로 작성한 노동안전준칙이 있었으나 이는 노동안전 사항에만 국한되어 있어 제한적이었다.

「노동세칙」과 「사업준칙」에 대해서는 개성공단 초기 남북 간에 인식 차이가 존재하였다. 당시 노동규정의 하위 규범이 부재한 상황이었기에 개성공단에서는 노동규정의 해석을 둘러싼 첨예한 갈등이 상존하였다. 관리위원회는 노동준칙을 제정함으로써 이를 노동규정의 하위 규범으로 대체하고자 하였으나 총국은 노동규정의 하위 규범은 노동세칙이며 세칙의 제정권은 총국이 가지고 있다는 입장으로 대응하였다. 즉 노동준칙은 관리위원회의 사업 기준에 불과하여 세칙이 없는 경우 준칙이 효력을 발휘할 수 있으나 세칙이 있는 경우 준칙은 공업지구 사업 전반에 규범으로서 적용할 수 없다는 입장이었다.

개성공업지구법은 지도기관의 역할 중 '세칙 제정권'을 명시하고 있어 총국의 주장이 법적인 근거가 없는 것은 아니었다. 그러나 남북이 공동 조성한 경제특구의 성격을 감안하여 하위 규범인 세칙 제정에 있어 우리의 의견이 반영되어야 한다는 입장을 강조하며 세칙 제정 과정에 개입하였던 것이다.

개성공단 내 여러 법·규정 중 '시행세칙'과 '사업준칙'의 차이를 보자면 하위법에 해당하는 '시행세칙'은 중앙공업지구지도기관이 제정하며, '사업준칙'은 공업지구관리기관이 제정한다. 이러한 '시행세칙'과 '사업준칙'이 상호 배치되거나 불분명한 경우에는 일반적인 법 해석의 방법에 따라 결정되었는데 일반적인 해석 원칙으로는 '상위법 우선의 원칙', '특별법 우선의 원칙', '신법 우선의 원칙'이 있다. 이 중 상위법 우선의 원칙에 기초하면 '법→규정→시행세칙→사업준칙'의 순서로 효력을 갖는다고 할 수 있다.[20]

〈표-17〉 노동세칙 협의 경과

명칭	진행 상황	주요 내용
①채용·해고(2008.10.1. 총국지시 6호 승인) ②노동시간·휴식(2008. 10.1. 총국지시 7호 승인) ③노동보호(2008.10.1. 총국지시 8호 승인)	○ 2005.7.14. 노동보호 북한 측 초안 접수 ○ 2007.11.27. 채용·해고, 노동시간·휴식 총국 초안 접수 ○ 2008.10.01. 총국, 총국지시 6~8호로 승인된 노동세칙 3개 분야 최종안을 통보 ○ 2008.12.10. 노동세칙 3개 분야에 대해 이의제기 ○ 2008.12.25. 총국, 우리 측 이의제기에 대한 항의 통지문 전달	○「개성공업지구법」과「개성공업지구 노동규정」에 따라 기업의 노력 채용 질서를 구체화하고, 노동보호 사업을 강화하며, 노동조건을 원만히 보장하는 것이 목적 - 노동보수 지불, 노력신청, 노력 알선계약, 노력배치, 휴가, 노동보호 등에 대해 규정
④노동보수(2008.11.20. 총국지시 9호 승인)	○ 2006.11.06. 총국 초안 접수 ○ 2008.08.08. 우리 측 안 대북 전달 ○ 2008.12.16. 총국, 총국지시 9호로 승인된 최종안을 통보	
⑤제재 및 분쟁해결 (2010.7.21 총국지시 3호 승인)	○ 2008.10.28. 우리 측에서 초안을 마련하여 총국 전달 ○ 2010.7.28. 총국, 총국지시 3호로 승인된 최종안을 통보 ○ 2010.8.13. 총국안에 대한 우리 측 수정의견 전달	○ 노동세칙 제재는 관리기관과 중앙지도기관에 제재권한을 부여하고, 벌금액 상한을 정하거나, 구간을 정하는 방식으로 설정 ○ 노동중재 절차를 통해 개성공단 노동분쟁 발생 시 제3자를 통한 공식적이고 합리적인 분쟁 해결 도모 - 그러나 중재기구 구성과 관련하여 관리위·총국 동수로 구성토록 하여 실질적 중재 기능 난망

북한이 2008년 통지한 노동세칙은 북한에 유리한 영역에 대해서는 상위 규범을 구체화하거나 왜곡 해석을 암묵적으로 방치·조장하기도 하였는데 다수

의 조항에서는 상위 규범과 배치되는 문제를 안고 있었다.

즉 북한 노동력의 관리를 위해 채용 및 해고, 노동시간 및 휴식, 노동보호, 노동보수 등에 있어 기존 북한의 틀을 유지하고자 한 개념으로 이해할 수 있다. 당시 북한이 통지한 개성공단 노동세칙 특징을 정리해 보면 다음과 같다.

〈표-18〉총국 통지 노동세칙의 특징

구분	내용	조문
상위 규범 구체화 (북한 유리한 영역)	휴식 시간	○ 노동규정: 없음. ○ 노동시간 및 휴식세칙 제6조(작업 중 휴식, 휴지) - 기업은 하루 노동시간 안에 종업원들에게 오전 20분, 오후 20분 정도의 휴지시간을 보장하여야 한다.
	사회보험 연체료	○ 제47조(사회보험연체료) - 사회보험료를 제때에 납부하지 않을 경우에는 … 매일 0.05%에 해당한 연체료를 물린다. ○ 노동보수세칙 제21조(노임연체료의 계산지불) – 2010.9.27 수정보충 통지문 - 노임연체료는 매일 월노동보수총액의 0.5%씩 계산하여 30일을 기한으로 물어야 한다.
상위 규범과 배치	해고노임	○ 노동규정 제19조(퇴직보조금의 지불) - 기업의 사정으로 1년 이상 일한 종업원을 내보내는 경우에는 보조금을 준다. 보조금의 계산은 3개월 평균 월로임에 일한 해수를 적용하여 한다. ○ 노동보수세칙 제16조(퇴직보조금의 지불 및 계산) - 기업은 1년 이상 일한 종업원이 퇴직하는 경우 보조금을 주어야 한다. ○ 노동보수세칙 제18조(해고로임의 지불 및 계산) - 기업은 해고자에게 해고가 결정되기 전 3개월간의 로임총액을 그 기간의 일수로 나눈 평균로임을 계산하여 30일간의 로임을 지불하여야 한다. ※ 2009.1.30. 총국 통지문(해고노임 지불 요구)→관리위원회에 통지
	노력 알선료	○ 노동규정 제11조(노력알선료) - 노력알선료는 노력알선기업이 공업지구관리기관과 협의하여 정한다. ○ 채용 및 해고세칙 제16조(노력알선료) - 필요한 경우 노력알선기업과 기업은 노력자의 지적능력, 기능정도, 노력알선 및 채용조건과 노력알선의 지급정도에 따라 계약노임에 비례하여 노력알선료를 협의하여 조절할 수도 있다.

	정기 휴가	○ 노동규정 제23조(휴가보장) - 기업은 종업원에게 해마다 14일간의 정기휴가를 주며… ○ 노동시간 및 휴식세칙 제10조(정기휴가일수, 방법) - 기업은 처음으로 배치된 종업원의 첫 14일간 정기휴가를 11개월 이 상 일한 다음에 주며 다음해부터는 해마다 주어야 한다.
	유가족 보조금	○ 노동규정 제40조(사회문화시책의 실시) - 사회문화시책에는 무료교육, 무상치료, 사회보험, 사회보장 같은 것 이 속한다. ○ 노동보수세칙 제17조(유가족 보조금의 지불 및 계산) - 기업은 기업에서 일을 하다가 병 또는 노동재해로 사망한 종업원의 유가족들에게 보조금을 지불하여야 한다.
왜곡 해석 암묵적 조장 (북한 유리한 영역)	300% 가급금	○ 노동규정 제30조(연장, 야간작업의 가급금) - 연장 또는 야간작업을 한 종업원에게 일당 또는 시간당 노임액의 50%에 해당한 가급금을 주어야 한다. 명절일, 공휴일에 노동을 시키 고 대휴를 주지 않았거나 로동시간 밖의 야간작업을 시켰을 경우에 는 노임액의 100%에 해당한 가급금을 주어야 한다. ○ 노동보수세칙 제11조(연장 및 야간작업의 가급금 지불 및 계산) - 1일(전날 오전 작업 시작시간으로부터 다음날 오전 작업 시작시간까 지)이상 련속적으로 연장 및 야간작업을 조직하지 말아야 하며 부득 이한 사정으로 련속적인 연장 및 야간작업을 시켰을 경우에는 시간 당 또는 일당 로임액의 300%에 해당한 가급금을 주어야 한다.

나) 사회주의노동법과 개성공업지구 노동규정상의 임금 항목

북한의 임금 항목은 사회주의노동법에 명시된 바와 같이 생활비(노임), 가급금, 장려금, 상금 등으로 구분하는 것이 일반적이다. 개성공단 역시 이와 동일한 임금 항목으로 구성되어 있었다.

그러나 동일한 명칭에도 불구하고 사회주의노동법상 임금 항목과 개성공업지구 노동규정상의 임금 항목 간에는 개념 차이가 존재하였는데 이는 개성공업지구 노동규정의 경우 외국인투자법제, 구체적으로는 외국인 투자기업 노동규정에 근거하고 있었기 때문이다.

한편 개성공업지구 노동규정에는 일부 임금 항목의 개념 정의만 간접적으로 확인할 수 있었고 세부적인 개념 정의는 노동세칙이 제정되고 나서야 구체화되었다.

그러나 노동세칙의 개념 정의를 보면 사회주의노동법에서의 개념 정의와는 일부 차이가 있었는데 이는 자본주의적 요소를 받아들이므로 인해 기존 북한 사회주의노동법 하에서의 내용과 충돌되는 지점이 있었기 때문이다. 그러나 이러한 차이는 후술하는 내용에서 알 수 있듯이 북한 당국이 수용 가능한 범위에서의 차이였음을 알 수 있다.

(1) 사회주의노동법상의 임금 항목과 개념

사회주의노동법은 임금을 생활비와 추가적 노동보수[21]로 구분하고 있다. 생활비는 다시 정액생활비와 도급생활비로 구분하고 있으며, 추가적인 노동보수는 가급금, 장려금, 상금으로 구분하고 있다.

사회주의노동법상 임금 항목의 개념을 구분하여 보면 다음과 같다.

①정액생활비는 노동정량 및 결과를 평가하기 어려운 업무에 적용하는 생활비 지불방식(법정 노동일수를 토대로 적용)이다.

②도급생활비는 노동정량을 부여하고 노동수행 정도에 따라 생활비를 계산하는 방식(생산현장에 일반적으로 적용)이다.

③가급금은 생활비 형태로 고려하기 어려운 특수한 조건에 따라 기본 생활비 외에 추가적으로 지불되는 노동보수의 한 형태이다. 가급금은 어렵고 힘든 노동이 남아 있는 생산 부문에서 근속 노동년한이 긴 일꾼들과 특수한 기술기능을 가진 일꾼들, 사회적으로 중요한 의의를 가지는 노동에 참가하는 일꾼들과 특수한 노동조건에서 일하는 일꾼들에게 적용한다.[22]

④ 상금은 근로자들에게 생활비 외에 추가적으로 지불되는 노동보수 형태이다. 독립채산제로 운영되는 기업소들 속에서 맡겨진 국가 계획과제를 넘쳐 수행하여 국가에 보다 많은 이익을 준 모범적인 집단과 일꾼들에게 생활비 밖에 더 주는 상금제는 사회주의 분배원칙실현의 중요한 형태로 된다.[23]

⑤ 장려금은 기업소 앞에 맡겨진 국가 계획과제를 수행하면서 기업소의 생

산 경영활동 개선에 직접적인 영향을 주는 중요 기술경제적 기준을 갱신하여 국가와 기업소에 이익을 준 개별적 근로자 또는 생산집단에 생활비 외에 추가적으로 지불되는 사회주의 노동보수의 한 형태이다.[24]

(2) 개성공업지구 노동규정상의 임금 항목과 개념

개성공업지구 노동규정 제24조(로동보수의 내용)는 "로동보수에는 노임, 가급금, 장려금, 상금이 속한다"고 명시하고 있으며 임금 항목에 대한 세부적인 개념 정의는 명시되어 있지 않다. 다만, 제30조(연장, 야간 작업의 가급금)에서 기업이 연장 작업이나 야간 작업을 하는 경우 "일당 또는 시간당 로임액의 50%"에 해당하는 가급금을 주어야 한다고 명시하여 우리의 연장근로수당 또는 야간근로수당의 개념과 동일함을 알 수 있다. 또한 제31조(상금의 지불)는 "……상금기금을 조성하고 일을 잘한 종업원에게 상금 또는 상품을 줄 수 있다"고 하여 성과에 대한 반대급부로서의 개념을 나타내고 있다.[25]

당시 노동세칙은 조금 더 구체적으로 개념을 정의하였는데 세부적인 내용은 다음과 같다.[26]

①기본노임은 일정한 기간(시간, 일, 주, 월)을 단위로 하여 미리 보수액수를 정해 놓고 그에 기초하여 일한 것만큼 계산하여 지불하는 노임을 말한다.

②도급노임은 노동정량을 정해주고 그 수행정도에 따라 계산하여 지불하는 노임을 말한다.

③가급금은 기본 노동시간을 초과하여 노동을 시키거나 야간 노동을 시킨 경우 또는 명절 및 휴식일에 노동을 시킨 경우에 추가적으로 지불하는 노동보수를 말한다.

④상금은 생산계획을 비롯한 경제지표를 넘쳐 수행하여 기업에 이익을 준 집단이나 개인에게 추가적으로 지불하는 노동보수를 말한다.

⑤장려금은 노동정량과 제품의 질, 설비 이용률을 높이고 자재를 절약하기

위하여 종업원의 근무연한, 노동조건, 기술기능 수준, 직무 등에 따라 추가적으로 지불하는 노동보수를 말한다.

(3) 임금 항목 개념 비교

제도 구축기에서 사회주의노동법과 개성공업지구 노동규정상의 임금 항목을 검토하여 보면 일부 개념이 변경되어 있음을 알 수 있다.

이러한 개념 변경은 외국인 투자기업 노동규정에 명시되어 있는 개념 정의를 반영한 것[27])으로 보이나, 외국인 투자기업 노동규정도 일부 임금 항목에 대한 개념 정의만 있을 뿐 전체 임금 항목에 대한 개념 정의가 없었다. 이러한 이유로 북한이 2008년 노동세칙에서 명확한 개념 정의를 내리기 전까지 개성공단 내에서는 개념상 혼란이 존재하여 왔고 내용을 구분하여 보면 다음과 같다.

〈표-19〉 임금항목 개념 비교

구분	항목	내용	
		사회주의노동법	개성공업지구 노동규정
생활비 (노임)	정액 생활비 (기본노임)	**노동정량 및 결과를 평가하기 어려운 업무**에 적용하는 생활비 지불방식(법정노동일수를 토대로 적용)	〈세칙〉 일정한 기간(시간, 일, 주, 월)을 단위로 하여 미리 보수액수를 정해 놓고 그에 기초하여 일한 것만큼 계산하여 지불하는 노임 〈실태〉 남측의 **기본급에 해당**하며 기본노임, 초과노임, 휴가비, 공제노임으로 구성, **시간·일·주·월 등 정해진 노동시간에 따라 지급**
	도급 생활비 (도급노임)	**노동정량을 부여하고 노동수행정도에 따라** 생활비를 계산하는 제도(생산현장에 일반적으로 적용)	〈세칙〉 노동정량을 정해주고 그 수행정도에 따라 계산하여 지불하는 노임 〈실태〉 일부 시행

추가적 노동 보수	가급금	**특수한 노동조건** 또는 **사회적으로 우대해야 할 직종**에서 일하는 근로자에게 지급(연한 가급금, 노동조건에 따른 가급금)	⟨세칙⟩ 기본노동시간을 초과하여 노동을 시키거나 야간노동을 시킨 경우 또는 명절 및 휴식일에 노동을 시킨 경우에 추가적으로 지불하는 노동보수 ⟨실태⟩ 시간외근무(연장, 야간, 휴일근로)에 따른 **시간외수당** 개념으로 지급 예) 연장근무 50%, 야간근무 50%, 휴일·명절 근무 100%
	장려금	· 조건: 경영활동에 직접 영향을 주는 중요 기술경제적 지표 중 **개별 지표** 달성 시 지불(생산계획 실행, 노동정량 제고, 제품의 질 제고, 설비자재 이용) · 대상: 생산경영활동 개선에 직접 영향을 주는 중요 기술경제적 기준을 갱신하여 이익을 준 **개별 근로자** · 원천: 생산물의 **원가저하와 관련된 사회순소득**(초과이윤이 조성되지 못해도 원가저하로 조성되는 사회순소득에 기초하여 지불)	⟨세칙⟩ 노동정량과 제품의 질, 설비이용율을 높이고 자재를 절약하기 위하여 종업원의 근무연한, 노동조건, 기술기능수준, 직무 등에 따라 추가적으로 지불하는 노동보수 ⟨실태⟩ **다수 기업에서 성과달성 시 성과급 개념으로 활용**
	상금	· 조건: 상금지불 조건이 되는 일정한 **모든 지표** 달성 시 지불(생산계획 초과+원가계획+국가예산납부계획 등) · 대상: 상금지표를 달성한 **기업소, 직장, 작업반 단위 또는 개별 근로자** · 원천: 기업소에 조성된 **이윤과 초과이윤에 의해 적립된 상금기금**	⟨세칙⟩ 생산계획을 비롯한 경제지표를 넘쳐 수행하여 기업에 이익을 준 집단이나 개인에게 추가적으로 지불하는 노동보수 ⟨실태⟩ **일부 기업에서 성과달성 시 성과급 개념으로 활용**

임금 항목의 개념 변경을 살펴보면 북한의 생활비는 자본주의 요소가 도입되어 있는 개성공단에는 본래의 의미를 적용하기 어렵다는 점에서 노임으로 변경한 것으로 보이며 우리의 기본급과 유사한 개념이라고 할 수 있다.

연장 또는 야간근로수당의 의미를 가지는 가급금의 경우에는 기존 북한의 외국인 투자기업 노동규정에 명시되어 있는 가급금 개념이 적용된 것으로 사회주의노동법상 명시되어 있던 가급금 고유의 의미는 개성공업지구 노동규정에서는 장려금으로 변경되었다. 예를 들어 우리의 근속수당에 해당하는 사회주의노동법의 '연한가급금'은 개성공업지구 노동규정에서는 '연한장려금'으로 변경된 것이다. 그리고 상금은 성과달성 시 지급하는 상여금의 의미를 보유하게 된다.

이는 상금의 본래 목적이 국가 계획과제를 수행하는 경우 지급하는 것이었으나 개성공단에서는 국가 계획과제를 수행할 수 없기에 개념을 변경하여 적용한 것이라고 할 수 있다.

다) 노동규칙과 채용계약

2005년 총국은 채용계약 체결(계약 목적, 당사자, 채용조건, 노동보수, 채용기간, 가급금 등 총 12개 조항으로 구성)을 요청하였으나, 관리위원회－총국－기업 간 채용계약 관련 이견으로 인해 채용계약이 실질적으로 이뤄지지 못하였다.

당시 총국은 직종별 임금 수준을 정해 채용계약을 체결할 것을 주장한 반면 기업은 인사권이 확보되지 않은 상황에서의 채용계약은 무의미하다는 입장이었다. 관리위원회는 기업별 실정에 맞는 임금을 설계하고 노동규칙[28]을 작성하여 입주 기업 논의 후 채용계약을 추진하자는 입장을 제시하였다.

2006년 총국과 관리위원회는 채용계약 체결에 원칙적인 합의를 하였으나 기업은 노동규칙의 선(先)제정, 총국은 기본임금 차등을 요구함에 따라 채용계약이 체결되지 못하였다. 이후 채용계약 논의는 더 이상 진전되지 못하는데 개별 사업장에서는 총국의 채용계약 체결 요구와 기업의 노동규칙 선 체결 주장으로 분쟁이 발생하기도 하였다.

이는 개성공단의 법체계 측면에서만 보자면 형식적으로는 법(노동규정)－시행령(노동세칙)이 구비되어 있었기에 하위 규범이라고 할 수 있는 노동규칙－채용계약 체결의 과정만이 남아 있던 상황이었다. 이러한 노동규칙－채용계약 체결의 과정은 개별 기업에서 추진해야 할 사항으로 노동규정 제13조(로동규칙의 작성과 실시)도 "기업은 종업원 대표와 협의하고 모든 종업원에게 적용하는 로동규칙을 작성하고 실시할 수 있다. 로동규칙에는 로동시간, 휴식시간, 로동보호 기준, 로동생활 질서, 상벌기준 같은 것을 밝힌다"고 규정함으로써 하위 규범을 마련하는 데 대한 기업의 역할을 명시하고 있다.

라) 제도 구축에 따른 노사관계에의 영향

개성공단 입주 초기 우리 기업들은 노동규정상의 조항 준수를 요구하는 등 노사관계에서 원칙적인 입장을 제기하였다. 반면 북한 입장에서는 2005년 이후 최저노임이 인상되지 않은 데 대한 불만이 고조되고 있던 상황이었다.

2004년 우리 입주 기업들은 노동규정상 개별 근로자에게 임금을 직접 지불토록 한 조항[29]을 근거로 총국이 아닌 근로자에 대한 직접 지불 입장을 밝힌다. 이러한 입장은 2005년 4월까지 지속되었으며 총국으로의 임금 지급을 계속적으로 보류하였다. 이에 총국은 북한 근로자의 퇴직 가능성 등을 거론하며 임금을 지급해 줄 것을 요구하게 되는데 결국 협의 결과 2005년 5월 초순 지급을 보류하고 있던 임금을 총국에 지급함으로써 논란이 정리되었다. 그러나, 당시 임금직불 문제는 우리 정부에서도 규정 준수 차원에서 강조하던 사안이었기에 근로자에 대한 임금의 직접 지불 필요성은 여러 경로를 통해 지속적으로 제기되었다.

결국 지속적인 문제 제기에 따라 총국은 2005년 9월부터 근로자가 자신의 임금 명세를 확인하고 서명할 수 있도록 허용하였으나 화폐의 직접 지급은 여전히 거부하였다. 또한 2006년 10월 총국은 근로자들의 개별 서명이 담긴 근로자 생활비 계산 지불서를 일부 공개하고 관리위원회에 자료를 제출하였으며 이와 별개로 2007년 3월 23일 총국은 관리위원회 관계자의 개성시 동현동 물자공급소[30] 방문을 허용하였다. 이를 통해 관리위원회는 임금의 물자 전환 형태를 확인하였고 당시 총국은 임금직불 문제에 대해 더 이상 논란이 없었으면 한다는 입장을 피력한다. 아울러 임금직불 문제를 더 이상 제기한다면 그 해결 방도로 관리위원회가 임금 일부를 쌀 등의 물자로 지급해 줄 것을 요구하게 된다.[31] 그러나 당시 북한 근로자에게 지급하는 임금 수준으로 적정 품질의 식량을 구매하여 개성공단으로 운반·배급하는 것은 현실적으로 불가능한 내용이었으며 이후 임금직불 논란은 더 이상 확산되지 않았다.[32]

'제도 구축기'를 보면 북한 근로자들의 임금 요구 수준은 높지 않았고 강하지도 않았다. 성과급이나 복리후생에 대한 요구도 높지 않았고 근로자들 간에 임금 차등은 간부 근로자라고 하는 종업원 대표, 총무 등에게 지급하는 직책수당 정도로서 평균주의가 완화되어 가는 정도였다.

그러나 2008년이 경과하면서 총국을 중심으로 임금 인상의 필요성이 지속적으로 제기되었다. 이러한 임금 인상 요구는 '제도 집행기'에 들어서면 더욱 강화되는 모습을 보인다. 제도적으로는 앞서 설명한 것처럼 관리위원회와 중앙특구개발지도총국이 그동안 협의해왔던 4개(노력채용 및 해고, 노동시간 및 휴식, 노동보호, 노동보수)의 노동세칙이 2008년 10월 1일과 11월 20일 북한에 의해 각각 제정된다.

한편 2008년 12월 1일 북한은 우리 주재원을 대상으로 한 체류인원 제한조치를 발표하는 등 2008년 하반기 이후 한반도 정세를 이유로 한 남북 간 긴장이 고조되기 시작하였다.

2) 제도 집행기: 2009~2013년

가) 제재및분쟁해결세칙 통지

2010년 7월 21일 통지된 제재 및 분쟁해결 세칙은 북한 입장에서는 하위규범의 완성이라는 의미를 가지고 있다. 2008년 10월과 11월 통지되었던 노동세칙은 개성공업지구 노동규정 중 '채용 및 해고' '노동시간 및 휴식' '노동보호' '노동보수'와 관련된 하위 규범으로 '제재 및 분쟁해결' 부분은 여전히 공백이었다.

그러던 중 '제재 및 분쟁해결' 세칙이 통지되어 제도적인 공백을 보완하는 의미가 있었으나 그 내용을 보면 과도한 제재 수준으로 인해 수용할 수 없는 부분이 많았다. 예를 들어 알선료를 미납한 경우 1인 100불, 노임 연체 시 1인 1일 100불, 가급금 및 대휴 미지급 시 1개월 후 1인당 500불, 퇴직·생활·유가족 보조금 미지급 시 1개월 후 1인당 1,500~2,000불, 휴가비 미지급 시 1개월 후 1인당 700불 등과 같이 1인당 또는 매일 벌금 부과 방식을 택하고 있었다. 그러나 앞서 제정된 4개의 노동세칙이 상위 규범과의 충돌 등 여러 문제점을 가지고 있어 수용 여부가 확정되지 않은 상황에서 이러한 노동세칙을 전제로 과도한 제재가 가능하게끔 하는 것은 수용할 수 없었다.

아울러 제재 및 분쟁해결 세칙 제3조(제재 분류)의 경우 "공업지구 노동법규 위반에 대한 제재에는 민사적, 행정적 제재, 형사적 제재가 속한다"고 하고 있었는데 노동법규 위반에 대한 형사적 제재의 적용대상 및 방법이 구체적으로 명시되어 있지 않은 상황에서 "공화국의 형사법규에 따른다"고 명기함으로써 우리 주재원의 신변 불안을 가중시키는 내용들도 명시되어 있었다.

한편 제재 및 분쟁해결 세칙의 경우에는 중재부 구성 등 우리나라의 노동위원회 제도와 유사한 틀을 구성하고 있었으나 운영을 위한 구체적인 내용이 마련되어 있지 않아 실질적 이행은 이루어지지 않았다.

나) 규정과 관행

노동규정과 노동세칙 등 규정의 존재에도 불구하고 개성공단은 제도화의 지연에 따라 공백이 존재하였으며 제도화의 공백은 여러 관행으로 보완해 온 측면이 있었다. 그러나 이 시기에 들어서면서 이러한 관행은 점차 기업에게 불리한 내용들로 변경되거나 변경이 시도된다.

〈표-20〉 규정과 관행의 변경

구분	내용	조문
기타 제도 불이행	노력 알선료	○ 노력알선계약서 제4조(노력알선료 및 지불) - 총국은 기업의 책임 없는 사유로 인한 편제인원(노력알선료를 이미 지불한 총인원)내 보충 또는 채용기간 만료에 따른 재계약의 경우에는 노력알선료를 청구하지 않는다. ○ 총국은 기업의 책임 있는 사유로 인한 편제인원(노력알선료를 이미 지불한 총인원)내 보충하는 노력에 대하여서는 노력알선료를 청구한다 ○ 이는 '사직과 같은 근로자의 개인사유에 의한 결원보충의 경우에는 노력알선료 지급대상이 아니며, 기업사정에 의한 해고(정리해고 등) 이후 결원보충의 경우에는 노력알선료 지급대상이라는 의미이나 사직 등과 같은 자연감소분의 충원에도 노력알선료 지급 요구
	휴가비 계산	○ 노동규정 제28조(휴가비의 계산방법) "휴가비의 계산은 휴가받기 전 3개월간의 노임을 실가동일수에 따라 평균한 하루노임에 휴가일수를 적용한다" - '3개월간의 노임'은 휴가 사유가 발생한 날로부터 직전 3개월간 해당 근로자에게 지급된 노임계를 의미 - '실가동일수'는 개별 근로자의 출근일수가 아닌 기업의 정상 가동일수를 의미 ○ 이에 따라 결근 근로자의 경우 기업의 실가동일수 대비 3개월 지급 노임이 적음에 따라 평균임금이 상대적으로 감소할 수밖에 없음.→그러나 근로자들은 '실가동일수'를 매월 변동 가능 개념으로 주장. 휴가제도의 취지가 근로자의 정상적인 근로에 대한 보상의 성격이 있기 때문이며, 타 근로자와의 형평성을 고려 시 정상적인 노동을 투입한 자와 그러하지 않은 자를 동일하게 볼 수 없음.
	연체료	○ 노동규정 제47조는 "사회보험료에 대한 연체료는 납부기일이 지난 날부터 매일 0.05%에 해당한 연체료를 물린다"고 하여 사회보험료 연체료는 임금과 달리 0.05% 수준 - 노동규정 제42조(기업의 사회보험료 납부)는 사회보험료를 익월 10일 안으로 총국이 지정하는 은행에 납부토록 명시 ○ 사회보험료 연체료 발생 시기는 노동규정 제42조가 "월노임총액의 15%를 사회보험료로 달마다 계산하여 다음달 10일 안으로 지급하여야 한다"고 명시하고 있으나 임금은 다음달 20일까지 지급기간을 보장 - 임금산정 후 산정결과에 따라 사회보험료가 계산된다는 점, 임금 납부시기와 사회보험료 납부시기가 다를 수 없다는 점을 고려할 경우 20일이 지난 다음 날부터 연체료가 발생함이 적절 ○ 그러나 현재 임금 연체 시 사회보험료 연체료는 다음달 10일 이후부터, 임금 연체료는 다음달 20일 이후부터 분리적용

| 기타
제도
불이행 | 휴가비의
노임계
항목
반영 | ○ '휴가비'를 노임계 항목에 포함시키는 것은 정기휴가 중인 근로자에 대해
과거에는 결근공제를 하였으나 결근공제를 하는 경우 사회보험의 혜택
을 받을 수 없는 바 '휴가비' 항목에 기재함으로써 사회보험의 혜택을 받
도록 하기 위함.(2011년 5월 납부분부터 반영)
○ 그러나 '휴가비' 항목에 기재되는 금액은 휴가 기간 동안의 유급부분이며
미사용 휴가에 대한 휴가비까지 기재하는 것은 아님.
○ 즉 북한 근로자가 정기휴가를 3일 사용하는 경우 3일에 해당하는 평균
노임을 '휴가비' 항목에 포함시킬 수는 있으나 잔여휴가에 대한 비용을
연말에 정산한 금액(미사용 휴가비)까지 '휴가비'에 포함시킬 수는 없으
며 노임계 밖에 별도 기재해야 함.
- 미사용 휴가비까지 '휴가비'에 포함시킨다면 연말에 사회보험료를 이중
으로 지급하는 논리적 모순이 발생→그러나 '휴가비'에 포함시켜야 한다
는 입장이 제기 |

다) 노동정량법 및 노동보호법

(1) 노동법제 변화와 의미

북한의 사회주의노동법은 1978년 제정되어 단일법 형태로 유지되어 왔다. 그러나 2009년과 2010년 각각 '조선민주주의인민공화국 로동정량법(이하 노동정량법)'과 '조선민주주의인민공화국 로동보호법'(이하 노동보호법)으로 분화되었다.

이는 과거 대비 '노동정량'과 '노동보호'에 대한 북한 정부의 관심사 제고를 의미하며 두 법률이 기존 사회주의노동법과는 다른 특별법적 성격을 갖고 있음을 추론케 한다.

필자가 보건대 이러한 법제 변화는 개성공단에도 조금씩 영향을 주었던 것으로 생각된다. 물론 법제의 적용을 위해서는 개성공업지구 노동규정의 개정이 전제되어야 한다는 근본적인 문제제기가 있을 수 있으나 개성공단 노동제도의 문제점 중 하나가 상위 규범인 개성공업지구 노동규정과 하위 규범인 노동세칙과의 충돌과 모순이었다는 점을 인식하면 이러한 문제제기는 의미가 없을 수 있다. 특히 각종 세칙의 개정 내용에 대해 '수정보충 통지문'이라는 형식을 통해 총국 차원에서 제정하여 관리위원회에 통지해 왔다는 점은 눈여겨보아야 할 부분이다. 우리가 생각하는 것보다는 훨씬 수월한 방법으로 하위 규범의 제정과 집행이 가능할 수 있었기 때문이다.

북한은 그동안 상위 규범에 없는 조항이라도 인민들에게 유리한 조항이라면 하위 규범에 담을 수 있다는 논리를 강조하였다. 이를 통해 개성공업지구 노동규정에도 불구하고 북한 사회주의노동법상의 각종 조항을 적용하려는 다양한 시도를 하였다. 이러한 관점에서 비록 '노동정량법'과 '노동보호법'이 개성공단 내에 직접 이식되지 않았다 하더라도 기업 현장에서 적용 가능성을 미리 타진해 보고 시범적용 후 이를 확산시키는 방법을 시도하기도 하였다. 즉 일부 기업에서 그 가능성을 타진해 본 후 내용의 적용에 커다란 문제가 없다고 판단된다면 기업 전체적으로 적용시키는 방식을 시도한 것이다.

(2) 노동정량법

(가) 노동정량의 개념과 제정 목적

노동정량법은 2009년 12월 10일 최고인민회의 상임위원회 정령 제484호로 채택되었으며 4장 33개 조항으로 구성되었다. 이후 2015년 2월 11일 최고인민회의 상임위원회 정령 제354호로 수정보충 된다.

노동정량법에 의하면 노동정량이란 일정한 작업조건에서 단위시간에 수행해야 할 노동기준이고, 노동의 결과를 평가하는 척도이다(노동정량법 제2조). 이는 과거 사회주의노동법에서의 노동정량이 노동의 결과를 평가하는 척도이며 이것을 바로 정하는 것이 사회주의 분배원칙을 정확하게 적용할 수 있는 중요 조건이라고 했던 것(사회주의노동법 제41조)과는 다른 개념이다. 노동정량법의 제정 목적을 통해 우리는 노동정량법의 목적이 사회주의적 분배보다는 노동생산 능률의 향상에 있음을 확인할 수 있다. 즉 "노동을 과학적으로, 합리적으로 조직하고 노동의 효과성을 높이며 사회주의 경제건설을 다그치"고(노동정량법 제1조), "노동생산 능률을 높여 더 많은 사회적 부를 창조"하기 위함(노동정량법 제5조)이 노동정량법의 제정 목적이었던 것이다.

(나) 개성공단에의 영향

이러한 노동정량법의 제정은 근로자들에 대한 생산성을 강조했다는 점에서 의미가 있으면서도 다른 한편으로는 그 방식에 있어 북한이 강조해 오던 노동정량을 전제로 한 도급임금제 방식이라는 점에서 개성공단에서의 마찰 가능성이 우려되었다. 왜냐하면 우리 기업들은 생산성 제고 수단으로 성과급(장려금, 상금)을 주로 활용한 반면 도급임금제에 대해서는 여러 문제점으로 인해 소극적이었기 때문이다.[33]

노동정량법은 외국 투자기업에는 적용되지 않는 규정이었으나 그 내용이 구체화되고 세분화됨으로써 개성공단 내 우리 기업들에게도 간접적인 영향을 미쳤다. 예를 들어 북한 정부의 정책에 발 맞춰 노동정량을 중시하는 북한의 임금제도를 개성공단 내 직·간접적으로 적용시킴으로써 북한 근로자들에 대한 평가가 관리될 수 있었다. 이는 총국이 노동정량을 지속적으로 강조했던 데서도 확인할 수 있다.

우리는 노동정량법의 가장 큰 특징이 분배보다는 노동생산 능률을 강조하고 표준 노동정량 제정에 대한 근거를 마련하였으며, 평가 대상 확대와 평가 제도를 강화하기 위함이었음을 알 수 있는데 그 내용은 다음 표를 통해 알 수 있다. 특히 2015년 수정보충된 노동정량법은 표준노동정량의 심의와 함께 노동정량의 등록과 적용의무를 강조함으로써 한층 강화된 내용을 명시하고 있다.

〈표-21〉 사회주의노동법과 노동정량법의 주요 내용 비교[34)]

구분	사회주의노동법	노동정량법	비고
노동정량의 정의	노동의 결과를 평가하는 척도	일정한 작업조건에서 단위시간에 수행하여야 할 노동기준이며 노동의 결과를 평가하는 척도	'일정한 작업조건에서 단위시간에 수행하여야 할 노동기준' 추가
노동정량의 제정 및 적용	노동정량을 바로 정하는 것은 '사회주의 분배원칙'을 정확히 적용할 수 있게 하는 중요한 조건	노동정량을 바로 적용하는 것은 '노동생산능률'을 높여 더 많은 사회적 부를 창조하기 위한 중요조건	분배보다 노동생산능률을 강조
표준단위가 없는 경우의 표준노동정량 제정	규정 없음	노동생산능률이 높은 단위의 노동실적과 측정자료에 기초하여 제정	표준노동정량 제정에 대한 근거 마련
노동결과 평가대상	협동농장에 복무하는 근로자들만을 대상	모든 기관, 기업소, 단체를 평가대상으로 규정	평가대상 확대
노동결과평가에 따르는 제재	제재조항이나 처벌조항 없음	노동결과 평가 및 평가에 따르는 보수지불 위반 시 처벌 조항 명시	평가제도 강화
처벌	규정 없음	행정처벌과 형사처벌을 구분하여 명시	법 규정형식의 발전

(3) 노동보호법

(가) 노동보호법의 의미와 제정 목적

노동보호법은 2010년 7월 8일 최고인민회의 상임위원회 정령 제945호로 채택되었으며 8장 73개 조항으로 구성되어 있다. 이후 2014년 3월 5일 최고인민회의 상임위원회 정령 제3292호로 수정보충 된다.

노동정량법이 외국 투자기업에는 적용되지 않는 것과는 달리 노동보호법은 노동보호 사업이 전 국가적, 전 사회적 사업임을 확인하면서(노동보호법 제5조) 노동보호 분야에서의 다른 나라, 국제기구들과의 교류와 협조를 발전시킨다는 규정까지 두고 있다(노동보호법 제8조). 이를 통해 노동보호법 제정이 근로자들의 노동안전보호 뿐만이 아니라, 국제적 수준으로의 기준 강화까지 목적으로 삼고 있음을 알 수 있다.

(나) 개성공단에의 영향

노동보호법은 북한 근로자들의 노동보호를 위한 각종 교양, 노동보호조건 및 노동보호물자 보장 등 기업과의 관계에서 중요하게 제기되는 사안들을 명시하고 있다. 노동보호법은 노동정량법과 달리 그 적용대상이 외국인 투자기업에도 적용될 수 있어 개성공단의 경우 북한 정부와 근로자들의 적극적인 개입이 예상될 수 있던 지점이었다.

특히 노동보호조건 및 노동보호물자의 경우 그동안 기업과 북한 근로자와의 협상 과정에서 주요 의제로 제기되어 왔으며 이에 대한 반대급부로 임금 인상 등을 요구했던 점에서 알 수 있듯이 2013년 개성공단 잠정 중단 이후 경영이 안정화된 시점에 이르러 노동보호를 근거로 한 구체적인 집행 움직임이 나타나기도 하였다. 예를 들어 2013년 재가동 이후 우리 기업에서 발생한 재해에 대해 노동 규정이나 노동보호세칙, 노동안전 준칙에 의거 관리위원회에 벌금 부과 권한이 있음에도 총국은 이러한 권한을 자신들이 행사하겠다고 하는 등 과거의 관리자·감독자의 위치에서 벗어나 구체적인 집행자의 모습을 표출하기도 하였다.

그러나 노동보호 분야는 그 중요성에도 불구하고 객관적인 작업환경 측정 불가 등의 문제로 인해 분쟁의 가능성을 높이는 측면도 있었다.

〈표-22〉 사회주의노동법과 노동보호법의 주요 내용 비교[35]

구분	사회주의노동법	노동보호법	비고
노동보호	근로자들의 생명과 건강을 보호증진시키는 중요한 조건	근로자들의 생명과 건강을 '적극' 보호증진시키는 데 이바지	근로자들의 생명과 건강보호 강조
하루노동시간	7시간 또는 6시간	하한에 대한 명시적 규정 없음	근로조건 강화

임신 여성근로자	야간노동, 시간 외 노동, 휴식일 노동 금지	기관, 기업소, 단체에서 내보낼 수 없다는 규정 추가	근로조건 강화
편의시설	여성위생시설을 충분히 갖추어야 함을 규정	편의시설을 구체적으로 열거	근로조건 강화
의료	정기적인 건강검진 규정	의무적으로 병원 또는 진료소를 두어야 한다는 규정 추가	근로조건 강화
영양제	영양제 무상공급 규정	필요에 따라 영양제식당을 운영할 수 있다는 규정 추가	근로조건 강화
노동안전 재교양	규정 없음	관련 규정 신설	노동보호 강화
노동안전교육	규정 없음	관련 규정 신설	노동보호 강화
직업성질병 질환자 배치	규정 없음	관련 규정 신설	노동보호 강화
우대물자 공급	규정 없음	관련 규정 신설	노동보호 강화
제복 공급	규정 없음	관련 규정 신설	노동보호 강화
노동재해구호 및 담당 기관	규정 없음	관련 규정 신설	노동보호 강화
노동보호물자	무상 공급	무상 또는 유상 공급	근로조건 약화
처벌	규정 없음	행정처벌과 형사처벌을 구분하여 명시	법규정 형식의 발전

라) 제도 집행에 따른 노사관계에의 영향

'제도 집행기'는 제반 근로조건의 인상을 위한 북한 근로자들의 다양한 실력 행사와 더불어 기업을 대상으로 한 총국의 직접 개입이 점증하던 시기였다.

이 시기에는 근로자 측 행위주체인 총국과 북한 근로자의 요구와 함께 이를 관철하기 위한 단체행동이 증가하기 시작하였다. 특히 제도 구축기인 2008년 이전과 달리 제도 집행기인 2009년 이후에는 기업 단위에서 북한 근로자들에 의해 제반 근로조건의 인상 요구가 증가하였는데 직접적 요구는 북한 근로자가 진행하되 총국은 보조적으로 개입하는 방식으로 전환하였다. 특히 2009년 4월 북한 정부 주도로 제기되었던 임금 인상 요구가 대외적으로도 설득력을 잃었던 점[36]을 의식해서 인지 2009년 중·후반 이후에는 북한 근로자가 개별 기업에서의 임금 및 제반 근로조건의 요구주체로 적극 나타나기 시작하였다. 임금 인상의 방향도 정부 차원의 기본임금 인상 요구에서 점차 개별 기업에서의 성과급 인상과 그를 통한 임금 인상 요구로 변화하였다.[37] 결국 정부 차원에서 공개적으로 제기했던 기본임금 인상 요구가 한계에 직면하자 개별기업 차원에서의 성과급 인상과 같은 방향으로 전환하게 된 것이다.[38]

이 시기 들어 북한 근로자들은 자신들의 요구관철을 위해 다양한 단체행동을 진행하였다. 예를 들어 2010년 5월 노동력 공급과 임금 인상 연계, 집단사직, 연장·특근 기피, 생산량 조절 등의 현상이 발생하였는데 이는 과거 북한 근로자들의 소극적이었던 집단행동이 적극적으로 변화된 것이라고 할 수 있다. 이에 발맞춰 북한 정부도 기업들에 대한 보조적 개입을 증가시켰다. 예를 들어 2011년 5월에는 총국이 요해사업을 실시한다는 목적 하에 기업들에게 복리후생비 지급실태, 세금 관련 증빙자료 제출을 요구하기 시작하였다. 이후 기업들에서는 다양한 임금 인상 요구 움직임[39]이 있었음이 관리위원회에 전해지기 시작했다.

근로자들의 전방위적 요구에 대해 기업들은 생산성 향상, 인사권 확보 등과 같은 경영환경 개선 촉구로 대응하고 관리위원회도 최저임금 협의 과정에서 경영환경 개선을 지속적으로 촉구한다.

결국 이 시기는 근로자들의 다양한 이해요구의 증가와 이의 관철을 위한 단체행동 빈발, 이에 대응하는 관리위원회와 기업의 생산성 문제제기가 상호 충돌하던 시기라고 할 수 있다.

3) 제도 변화기: 2014~2016년 2월 현재[40]

가) 주요 제도: 개성공업지구 노동규정과 시행세칙 수정

2014년 12월 8일 북한은 「개성공업지구 노동규정」의 수정 내용을 통지하였는데 그 내용은 다음과 같다.

〈표-23〉「개성공업지구 노동규정」 수정 내용

현행	수정	의미
제7조(감독통제기관) 공업지구에서 기업의 **노력채용과 관리사업**에 대한 감독통제사업은 **공업지구관리기관**이 한다.	제7조(노력보장사업에 대한 지도통제기관) 공업지구에서 **노력보장사업**에 대한 지도통제는 **중앙공업지구지도기관**이 한다.	'노력채용과 관리사업'에 대한 부분을 '노력보장사업'으로 변경하고 통제기관을 관리기관(관리위원회)에서 지도기관(총국)으로 수정
제11조(노력알선료) 2항 노력알선료는 노력알선기업이 **공업지구관리기관**과 협의하여 정한다.	제11조(노력알선료) 2항 노력알선료는 노력알선기업이 **공업지구관리기관 또는 기업**과 협의하여 정한다.	노력알선료(현 17불)에 대한 협의주체를 기존 관리위원회와 노력알선기업에서 기업까지 확대함으로써 향후 기업별 차등 및 알선료 상향 조정 예상
제13조(노동규칙의 작성과 실시) 2항 노동규칙에는 노동시간과 휴식시간, 노동보호기준, 노동생활질서, 상벌기준 같은 것을 밝힌다.	제13조(노동규칙의 작성과 실시) 2항 노동규칙에는 노동시간과 휴식시간, 노동보호기준, 노동생활질서, **노동보수**, 상벌기준 같은 것을 밝힌다.	노동규칙 내용에 기존 복무, 상벌 중심 외에 노동보수와 같은 '임금 및 근로조건' 부분도 포함
제19조(퇴직보조금의 지불) 1항 **기업의 사정으로** 1년 이상 일한 종업원을 내보내는 경우에는 보조금을 준다.	제19조(퇴직보조금의 지불) 1항 기업은 1년 이상 일한 종업원을 내보내는 경우 보조금을 주어야 한다.	퇴직보조금 지급대상을 '기업의 사정'인 정리해고 뿐만 아니라 '근로자의 자발적 사직' 등으로 확대
제24조(노동보수의 내용) 노동보수에는 **노임, 가급금, 장려금, 상금**이 속한다. 기업은 종업원의 노동보수를 일한 실적에 따라 정확히 계산하여야 한다.	제24조(노동보수의 내용) 노동보수에는 **노임(가급금 포함), 장려금, 상금**이 속한다. 기업은 종업원의 노동보수를 일한 실적에 따라 정확히 계산하여 지불하여야 한다.	노임, 가급금, 장려금, 상금으로 되어 있던 임금구조를 노임(가급금 포함), 장려금, 상금으로 변경함으로서 사회보험료 및 퇴직금 인상 *현재 노임은 기본노임, 초과노임, 공제노임으로 구성되며 기본노임은 사회보험료 및 시간외 근로 수당 산정의 기초
제25조(종업원의 월 최저노임) 기업의 종업원 월최저노임은 50US$로 한다. 종업원 월최저노임은 **전년도 종업원 월최저노임의 5%**를 초과하여 높일 수 없다. 종업원 월최저노임을 높이는 사업은 **공업지구관리기관이 중앙공업지구지도기관과 합의**하여 한다.	제25조(종업원의 월 최저노임) 종업원 월최저노임기준은 **중앙공업지구지도기관**이 종업원의 노동생산능률, 공업지구경제발전수준, 노력채용상태 같은 것을 고려하여 해마다 정한다.	종업원 월 최저노임을 관리위원회와의 합의통보가 아닌 총국이 일방 통보하고 기존 5% 상한선을 제외

제30조(연장, 야간작업의 가급금) 기업은 노동시간밖의 연장작업 또는 야간작업을 한 종업원에게 일당 또는 시간당 노임액의 50%에 해당한 가급금을 주어야 한다. 명절일, 공휴일에 노동을 시키고 대휴를 주지 않았거나 노동시간밖에 야간작업을 시켰을 경우에는 노임액의 100%에 해당한 가급금을 주어야 한다. 야간작업에는 22시부터 다음날 6시까지의 사이에 진행한 노동이 속한다.	제30조(연장, 야간작업의 가급금) 기업은 종업원에게 노동시간밖의 연장작업 또는 야간작업(22시부터 다음날 6시까지)을 시켰거나 명절일, **휴식일**에 노동을 시키고 대휴를 주지 못하였을 경우 하루 또는 시간당 노임액의 50%~100%에 해당한 가급금을 주어야 한다. 이밖에 종업원의 근무년한, 기술기능 수준, 노동조건에 따르는 가급금도 주어야 한다. 가급금의 적용은 이 규정 시행세칙에 따른다.	노동규정상 연장 및 야간작업 시 종업원에게 지급하는 시간외수당을 50% 가급금에서 '50~100%'로 확대 명절 및 공휴일 외에 휴식일도 100% 가급금을 지불하도록 변경 또한 근무연한, 기술기능수준, 노동조건에 따라 가급금 지급을 명기함으로써 기업별 경쟁 및 근로자별 차등지급 가능
제31조(상금의 지불) 기업은 **세금을 납부하기 전에** 이윤의 일부로 상금기금을 조성하고 일을 잘한 종업원에게 상금 또는 상품을 줄 수 있다.	제31조(상금의 지불) 기업은 이윤의 일부로 상금기금을 조성하고 일을 잘한 종업원에게 상금을 줄 수 있다.	
제32조(노동보수의 지불) 1항 기업은 노동보수를 화폐로 종업원에게 **직접** 주어야 한다. 이 경우 상금은 상품으로 줄 수도 있다.	제32조(노동보수의 지불) 1항 기업은 노동보수를 종업원에게 화폐로 주어야 한다.	임금 지급 시 기업이 종업원에게 직접 주도록 한 규정에서 "직접" 단어 삭제
제34조(여성노력의 보호) 1항 **임신 6개월이 지난** 여성종업원에게는 힘들고 건강에 해로운 일을 시킬 수 없다.	제34조(여성노력의 보호) 1항 **임신하였거나 젖먹이어린이를 키우는** 여성종업원에게는 연장작업, 밤작업, 건강에 해로운 작업을 시킬 수 없다.	기존 임신 6개월이 지난 여성에서 "임신, 젖먹이어린이를 키우는 여성"으로 범위 확대 해당 여성에게 힘들고 건강에 해로운 일을 시킬 수 없도록 한 것을 구체화하여 "연장작업, 밤작업, 건강에 해로운 작업"으로 구체화
제39조(사고발생시의 조치) 기업은 작업과정에 종업원이 사망하였거나 부상, 중독 같은 사고를 일으켰을 경우 즉시 공업지구관리기관에 알려야 한다. 이 경우 공업지구관리기관은 중앙공업지구지도기관에 보고하여야 한다. 중앙공업지구지도기관은 공업지구관리기관과 협의하여 사고심의를 조직진행하여야 한다.	제39조(사고발생시의 조치) 기업은 작업과정에 종업권이 사망하였거나 부상, 중독 같은 사고가 발생하였을 경우 제때에 해당한 대책을 세우고 즉시 공업지구관리기관에 알려야 한다. 이 경우 공업지구관리기관은 중앙공업지구지도기관에 보고하여야 한다. 중앙공업지구지도기관은 공업지구관리기관이 **노동재해심사회의를 제때에 열고** 사고심의를 조직하도록 하여야 한다.	사고발생 시 기업에 대한 대책 수립 의무, 관리위원회의 노동재해심사회의 개최 명시화 기존 총국과 관리위원회가 협의해서 사고심의를 조직진행토록 한 규정을 "총국은 관리위원회가 노동재해심사회의를 제때 열고 사고심의를 조직하도록 한다."고 변경

제45조(문화후생기금의 이용) 1항 기업은 **세금을 납부하기 전에** 리윤의 일부로 종업원을 위한 문화후생기금을 조성하고 쓸 수 있다.	제45조(문화후생기금의 이용) 1항 기업은 리윤의 일부로 종업원을 위한 문화후생기금을 조성하고 쓸 수 있다.	
제46조(벌금 및 영업중지) **공업지구관리기관**은 이 규정을 어기고 엄중한 결과를 일으킨 기업에 100~2,000US$까지의 벌금을 물리거나 영업을 중지시킬 수 있다. 벌금 및 영업중지는 사전에 경고하였으나 시정하지 않을 경우에 적용한다.	제46조(벌금 및 영업중지) 중앙공업지구지도기관과 공업지구관리기관은 이 규정을 어기고 엄중한 결과를 일으킨 기업에 100~2,000US$까지의 벌금을 물리거나 영업을 중지시킬 수 있다.	관리위원회가 벌금과 영업중지를 하도록 한 것을 변경하여, 총국의 벌금 및 영업정지 권한을 부여하고 기존의 '사전경고' 절차를 삭제하여 벌금 및 영업정지를 보다 쉽게 조치하도록 변경

이러한 「개성공업지구 노동규정」 수정 이후 총국은 2015년 4월 14일 「노동세칙」을 개정하여 관리위원회에 통지한다. 이는 앞서 통지한 「개성공업지구 노동규정」의 13개 수정내용을 반영한 것이다.

  나) 노동규정 수정 내용의 특징과 문제점

  수정된 「개성공업지구 노동규정」은 총 13개의 조항으로 이 중 상당수는 북한이 개별 기업 현장에서 지속적으로 변화 시도를 요구해 왔거나 강조해 왔던 부분들을 입법화 한 것이라고 할 수 있다. 2008년 노동세칙이 통지된 이후 관리위원회는 하위규범이 상위규범과 모순되는 점을 지적하며 수용불가 입장을 밝히게 되는데 노동규정 개정은 그러한 문제점 지적에 대해 원천적으로 해소하고자 하는 측면이 있었다.

  해당 조항들을 구체적으로 살펴보면 다음과 같다.

  제7조(노력보장사업에 대한 지도통제기관)는 노동력 공급 문제의 형평성과 객관성이 제기될 때마다 개성공업지구 관리위원회가 노동규정상 "노력채용과 관리사업에 대한 감독통제권"을 근거로 들었던 것에 대한 근본적인 문제제기라 할 수 있다. 이는 개성공단 노력채용 및 해고세칙 제4조(노력채용과 해고사업

에 대한 관리기관)의 '기업의 노력채용과 관리사업에 대한 감독통제는 공업지 구관리기관이 한다.' 보다 후퇴한 조항이었다.

제11조(노력알선료)의 경우에는 현재 1인당 17달러인 노력알선료에 대한 협 의주체를 기존 개성공업지구 관리위원회와 노력알선기업 외에 기업까지 확대 함으로써 향후 노동력 공급을 매개로 한 개별기업과의 노력알선료 협의 및 노 력알선료 인상 의도가 내포된 것이라고 할 수 있다.[41]

제19조(퇴직보조금의 지불) "기업은 1년 이상 일한 종업원을 내보내는 경우 보조금을 주어야 한다."는 조항은 그동안 사직하거나 정년퇴직 하는 근로자에 대해서도 퇴직보조금 지급을 요구해 왔던 흐름의 지속이라고 할 수 있다. 이는 노력채용 및 해고세칙 제30조 '기업자체의 사정으로 1년 이상 일한 종업원을 내보내는 경우 보조금을 주어야 한다.'와도 배치되는 측면이 있다.

제24조(노동보수의 내용) "노동보수에는 노임(가급금 포함), 장려금, 상금이 속한다."는 사회보험료, 퇴직금 등의 인상요인으로 작용하였다. 기존에는 노임 계(=기본노임+초과노임-공제노임)의 15%를 사회보험료로 지급하였으나[42] 가 급금을 노임계에 포함시킨다면 노임계의 범위가 증가(=기본노임+초과노임+가 급금-공제노임)함으로써 사회보험료도 증가하게 되었다. 한편 개성공단의 이 러한 임금 항목은 표현은 동일하나 그 의미가 기존 북한의 사회주의 노동법과 다른 측면이 있었다.[43]

제25조(종업원의 월 최저노임)는 "종업원월최저노임기준은 중앙공업지구지 도기관이 종업원의 노동생산능률, 공업지구경제발전수준, 노력채용상태 같은 것을 고려하여 해마다 정한다."고 하고 있는데 이는 북한 입장에서는 최저임금 5% 상한선을 없애고 중앙특구개발지도총국의 일방적인 인상 발표가 가능하도 록 하고 있었다.[44]

제30조(연장, 야간작업의 가급금) "기업은 종업원에게 노동시간 밖의 연장작 업 또는 야간작업(22시부터 다음날 6시까지)을 시켰거나 명절일, 휴식일에 노 동을 시키고 대휴를 주지 못하였을 경우 하루 또는 시간당 노임액의 50%~100%

에 해당한 가급금을 주어야 한다. 이밖에 종업원의 근무년한, 기술기능 수준, 노동조건에 따르는 가급금도 주어야 한다. 가급금의 적용은 이 규정 시행세칙에 따른다."는 노동규정상 연장 및 야간작업시 종업원에게 지급하는 시간외 수당의 할증률을 '50~100%'로 확대함에 따라 개별기업 내에서 기업과 종업원 대표 간의 협의에 의해 규정을 초과하는 할증율 지급이 가능토록 하고 있다. 또한 공휴일이 아닌 휴식일로 수정함으로써 연초 통지되는 명절 및 공휴일 외에 임의로 통지하는 휴식일의 경우에도 수당 지급이 가능하게 된 것이다.[45] 또한 '가급금 적용은 이 규정 시행세칙에 따른다.'고 하여 그동안 노동규정과의 불일치로 논란이 되어왔던 노동보수세칙 제11조(연장 및 야간작업의 가급금 지불 및 계산)의 '24시간 연속 초과근무 시 300% 가급금 지급' 부분의 적용근거를 마련하였다고 할 수 있다.[46]

제32조(노동보수의 지불) "기업은 노동보수를 종업원에게 화폐로 주어야 한다."는 기업이 종업원에게 직접 주도록 한 규정에서 "직접" 단어를 삭제함으로써 추후 임금직불 문제를 제기하는 우리 당국과 기업의 요구에 북한이 대응하기 위한 근거를 마련한 것으로 노동규정상 북한의 최대 약점 중 하나인 임금직불 문제를 회피한 것이라고 할 수 있다.

다) 제도 집행에 따른 노사관계 영향

「개성공업지구 노동규정」 수정내용은 그 시행시기가 특정되어 있지 않고 시행시기와 관련한 별도의 경과규정 등이 없기에 2015년부터 당장 그 집행이 가능하였다.

그 결과 북한은 이미 2015년 2월 24일 중앙특구개발지도총국 통지문 제1호 "2015년 개성공업지구 종업원들의 월 최저노임을 정함에 대하여"를 통해 3월부터 최저임금을 기존 대비 5.18% 상향된 74불로 인상하고 가급금을 사회보험료 산정단위인 노임계로 편입한다는 점을 통보하였다.[47]

이후 2015년 4월 14일 중앙특구개발지도총국은 노동보수세칙 개정내용을 통지하였다. 당시 개정내용을 보면 초기부터 사용되던 연장·야간·휴일근로 시 지급되는 수당으로서의 '가급금'은 '노동시간 가급금'으로, 그 외 근속수당, 직종수당, 기능수당 등과 같은 것은 각각 '연한 가급금', '직종 가급금', '직제 가급금'이라는 표현으로 변경하였다.

이는 초기부터 사용되던 임금 항목의 개념과는 많은 변화가 있는 것으로 임금제도의 근본적 변화를 의미한다. 아울러 이러한 임금제도의 변화는 개정된 노동규정의 핵심내용이었다.

〈표-24〉 임금 항목 개념 비교(2008년 노동보수세칙 – 2015년 노동보수세칙)[48]

기존 노동보수세칙(2008년 10월)	개정 노동보수세칙(2015년 4월 14일)
제3조(용어의 정의) 이 세칙에서 표기한 용어의 정의는 다음과 같다. ① 기본노임은 일정한 기간(시간, 일, 주, 월)을 단위로 하여 미리 보수액수를 정해 놓고 그에 기초하여 일한 것만큼 계산하여 지불하는 노임을 말한다. ② 도급노임은 노동정량을 정해주고 그 수행정도에 따라 계산하여 지불하는 노임을 말한다. ③ 가급금은 기본노동시간을 초과하여 노동을 시키거나 야간노동을 시킨 경우 또는 명절 및 휴식일에 노동을 시킨 경우에 추가적으로 지불하는 노동보수를 말한다. ④ 상금은 생산계획을 비롯한 경제지표를 넘쳐 수행하여 기업에 이익을 준 집단이나 개인에게 추가적으로 지불하는 노동보수를 말한다. ⑤ 장려금은 노동정량과 제품의 질, 설비이용율을 높이고 자재를 절약하기 위하여 종업원의 근무연한, 노동조건, 기술기능수준, 직무 등에 따라 추가적으로 지불하는 노동보수를 말한다.	제3조(용어의 정의) 이 세칙에서 표기한 용어의 정의는 다음과 같다. 1. 노동보수란 근로자들의 노동과정에 지출된 노동의 량과 질에 따라 지불하는 노임, 상금, 장려금을 말한다. 2. 노임이란 기본노임과 가급금으로 지불하는 노동보수를 말한다. 기본노임이란 지출 노동시간 또는 노동생산 실적에 따라 계산 지불하는 노임을 말하며 여기에는 시간노임 또는 도급노임 같은 형태들이 있다. 시간노임은 일정한 기간(시간, 일, 주, 월)을 단위로 하여 미리 보수액수를 정해 놓고 그에 기초하여 일한 것만큼 계산하여 지불하는 노임형태이다. 도급노임은 노동정량을 정해주고 그 수행정도에 따라 계산하여 지불하는 노임형태이다. 가급금이란 노동시간밖의 연장작업과 야간작업, 노동시간안의 야간작업을 시켰거나 명절일, 휴식일에 노동을 시킨 경우, 근무년한, 노동의 차이, 학력 및 기술기능수준, 직제, 직종 같은 것에 따라 추가적으로 지불하는 노임을 말한다. 3. 장려금이란 노동정량과 제품의 질, 설비이용율 제고 같은 생산성을 높이기 위하여 추가적으로 지불하는 노동보수를 말한다. 4. 상금이란 기업에 이익을 준 집단이나 개인에게 추가적으로 지불하는 노동보수를 말한다.

제11조(연장 및 야간작업의 가급금지불 및 계산) 기업은 연장 및 야간작업을 한 종업원들에게 가급금을 다음과 같은 방법으로 적용하여야 한다.	제11조(가급금의 적용) 기업은 가급금을 다음과 같이 적용하여야 한다.
2. 1일(전날 오전작업 시작시간으로부터 다음날 오전작업 시작시간까지)이상 련속적으로 연장 및 야간작업을 조직하지 말아야 하며 부득이한 사정으로 련속적인 연장 및 야간작업을 시켰을 경우에는 시간당 또는 일당 노임액의 300%에 해당한 가급금을 주어야 한다. 이 경우 작업시간은 8시간을 초과하지 말아야 하며 가급금은 대휴에 관계없이 지불하여야 한다.	2. 1일(전날 오전작업 시작시간으로부터 다음날 오전작업 시작시간까지) 이상 련이어 작업을 조직하지 말아야 하며 기업사정으로 부득이하게 일을 시키려고 할 경우에는 기업과 종업원 대표, 해당 종업원과 협의하여 해당한 가급금을 정하고 작업을 진행하여야 한다. 이 경우 작업시간은 8시간을 초과하지 말아야 한다. 3. 기술기능수준, 직제, 직종, 근무년한, 노동조건 같은 가급금을 정하고 지불하여야 한다.

개정된 노동규정과 노동세칙의 통지 이후 관리위원회와 총국, 그리고 기업과 근로자 사이에는 제도의 개정과 관련한 갈등이 발생하였다. 우리 정부는 북한의 노동규정 개정이 일방적이라는 점을 들어 북한의 최저임금 5.18% 인상 요구를 수용할 수 없으며 기존과 같이 노동규정 제25조의 5% 상한선을 유지해야 한다는 입장을 고수했다.

이 과정에서 3월분 임금의 지급시기인 4월 초부터는 임금산정방식을 둘러싼 북한 근로자와 우리 기업들과의 마찰이 현실화 되었다. 5.18%를 반영한 임금대장을 작성한 북한 통계원과 우리 주재원 사이에 계산의 적정성 여부를 둘러싼 논쟁이 지속된 것이다. 아울러 시간외 근로시 할증율과 근속수당, 직종수당, 직책수당 등을 노임계에 포함함으로써 사회보험료를 계산해야 하는 문제들도 현실적으로 제기되기 시작했다. 이 과정에서 북한은 북한대로 통상적인 임금 지급기일인 익월 20일을 초과할 경우 이견이 있는 차액의 미지급을 이유로 해당 금액에 대한 연체료[49] 납부 가능성 등을 언급함으로써 우리 기업들의 심리적 불안감을 키웠다.

결국 2015년 8월 17일 관리위원회와 총국은 오랜 협의의 끝에 최저임금과 임금계산 방식 등에 관한 합의서를 체결하였다.[50]

한편 북한은 2013년 9월 12일 최고인민회의 상임위원회 결정 제139호로 「라선경제무역지대 외국투자기업노동규정」을 채택하였다.

그런데 이 「라선경제무역지대 외국투자기업노동규정」이 2014년 수정된 「개성공업지구 노동규정」의 내용과 상당 부분 유사한 형태로 채택되었음을 알 수 있다. 결국 제도적인 측면에서 보면 「개성공업지구 노동규정」이 「라선경제무역지대 외국투자기업노동규정」에 영향을 주는 등 상호 조응하는 과정을 보여주고 있다. 이를 시기적으로 정리하면 「개성공업지구 노동규정」 제정(2003년)→「라선경제무역지대 외국투자기업노동규정」 제정(2013년)→「개성공업지구 노동규정」 수정(2014년)의 과정을 거치고 있음을 알 수 있다.

3. 관리구조

가. 이원화 구조

기업 차원의 관리구조를 보면 개성공단의 개별 공장은 투자를 진행하여 기업을 대표하고 있는 우리의 법인장과 주재원, 실제 노동력 제공자인 북한의 종업원 대표와 근로자로 구성되어 있었다.

기업 내 관리체계로만 보면 우리 법인장—북한 종업원 대표—북한 총무—우리 주재원—북한 근로자 순으로 되어 있고 기업 내 모든 관리는 우리 주도하에 이루어지는 것처럼 보인다. 그러나 우리 주재원이 관여할 수 있는 영역은 생산에 관한 부분에 집중되어 있고 그 외 부분은 북한 내부의 관리체계 하에서 자율적으로 이루어졌다고 할 수 있다. 결국 대외적인 부분은 우리 주재원이 대표하되 노동력 관리, 생활 관리와 같은 내부적인 부분은 북한이 실질적으로 운영하는 체계였다고 할 수 있다.[51]

이러한 이원화 구조는 KEDO에서의 관리 방식에서도 간접적으로 확인할 수 있다. 개성공단 초기인 2004년 북한에서의 운용 경험을 공유하기 위해 KEDO 사업에 참여했던 한국전력공사 관계자가 작성한 자료를 보면 작업 지시는 종업원을 대표하는 자를 통해서 가능했고, 북한 근로자 중에는 작업 조장이 관여할 수 없는 '당원'으로 추정되는 인물이 있었으며, 내부적인 체계를 통해 노동력 관리가 이루어졌다.[52] KEDO의 경우에도 인사노무 관리는 북한 정부가 행사함에 따라 우리 주재원들에게는 실질적인 작업 지시 및 배치 권한이 없었다.

〈표-25〉 KEDO(1997~2003년) 사례[53]

구분	내용
①체제 및 사상측면	○ 자발적 참여가 아닌 강제적 동원 ○ 체제관리를 위한 감시체제 ○ **인력공급은 국가가 주도적 역할(인사노무관리는 북한 당국)** ○ 야간작업 기피 ○ **휴무를 북한 사정에 따라 임의시행**
②계약, 규정, 제도 관련 측면	○ 북한 근로자에 대한 **실질적인 채용, 해고권 미확보** ○ **작업지시 및 배치권한이 없음** ○ 사고를 일으킨 노무자의 징계시 직접 고용하고 있는 협력업체가 아닌 KEDO나 시공사를 통해 처리 요구 ○ 물자공급 시 계약이행 상태불량(골재, 시멘트 공급 등) ○ ISC(Individual Service Contract, 노무인력 공급에 대한 개별서비스계약)에 명시된 직종임에도 일부 직종의 인력투입 거부(쓰레기, 청소원 등) ○ ISC상에 책정되어 있는 작업반장수(20명당 1인) 과다 ○ GPG(General Principles and Guidelines, 기본원칙 및 지침에 대한 양해각서)에는 1년 만근 시 14일의 휴가를 주도록 되어 있으나 **실제 만근자가 없어 휴가 혜택자 미발생** ○ 차출동원 인력에 대한 주거환경 불안
③생산성 및 기능 측면	○ 노동생산성, 효율성 개념 미약 ○ 기능수준이 낮아서 장비 파손 및 노후화 심화 ○ 고도의 기술을 요하거나 고가장비를 이용하는 작업에는 북한인력 투입불가 ○ **기능인력 투입 초기 기능도가 낮아 손실이 큼** ○ 기능인력 교육훈련에 많은 시간과 경비 발생 ○ **작업 중 부주의 무관심으로 인한 자재 파손, 훼손 빈번** ○ 기능습득에 한계성 ○ 비교 평가대상이 없어서 자신들의 기능수준을 모르고 있음 ○ **특정 기능분야의 인원을 요청해도 전혀 기능과 무관한 인원 공급**
④사회주의 근로 관습 및 의식측면	○ **생산성·질적 수준에 대한 개념 미약** ○ 자본가는 착취계급으로 인식하는 부정적 자세 ○ 수동적 근무자세(감시필요) ○ 개인능력주의와 팀웍 배제 ○ **근무 중 작업장 이탈 빈번: 적절한 제재 방안 없음** ○ 솔선수범하는 자세가 없음(수동적 사고방식) ○ 지도자와 당의 요구에 따르는 의무성, 강제성, 형식성 ○ 하도급의 경우 품질 부적합 지적 시 품질 개념이 없어서 북한에서 주관적으로 임의 판단하거나 일방적인 해석처리 ○ **우리의 작업지시가 부당하다고 생각(임의판단) 되면 단체로 항의** ○ **북한 작업조장이 관리하지 못하는 작업자도 있음(당원, 권력자로 추측)**

⑤기타	○ 북한 노무담당 관계자와 직접 접촉 창구가 없어 대상 사업국 측에 전화상으로만 통해서 접촉되고 있는 실정 ○ **북한 사람들은 자존심이 강함** ○ 일부 인원들은 간식이나 음료수 제공을 비공식적으로 요구 ○ **근무시간 중 세탁이나 샤워 등 업무와 무관하게 개별 행동하는 사례 빈번** ○ 과식으로 안전사고 우려(졸음운전) ○ 식사: 노동을 할 수 있는 최소한의 급식 ○ 피복: 근무복, 안전화 제공 ○ 개인위생: 생활여건상 개인위생 개념이 없음

이러한 기업 차원의 관리구조와 달리 개성공단 차원의 관리구조를 보면 총국과 관리위원회로 나눌 수 있다. 총국은 개성공업지구법 제22조 4. '기업이 요구하는 로력, 용수, 물자의 보장' 측면에서 노동력을 관리하고 관리위원회는 제25조 5. '입주 기업 경영 지원' 측면에서 개입하였다. 그러나 총국은 개성공업지구법상 보장된 업무뿐만 아니라 개성공단에 배치되는 북한 노동력의 정치적·생활적 문제까지 관리해야 하는 책임이 부여되었고 이러한 문제는 총국-종업원 대표-근로자라는 체계를 통해 관리되었다.

나. 개성공단 입주 기업의 생산조직

북한의 기업 관리체계는 〈그림-13〉에서 볼 수 있듯이 공장 당위원회를 중심으로 지배인, 당 책임비서, 기사장의 형태로 운용되고 있다. 이러한 체계에 따라 각 해당 부원들이 기술, 관리, 행정 업무 등을 수행하는 형태이며 생산 관련 부분 외에도 직업동맹, 청년동맹, 여맹 등 사회단체가 기업 관리체계 내에 포함되어 있다.

개성공단의 생산조직은 형식적으로 보자면 〈그림-13〉에 있는 북한의 공장·기업소 생산조직 중에서 당적 지도체계를 제외한 많은 부분에서 유사성이 있었다. 즉 종업원 대표(직장장) 아래 총무가 있고 규모가 큰 공장의 경우에는 종업원 부대표(부직장장)를 두는 경우도 있었다. 총무 밑에는 생산의 직접 담당자인 반장, 조장이 있었으며 규모가 큰 공장의 경우에는 반장을 총괄하는 총반장도 있었다. 사무실의 경우에는 각종 통계 업무를 담당하는 인원들이 별도로 존재하였다.

〈그림-13〉 북한의 기업 관리체계 1

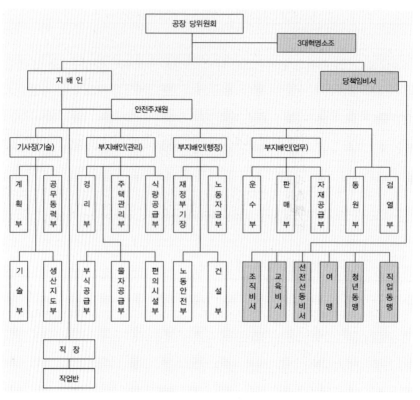

※자료: 통일연구원, 『2000 북한개요』(서울: 통일연구원, 2000), 286쪽.

〈그림-13〉의 기업 관리체계를 요약해서 정리해보면 〈그림-14〉와 같은 형태로도 표현해 볼 수 있다.

〈그림-14〉 북한의 기업 관리체계 2

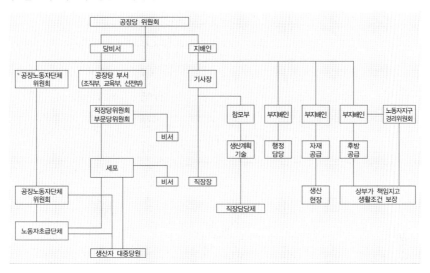

※자료: 高昇孝, 『朝鮮社會主義の理論』(東京: 新泉社, 1978), 176쪽; 高昇孝, 『朝鮮社會主義 經
濟論 朝鮮社會主義の理論』(東京: 日本評論社, 1973), 81쪽; 김일성, "새 환경에 맞게
공업에 대한 지도와 관리를 개선할 데 대하여", 『사회주의 경제관리 문제에 대하여
2』(평양: 조선로동당출판사, 1970), 103~104, 117~124쪽.

　이러한 북한의 기업 관리체계는 공장대학을 의무적으로 두고 있고 국가가
품질관리 분야에 직접 개입한다는 점이 특이한데 3대혁명 소조, 당적 체계, 공
장대학 등을 제외하고는 개성공단에서도 유사한 형태를 확인할 수 있다. 개성
공단에서의 생산조직 중 북한 근로자가 수행하는 영역은 〈그림-15〉에서부터
〈그림-19〉까지와 같다.

　이러한 형태는 3대혁명 소조, 당적 체계 등을 제외하고는 개성공단에서도 유
사한 형태를 띠고 있었는데 〈그림-15〉에서부터 〈그림-19〉까지의 기업별 관리
체계를 통해서도 확인할 수 있다.

〈그림-15〉 개성공단 입주 기업의 생산조직(섬유 업종 E사)

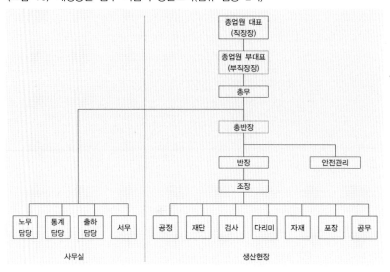

〈그림-16〉 개성공단 입주 기업의 생산조직(섬유 업종 D사)

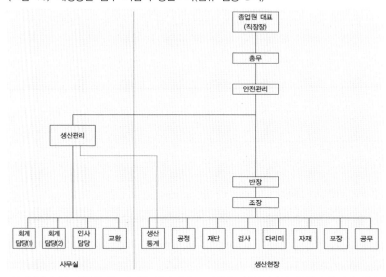

※주: '안전관리'는 종업원 대표의 명을 받아 인사, 조직개편, 인원구성 등을 실제 수행 하며, '생산관
리'는 생산의 전반적 사항을 관리하여 종업원 대표에 직접 보고하는 역할을 수행한다. '통계(생
산)'는 생산통계를 관리하며 생산관리에게 직접 보고 한다. '회계(1)'은 회사 전표 작성, '회계
(2)'는 노임대장을 작성하여 총국에 전달한다. 또한 '회계', '인사', '교환'은 반장급이고 '종업원
대표', '총무', '회계(2)'는 D사 같은 규모의 큰 회사에서는 지명직으로 오는 것 같다는 의견이다.

〈그림-17〉 개성공단 입주 기업의 생산조직(섬유 업종 F사)

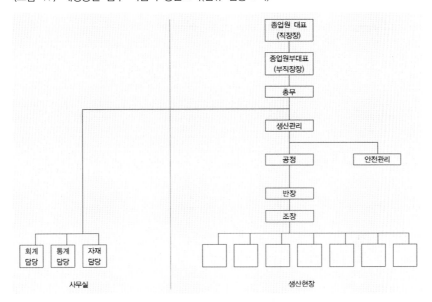

〈그림-18〉 개성공단 입주 기업의 생산조직(전기·전자 업종 G사)

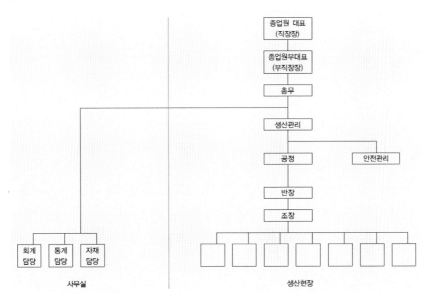

〈그림-19〉 개성공단 입주 기업의 생산조직(신발 업종 K사)

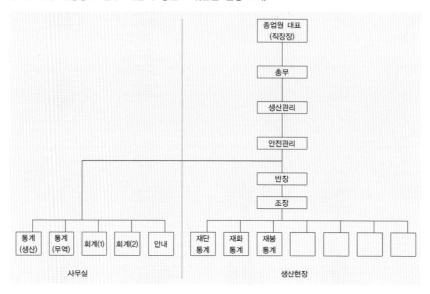

※주: '통계(생산)'는 근태(휴가·조퇴 등), 급여관리, 북한 근로자 식자재 발주업무를, '통계(무역)'는 원부자재·제품 반입·반출업무를, '회계(1)'은 초코파이 및 기타 대체상품 발주와 종업원 대표의 비서 역할을 수행하고 '회계(2)'는 사무용품·생활용품 발주 및 배급, '안내'는 교환 역할을 수행한다고 하였다.

다. 개성공단 입주 기업 내 북한 관리구조

1) 북한의 기업 내 각 주체별 역할

북한의 경우 기업소 밑에 있는 직장에서는 직장장과 그의 지도 밑에 사업하는 부직장장, 그리고 생산지도, 자재 공급, 통계 등을 맡아보는 일꾼들이 있다. 직장장은 지배인과 기사장의 지도 밑에 일하는 기업소의 부문별 생산단위의 책임자이다. 부직장장은 생산을 교대별로 맡아보는 직장장의 대리인이다. 이 밖에 직장에는 직장장을 도와 해당 부문 사업을 직접 집행하는 부문별 지도원이 있는데, 생산 지도원은 직장장과 생산 지도부서에, 자재 공급원은 직장과

자재 공급부서에 각각 이중 소속되어 있다.

그리고 각 직장에는 생산공정의 기술적 문제를 전담하는 기사들이 있으며, 이들은 설비 상태, 제품 상태, 기술 혁신 등의 문제들을 처리한다. 한편 각 작업반의 작업반장은 노동자들의 노동 상태, 물자공급 상태, 설비기술 상태 등을 관리하여 직장장에 보고하여 해결하면서 자신 역시 노동에 직접 참가하는 생산자의 역할을 한다.[54]

2) 개성공단 기업 내 각 주체별 역할

개성공단의 경우 각 기업에는 종업원 대표(직장장)가 있으며 종업원 대표(직장장)는 생산 활동에 직접 관여하기보다는 전체 북한 근로자들의 근무 태도, 생산 활동, 노동보호물자 지급, 생산총화 등을 관리하는 총괄적 역할을 수행하였다. 총무의 경우 우리 주재원들의 언급에 의하면 생산과 관련한 특별한 업무가 부여되지는 않으며 북한 근로자와 우리 주재원에 대한 감시 역할을 주로 수행하였다. 기업에 따라서는 총무가 북한 근로자들의 노동보호물자를 관리하는 역할도 수행하였다. 통상 종업원 대표(직장장)와 총무는 우리 주재원의 의사와 무관하게 북한이 지명하여 배치하였다. 총반장 이하 반장, 조장의 경우에는 생산 활동에 직접 종사를 하는데 관리업무만 수행하는 총반장도 존재하였다.

생산 현장에는 생산 업무를 관리하는 '생산관리', 원부자재를 관리하는 '자재관리', 품질을 관리하는 '품질관리' 직제를 두어 생산 업무를 관리하였다. 또한 산업안전 업무를 담당하는 '안전관리' 직제도 공통적으로 활용되었다. 사무실에는 일일·주간·월간 생산 통계를 담당하는 '통계'와 회계업무를 처리하는 '회계'가 있었으며 총무가 노동보호물자 관리 업무를 수행하지 않는 경우에는 사무실 내 각종 통계원 중 일부가 노동보호물자를 관리하기도 하였다.

3) 북한과 개성공단 공장 내 각 주체별 역할 비교

북한과 개성공단에서의 공장 내 주체들의 역할을 구분하여 보면 다음과 같이 정리할 수 있다.

〈표-26〉를 통해 확인할 수 있듯이 개성공단에서 '종업원 대표(직장장)'의 역할은 생산 책임자 이상의 의미를 지닌다. 오히려 근로자, 생산, 노동보호물자 등을 총괄 관리한다는 점에서 북한의 기업소 지배인과 유사하다고 할 수 있다.[55]

'총무'의 경우 기존 북한 내 공장 관리체계에서는 없던 직제로서 이는 남북 경제협력 사업이라는 개성공단의 특성상 만들어진 것임을 알 수 있다. '총무'의 경우 대내적인 감시·통제 업무 외에 후방공급사업[56]을 책임지는 경우도 있다. 그 외 생산 지도원, 자재 공급원, 기사 등이 수행하던 업무는 개성공단에서는 각각 총반장(또는 생산관리), 자재관리, 품질관리 등이 수행하고 있음을 알 수 있다.

전반적인 역할 비교를 해보았을 때 대안의 사업체계와 동일한 직제별 역할이 이루어지고 있지는 않으며 대체 인원들이 각각 편성되어 그 역할을 수행하고 있던 것으로 보인다.

기업 관리체계 중 당적 활동과 연계되는 부분은 우리 주재원들의 시선에 노출되지 않게 조심스럽게 유지되고 있는 것으로 이해된다. 그러나 이러한 부분도 일상적으로 진행되는 각종 생산총화, 생활총화를 통해 보완하고 있으며, 북한 자체적으로는 개성공단 북한 종업원 대표들의 활동을 매일 전체회의(1일 2회, 10시 및 15시)를 통해 전체적으로 조율하였다. 총화나 전체회의는 북한 내부적으로 실제 작동되는 구조로서 우리 주재원의 의도에 따라 인위적으로 개선될 수 있는 부분들은 아니었다.

〈표-26〉 업무 수행 주체별 역할 비교

업무	북한	개성공단	일치 여부	비고
재정, 노동, 자재공급, 후방공급사업 등 모든 행정경제사업을 지휘	지배인	종업원 대표 (직장장)	×	
계획화 사업, 기술준비, 생산과정에 대한 지도 등 생산과 직접 관련된 모든 사업을 통일적으로 장악하고 지도 - 생산참모회의 주관	기사장	총반장 생산관리	×	생산회의 주관은 종업원 대표(직장장)
자재공급, 제품관리 및 운수사업 등을 직접 책임지고 지도	업무 부지배인		-	
노동행정사업, 재정부기사업 등을 책임지고 조직 · 지도	행정 부지배인	회계	×	
후방부문사업을 책임지고 조직 · 집행	후방 부지배인	총무	×	
지배인과 기사장의 지도 밑에 일하는 기업소의 부문별 생산단위의 책임자	직장장		-	
생산을 교대별로 맡아보는 직장장의 대리인	부직장장		-	
직장장을 도와 생산지도업무 수행	생산지도원	총반장 생산관리	○	
직장장을 도와 자재 공급업무 수행	자재공급원	자재관리	○	
설비상태, 제품상태, 기술혁신 등의 문제를 처리하며 각 직장 내에서 생산공정의 기술적 문제를 전임	기사	품질관리	○	설비 수리는 공무가 수행
노동자들의 노동상태, 물자공급상태, 설비기술상태 등을 관리하여 직장장에 보고하여 해결하면서 노동에 직접 참가	작업반장	작업반장	○	

※자료: 최신림 · 이석기, 『북한의 산업관리체계와 기업관리제도』(서울: 산업연구원, 1998), 50~58쪽을 토대로 개성공단과 비교하여 재구성.

북한이 공식적으로 표방하고 있는 기업 관리체계인 대안의 사업체계가 개성공단에서도 존속되는지 여부는 대안의 사업체계의 핵심요소인 '당위원회의 집체적 지도'와 '중앙집권적 자재공급체계'가 개성공단에서도 지속적으로 유지되는지 여부를 통해서도 판단해볼 수 있다.

당위원회의 집체적 지도와 관련해 개성공단은 기존 북한 기업소의 지배인이 담당하던 기업 경영업무가 우리 주재원들에 의해 그 기능이 대체되었다는 점에서 변화가 있어 보인다.[57] 중앙집권적 자재공급체계와 관련해서도 자재공급이 북한이 아닌 우리 개성공단 기업에 의해 공급되고 있고 북한은 자재공급 문제를 직접적으로 해결할 의무와 역할이 없었다는 점에서 역시 대안의 사업체계와는 무관해 보인다. 다만, 기업 내 북한 근로자들이 기존 북한에서의 당적 체계를 통한 관리, 각종 사회단체를 통한 관리에 익숙해져 있어 이러한 측면들이 기업 내 각종 활동에 영향을 줌에 따라 대안의 사업체계가 작동되는 것처럼 오인케 하는 측면이 있어 보인다.

4. 이해관계

가. 근로자 측

1) 북한 정부

북한의 입장에서 개성공단 개발에 따른 손익은 무엇이었을까? 이익적인 측면에서는 대외 이미지 제고, 현금 수입 증가, 인민 생계 보장, 정치적 완충지대 등의 효과가 있을 수 있다. 반면 손해적 측면에서는 군사적 손해, 경제적(최초 개발기대 속도를 감안한 상대적 손실) 손해, 문화적(사상통제적) 손해[58], 정치적(우리에 대한 단호한 대처 불가) 손해 등이 있을 것이다. 개성공단을 조성할 당시 북한이 얻고자 하는 이익이 무엇이었는지, 그 이익의 실현은 어느 정도였는지에 따라 개성공단을 바라보는 북한의 시각과 개성공단 노사관계에 미치는 영향을 확인해 볼 수 있다. 그렇다면 북한이 개성공단을 통해 얻고자 했던 이익은 무엇이었을까?

가) 개성공단 조성에 따른 기대이익

최우선적 기대이익은 아무래도 현금 수입을 들 수 있을 것이다. 현금은 국가 운영을 위해서는 필수적인 것으로 해외와의 경제협력이 제한된 북한으로서는 매월 확보되는 고정적인 현금은 그 규모를 떠나 무시할 수 없는 요소이다. 국가 재정 측면에서 국가예산으로 모든 계획을 운용해야 하는 북한 경제로서는 당연한 부분이다. 또한 자력갱생의 원칙에 의해 지역 단위로도 자체적인 생존을 영위해야 하는 상황을 고려한다면 개성시 차원에서도 개성공단은 주요한 수입원이라고 할 수 있다. 결국 개성공단 운영 과정에서 북한 근로자가 노동의 대가로 받는 노동보수와 입주 기업의 증가에 따라 발생하는 각종 세금, 물자 판매 수입 등은 북한의 주요한 수입원이었다.

필자가 보건대 초기 개성공단 개발에 있어 북한이 속도를 내고자 했던 이유는 손해보다는 기대이익이 크다는 판단 때문이었다. 그러나 북한 근로자의 임금은 북한 입장에서 보면 최저노임에 연계되어 여전히 기본노임이 유지되었고 임금은 일부 수당(직책수당, 근속수당, 직무수당 등)과 성과급(장려금, 상금 등)에 의해 보전되었다. 이를 해소해보고자 2014년 노동규정 개정 등을 통해 변화를 시도해 보았지만 이러한 변화를 실질적으로 도모하기도 전에 개성공단은 전면중단 되었다. 노동보수 측면에서만 보면 북한의 기대 이익과는 많은 차이가 있었다.

장기적인 남북관계 경색에 따라 가동 기업수가 정체된 점도 기대이익의 감소를 가져왔다고 할 수 있다. 최초 개성공단 개발계획에 의하면 공장구역 내 공단 1단계 2007년 100만 평 준공, 2단계 2008년 150만 평 준공, 3단계 2011년 350만 평 준공이 목표였던 점에 비춰 보았을 때 기대이익의 감소는 더욱 극명해 보인다. 가동 기업수의 정체는 다른 경제협력 공간(금강산 관광, 개성공단 외의 교류협력)이 차단됨에 따라 유일하고 중요한 수입원이 되어버린 개성공단에서의 전체적인 수입 정체를 의미하였다. 결국 북한은 이러한 수입 정체를 극복하고자 입주해 있던 기업들을 대상으로 현금 징구를 최대화하기 위한 각종 조치와 함께 노무·세무 분야에서의 각종 압박을 진행하였다.

나) 제한적 개혁개방

개성공단의 개발 정체는 북한 정부의 입장에서 새로운 경제특구 건설과 개혁개방 확대가 이익에 비해 손해가 클 수도 있다는 인식을 주었다. 이러한 인식은 2007년 남북 정상회담에서 언급된 김정일 국방위원장의 발언을 통해 확인할 수 있다. 당시 김정일 국방위원장은 공단 조성에 따라 역효과만 증가하고 있다는 점을 설명하고 개성공단을 제대로 개발해야 한다고 강조하면서 개성공단 운영 과정에서 시장경제가 침투하는 데 대한 불안감도 표출하였다.

이러한 입장은 개성공단 조성을 통해 제한적 개혁개방을 모색하였을 북한 당국자들에게 대외 개혁개방의 속도조절이라는 정책적 판단을 유도했던 것으로 보인다. 2013년 3월 북한에 의해 선제적으로 진행되었던 개성공단 잠정중단 조치도 남북관계 경색이 직접적인 원인이었기는 하나 개성공단을 통한 개혁개방이 북한 정부 입장에서는 부정적 측면이 더 크다는 인식이 영향을 끼쳤던 것으로 이해된다. 개성공단을 기반으로 개혁개방을 확대하고자 하였으나 결국 개성공단이 활기를 찾지 못하자 전반적인 개혁개방 일정에 변화를 준 것은 아닌가 생각된다.[59]

다) 공단 관리의 노하우(Knowhow) 습득

북한 정부의 입장에서 중국과 싱가포르가 함께 조성했다가 공단 관리의 노하우를 습득한 이후 관리 권한을 넘겨받았던 중국 소주 공업원구의 사례는 중요한 기대이익이었다고 볼 수 있다. 중국의 소주 공업원구는 초기 중국과 싱가포르자본이 함께 개발에 참여했으며 공단 관리가 중국으로 이관된 이후에는 국제적 공단으로 변화되었다.

개성공단이 자본주의 사회인 우리의 자본 및 기술과 사회주의 사회인 북한의 토지와 노동력이 결합되었다는 측면에서 중국의 소주 공업원구는 개성공단의 롤 모델(Role Model)이었다. 즉 심천 경제특구가 개혁개방 측면에서의 중국식 롤 모델이라면 소주 공업원구[60]는 자본주의와 사회주의 합작을 통한 공단 조성 및 운영과 관련하여 참고해야 할 개성공단의 롤 모델이었다. 이러한 이유로 남과 북은 개성공단 조성 초기부터 중국의 소주 공업원구를 자주 방문하여 운영체계 등을 학습하였다.[61]

그러나 소주 공업원구를 통해 우리가 배우고자 했던 부분이 이질적인 체제의 결합하에서 상호 협조를 통한 공단 운영방식이었다면 북한은 그 목적이 달랐던 것으로 보인다. 필자가 판단하건대 북한은 싱가포르 자본의 영향력이 어떻게 소주 공업원구에서 감소되어 갔었는지를 통해 향후 개성공단에서의 관리권한을 확보하기 위한 방안을 모색했던 것으로 보인다.[62]

소주 공업원구의 경우 관리 책임을 지고 있는 관리위원회는 중국 측 인사로 구성되었으며 개발 관련 사항도 초기 싱가포르 자본에서 점차 중국으로 그 권한이 이전하게 된다. 그에 반해 개성공단은 여전히 관리나 개발에 있어 우리가 그 헤게모니를 가지고 있었고 북한 입장에서는 소주 공업원구에 비춰 보았을 때 이는 조기에 해소되어야 할 영역이었을 것으로 이해된다.[63]

다만 필자가 판단하건대 중국과의 공동관리를 진행했던 라선경제무역지대를 보면 개성공단에서의 공단관리 노하우가 일정 부분 북한에 전수된 것으로 보인다. 또한 이러한 경험은 현재 추진 중인 각종 경제개발구 조성 및 관리에도 일종의 자신감을 준 것으로도 이해된다.

라) 기대이익 감소에 대한 북한의 반응

2007년 남북 정상회담 회의록을 보면 개성공단 조성을 통한 기대이익이 최초 계획에 비해 줄어들고 있는데 대해 북한 정부의 불만이 매우 컸음을 알 수 있다.[64] 2007년 정상회담 당시 노무현 전 대통령은 남북 경제협력을 위해 개성 공단 2단계 개발을 우선 추진하고 해주에도 기계와 중화학 공업 위주의 경제특구를 더 만들자고 김정일 국방위원장에게 제안한다. 이 제안에 대해 김정일 국방위원장은 "북남 경제협력이라는 건 민족 공동의 이익하고 번영을 위한 중요한 사업이라는 데 대해서는 나도 동감한다. 북남 경제협력 사업은 단순히 경제거래가 아니라 민족의 화합과 통일, 번영에 이바지하는 아주 숭고한 사업이라고 생각한다"고 말했다. 그러나 "우리는 새로운 공단 하는 건 찬성할 수 없다"며 새로운 공단 건설에 반대했다.

김정일 국방위원장은 우리의 생각과 달리 개성공단을 성공한 경제협력 모델로 생각하지도 않았다. 김정일 국방위원장은 "정몽헌 선생이 구상력이 대단한데, 그대로 안 됐고. 내가 보기엔 개성공단이 더 빠른 길로 나갈 수도 있는데. 또 남측에서 의지가 있었으면 더 빨리 나가는데, 거기 정치가 관여됐고, 주변 나라들이 관여됐고. 내 의견은 그게 번영하는 것을 싫어하는 사람들이 많지 않는가. 솔직히 생활을 통해서 많이 느꼈다"고 말했다. 개성공단을 발전시키기 위한 우리 정부와 주변국의 의지가 부족했으며 이에 따른 실망이 컸다는 의견이었다.

김정일 국방위원장은 "아직도 활성화되지 못한 조건에서 새로운 공단만 세운다는 것은 허황한 소리고, 내 체면으로서도 (새 공단을 세워야 한다고) 더 요구할 수 없다. 우리는 새로운 공단하는 건 찬성할 수 없다. 개성(공단)이 뚜렷하게 (성공해) 만방에 시위했으면 모르겠는데 난 좀…"이라며 새 공단을 세우는 데 동의하지 않는다는 점을 분명히 했다.

또한 주민들의 여론이 안 좋다는 점도 언급했다. 그는 "우리 인민들은 '남쪽 사람들에게 땅만 빌려준 거 아니냐' 이런 말도 하고 '그저 정치적인 대화에 말 빨감이나 만들어준 게 아니냐'고 생각하고 있다"고 말했다.

김정일 국방위원장은 "재봉집 하나도 개성공단에 들어올 게 따로 있고 허용되는 게 따로 있고, 일반 경제사회에 나갈 게 따로 있고. 그래서 지금 그런 희

생물이 될 바에는 두 측이 노력을 기울여서 개성부터 (보다 확실하게 발전하도록) 완성한 다음에 하나의 모범을 창조한 다음에 (다른 공단을) 해야지"라고 말하며 개성공단의 발전에 우리 정부가 노력해 줄 것을 촉구했다.[65]

즉 현대 등 대기업 주도로 진행된 북한의 경제협력 사업에 대해 김정일 국방위원장은 "쓴맛을 봤다"고 말했다. 김정일 국방위원장은 "창업자(정주영 회장)가 돌아가고 그 다음에 그 창업자의 의도를 따르자고 하던 사람들이 또 돌아가고… 지금 현정은 여사가 하나 있는데 그저 금강산 하나 겨우 유지하는데… 숱한 계획했던 게 다 무너지고"라고 했다. 그는 경제 간부들에게 "앞으로 (경협) 문제가 토론되면 무슨 삼성이요 현대요 대우요 이렇게 하지 말라고 이야기했다"고 말했다. 김정일 국방위원장은 경제협력의 조건으로 기업이 아닌 한국 정부 차원의 투자 보장을 원했다. 그는 "남조선의 재력(財力)을 다 모아서 남조선 당국적인 이런 투자가 되어야 한다"며 "그런 (경협)문제가 상정되면 총리급 회담을 하든가 해야 한다"고 말했다.[66]

당시 김정일 국방위원장이 가졌던 이러한 인식은 2007년 남북 정상회담으로부터 6년이 흐른 시점인 2013년 잠정중단 시점에 와서는 더욱 극명하게 표출되었던 것으로 보인다.

2013년 4월 북한은 개성공단 북한 근로자 철수 조치에 대한 입장을 밝히는데 당시 조선중앙TV는 "대결 광신자들은 돈줄이니, 억류니, 인질이니 하면서 우리의 존엄을 모독하는 참을 수 없는 악담을 계속 줴치고 있으며…"라면서, 2013년 4월 초 개성공단 근로자를 철수시키면서 우리 정부가 자신들의 자존심을 건드렸고 개성공단은 중요한 돈벌이 수단이 아니며 문을 닫아도 전혀 지장이 없다고 언급한다.[67]

마) 기대이익 감소에 따른 북한의 대안

이렇듯 북한의 기대이익이 줄어든 상황에서 북한의 대안은 무엇이었을까?

우선 북한은 제도의 구체화와 집행을 통해 현금 수입 증가를 관철하고자 하였다. 개성공단의 운용 경험을 통해 문제가 되었던 각종 법제도들을 재정비 한 것인데 앞서 설명하였듯이 2014년 개성공업지구 노동규정을 개정하고 2015년에는 변화된 노동세칙을 통지하는 등 제도의 구체화를 시도하였다. 제도의 구체화와 함께 개성공단의 규모와 기대이익에 비해 턱없이 적은 현금 수입을 극복하기 위해 그동안 통지 후 집행하지 않았던 노동세칙 및 세금세칙의 적극적인 집행도 모색하였다. 즉 북한은 노무 분야에 대한 압박(임금 인상 요구, 노동력 공급 조절, 선별적인 노동규정 허용 등), 세금 징수(2012년 8월 2일 세칙 개정 내용 통지 등) 등을 통해 단기간 내 이익을 추구하겠다는 입장이 강화되었는데 이는 개별 사업장에서의 노사관계에도 영향을 주었다.

둘째, 경제기술개발구 사업 등을 통해 개성공단에만 목매지 않겠다는 북한 정부의 인식이 확인되었다.

북한은 2013년 6월 5일 조선중앙통신을 통해 조선민주주의인민공화국 경제개발구법 채택을 발표한다. 경제개발구법은 조선민주주의인민공화국 최고인민회의 상임위원회 정령 제3192호로 2013년 5월 29일 발표되었으며 관련법은 7개의 장(62개조)과 부칙(2개조)으로 구성되어 있었다. 2013년 11월 21일에는 최고인민회의 상임위원회 정령 제3150호로 8개 도들에 13개의 경제개발구들을 창설한다는 것을 밝힌다. 이러한 법률 제정에 따른 후속 조치로 북한은 도마다 경제개발구 설치를 추진하게 된다.

2013년 10월 17일 연합뉴스는 중국 관영 신화통신을 인용해 "북한이 도(道)마다 경제개발구 설치를 추진"한다고 보도한 바 있다.[68] 이후 북한은 2013년 10월 23일 노동신문을 통해 "올해 각지에 경제개발구 14개를 지정"한다고 밝혔다.[69] 이러한 경제개발구는 2017년 현재 22개 지역에 달한다.[70] 이러한 경제개발구 조성 외에도 북한은 라선경제무역지대 확대와 원산－금강산국제관광특구, 무봉국제관광특구 등 다양한 특구개발 등을 추진한다. 원산－금강산국제관광특구는 2014년 6월 11일 최고인민회의 상임위원회 정령 제48호로 제정하였으며 원산지구, 마식령스키장지구, 울림폭포지구, 석왕사지구, 통천지구, 금강산지구가 포함된다.

셋째, 개성공단의 정상적 운영에 영향을 줄 수 있는 다양한 조치들을 취하면서 불만을 표출하기도 했다. 개성공단 전체적으로는 노동력 공급 규모의 축소를 통한 노동력 통제, 우리의 군사훈련을 이유로 한 개성공단 출입 통제, 2013년 잠정중단을 위한 노동력의 전면 철수 등이 불만표출 사례로 볼 수 있다. 그리고 급기야는 2016년 2월 10일 우리 정부의 전면중단 조치와 함께 2월 11일 그에 대응하는 북한의 조치로 개성공단은 전면 중단되었다.

2) 북한 근로자

노사관계가 정치적 환경, 경제적 환경, 정부와 근로자의 의도 등이 반영된다는 점을 고려할 때 북한 근로자의 이익도 북한 정부의 이익만큼 중요하다고 할 수 있다. 그렇다면 북한 근로자의 이익은 무엇이었을까?

필자가 보건데 노동의 대가로 벌어들이는 노동보수는 가장 중요한 경제적 이익이었다. 근로자들은 노동보수 중 사회문화시책금 30%를 제외한 금액을 조선원으로 환전하여 수령하였다. 식량 배급소나 물자 공급소를 통해 확보한 식량과 생필품 외에 나머지 금액은 별도의 물품 구입, 목욕, 이발 등 일상적인 생활을 위해 활용되었다.

다음으로 중요한 것은 근로시간 중 제공되는 간식 또는 식사 등이었다. 간식은 '노동보호물자'라는 표현으로도 불렸는데 주로 초코파이, 빵, 계란, 라면, 소시지 등으로 구성된다. 간식은 기업 내 근로자의 간단한 영양보충을 위해 주로 활용되었다. 그러나 북한 근로자들은 이러한 간식을 축적하여 가정에 가져가거나 별도의 수입원으로 활용하기도 하였다. 즉 가처분 소득으로 활용할 수도 있었는데 이러한 노동보수 외 수입은 북한 근로자에게는 경제적 이익을 가져다주는 중요한 수단이었다.

그 외 북한 근로자의 이익으로는 기술 습득을 들 수 있다. 초기의 기술 교육은 우리 주재원에 의해 이루어졌는데 섬유봉제 기술은 타 업종에 비해 기술 습득에 소요되는 시간이 짧은 편이었다. 그러나 소재, 부품, 금형 등의 경우 상당 기간 기술 습득이 필요하였는데 섬유봉제 업종이 많은 개성공단의 업종 구성 등을 고려하면 상대적으로 전문기술을 배울 기회가 많은 편은 아니었다. 물론 입사하는 북한 근로자의 학력이나 자격 등이 이러한 업무를 습득하기에 충분하지 않은 측면도 있었다. 그럼에도 개성공단 내 전체 업종 구성을 보면 섬유봉제 업종이 다수를 차지하고 있어 소위 기술이전 측면에서 보았을 때는 큰 부가가치가 있었다고 볼 수는 없다. 물론 전기전자, 기계금속 업종 등이 있으나 전략물자 논란으로 인해 개성공단에 들어올 수 있는 기계설비가 한정되어 있었으며[71] 사양화된 기계설비의 활용으로 산업안전 문제를 유발하기도 하였다.[72]

기술 습득과 관련하여 2007년 11월 준공 후 활용되지 못하고 있던 기술교육센터 부분도 북한 근로자의 입장에서는 아쉬운 부분이었다.[73] 물론 기술교육센터의 미가동은 강사진의 인건비나 투입 인원 수 등에 대해 지속적으로 문제 제기를 하고 최종 합의 단계에서 이를 거부했던 북한 정부의 책임이 크다고 할 수 있다. 그러나 기술교육센터의 미가동은 근로자들이 전문 기술을 습득할 수 있는 기회를 원천적으로 제한함으로써 기술 습득의 기회가 줄어드는 결과를 낳았다.

나. 기업 측

1) 우리 정부

개성공단 사업으로 인한 우리 정부나 기업의 기대효과를 바라보는 전문기관들의 인식은 유사하다고 할 수 있다. 국회 예산정책처가 2006년 발표한 「개성사업 평가」는 개성공단 사업에 대한 단기적 기대효과와 장기적 기대효과를 서술하고 있다.[74]

이를 인용하여 보면 단기적으로는 우리 중소 제조업에 회생 기회를 제공하고 북한에 시장경제를 학습시키는 효과, 그리고 북한에 선진 기술을 전수시키는 효과를 들고 있다.

첫째, 우리 중소 제조업에 대한 회생 기회 제공은 구조조정에 직면한 한계기업에게 새로운 생산기지를 제공함으로써 해당 기업들에게 회생 기회를 마련하였다는 것이다. 특히 해외 진출 기업들이 기술 경쟁과 급격한 임금 인상으로 국내로 철수하는 상황을 감안할 때 개성공단은 중소 제조업체들에게 회생 기회를 제공해 주는 의미가 있다고 할 수 있다.

둘째, 북한에 대한 시장경제 학습 효과로는 북한 근로자와 관리자들에게 중국 경제특구에서와 같은 공단 개발 및 운영과정을 이해시키고 생산 효율성에 대한 인식을 제공해 줄 수 있다는 것이다. 이러한 시장경제 경험은 북한의 변화를 통해 장기적으로 통일을 준비하는 우리에게도 긍정적인 효과를 가져다줄 수 있는 부분이라 할 수 있다.

셋째, 북한 근로자들과 기업들이 개성공단에 진출할 국내외 기업들과의 협력을 통해 선진기술을 습득할 수 있다는 것이다.

이러한 단기적 기대 효과와 더불어 장기적 효과로는 통일비용의 감소와 군사적 긴장 완화, 한반도의 안보위험 해소 등을 들고 있다.

첫째, 통일비용 감소 측면에서 보았을 때 남북 간의 산업구조 차이가 시간의 경과에 따라 더욱 커진다면 소득 격차 심화로 인해 통일비용 증가가 불가피하다고 할 수 있다. 이에 개성공단을 통해 여러 산업 분야로 투자가 확대된다면 남북 간의 소득 격차를 완화함으로써 통일비용의 감소 효과를 발생시킬 것이라는 점이다.

둘째, 군사적 긴장 완화와 안보 위험 해소 측면에서 과거 북방한계선에서 1.5㎞밖에 떨어져 있지 않았던 북한군 관할 군사지역을 평화지대로 전환했다는 점에서 의미가 있다는 점이다. 개성공단의 성공적 개발을 통해 남북 경제협력의 활성화가 이루어진다면 한반도의 안보 불안은 크게 해소된다는 것이다.

국회 예산정책처 자료는 장·단기적 기대 효과 외에도 국민경제 활성화 목적과 북한의 변화 유도라는 통일정책상의 목적도 들고 있다.[75]

국민경제 활성화 측면에서 볼 때 우리는 국내 제조업 공동화로 실업 문제와 국민경제 활력 감소 등의 어려움을 겪고 있다. 만일 한계상황에 처해 있는 많은 중소기업들이 개성공단으로 이전한다면 경쟁력을 회복하고 제조업의 해외 이전에 따른 산업공동화도 방지할 수 있게 된다는 것이다. 이와 더불어 우리 산업의 가격경쟁력을 높이고 산업구조조정의 연착륙을 유도할 기회도 마련하게 된다고 본다.

북한의 변화 유도[76] 측면에서 보았을 때 개성공단 사업은 단기적으로는 남북 경제협력을 증진시키고 장기적으로는 민족 경제공동체를 형성하는 직접적이고 효과적인 통일정책 수단으로 평가받기도 하였다.

2010년 11월 한국산업단지공단 산업입지연구소가 작성한 '개성공단 기업의 국내산업 파급효과 및 남북 산업간 시너지 확충 방안'도 개성공단 조성에 따른 우리 경제의 긍정적 효과를 설명한바 있다.[77]

〈표-27〉 개성공단 조성에 따른 유발효과

(단위: 천 달러, 백만 원, 명)

구분		2005	2006	2007	2008	2009	2010	합계
생산 유발효과	천 달러	339,365	469,556	701,466	1,084,644	1,048,319	1,100,330	4,743,679
	백만 원	347,601	448,689	651,844	1,195,147	1,338,085	1,285,394	5,266,761
부가가치 유발효과	천 달러	103,983	140,681	211,200	297,830	301,930	322,544	1,378,167
	백만 원	106,506	134,429	196,259	328,173	385,387	376,793	1,527,547
수입 유발효과	천 달러	52,960	82,172	128,298	220,512	220,687	230,854	935,483
	백만 원	54,246	78,521	119,222	242,978	281,687	269,681	1,046,334
취업유발효과		1,717	2,243	3,578	5,808	7,114	7,087	27,547
고용유발효과		1,268	1,590	2,541	4,074	5,091	5,156	19,721

※자료: 한국산업단지공단 산업입지연구소, 『개성공단 기업의 국내산업 파급효과 및 남북 산업간 시너지 확충방안』, 지식경제부 용역보고(2010), 123쪽 〈표 4-37〉 인용
※주: 환율은 2005년(1,024원/달러), 2006년(956원/달러), 2007년(929원/달러), 2008년(1,102원/달러), 2009년(1,276원/달러), 2010년(1,168원/달러) 적용

이 연구는 2010년 10월 1일~15일 간 전체 기업인 121개사를 대상으로 실시한 설문조사를 기초로 진행되었다. 당시 조사 결과를 보면 2005년부터 2010년 9월 현재까지 개성공단으로의 반출로 인해 우리 경제에는 약 47억 4,368만 달러(5조 2,668억 원)의 생산 유발효과, 13억 7,817만 달러(1조 5,275억 원)의 부가가치 유발효과, 9억 3,548만 달러(1조 463억 원)의 수입 유발효과가 창출된 것으로 분석하였다. 또한 우리 경제에는 19,721명의 고용자를 포함한 27,547명의 취업자가 유발되는 것으로 분석하고 있다.

우리는 이상의 결과들을 통해 개성공단 가동이 우리 경제에 긍정적인 효과를 주었음을 확인할 수 있고 결국 개성공단의 성장 잠재력을 잘 활용한다면 우리 경제에 정(正)의 효과를 발생시킬 수 있음과 동시에 정치사회적 분야에서도 상당한 성과를 이룰 수 있음을 알 수 있다.[78]

아울러 필자의 생각으로는 개성공단을 통해 남북이 산업의 균형적 발전을 모색할 수 있다는 판단도 해보게 된다. 예를 들어 우리의 4차 산업혁명과 같은 변화과정에서 일시적으로 경쟁력을 상실할 수 있는 기업들이 북한에 진출함으로써 북한의 과도기적 산업발전을 추동해 낼 수 있다면 우리 경제뿐만 아니라 남북 상호 간에도 긍정적 효과를 낼 수 있을 것으로 보인다.

2) 입주 기업

우리 기업들이 개성공단을 통해서 얻고자 했던 이익은 안정적 경영환경 확보, 생산성 향상, 수익의 극대화 등이라고 할 수 있다.

이러한 것들은 상호 연관되어 있는데 안정적 경영환경이 확보되면 기업의 생산성을 향상시키고, 생산성이 향상되면 경쟁업체와의 관계에서 유리한 가격 경쟁력을 확보함으로써 기업의 수익을 극대화하게 된다. 2008년 10월 현대경제연구원이 작성한 '개성공단 현장조사 보고서 — 개성공단 사업의 애로사항 및 보완과제'를 보면 우리 기업들이 추구하고자 하는 이익과 개성공단으로의 진출 목적을 확인할 수 있다.

2007년 10월 18일부터 2008년 2월 4일까지 24개사를 대상으로 조사한 결과에 따르면 개성공단 입주 기업의 형태는 위탁가공(85%)이 대부분이며 저렴한 노동력을 활용하는 소규모 사업 방식으로 평가하고 있다.

중국 및 동남아시아에 대비해 개성공단이 경쟁력을 확보하고 있는 부분으로는 인건비 절감 및 구인난 해결 용이(57.2%), 납기 단축이 가능한 지리적 이점(32.1%)을 들고 있다.[79] 결국 기업 환경적 측면에서 보자면 중소기업의 가장 큰 투자기준인 인건비나 노동력, 물류시간의 단축 등에서 경쟁력이 있다고 할 수 있다. 이 중 인건비 부분은 우리의 경영환경을 살펴보면 상대적으로 그 중요성이 더욱 큰 부분이었다.

우리나라의 경우 1988년 이후 생산성 향상을 상회하는 임금 상승으로 인해 제조업 생산직 근로자의 임금 수준이 경쟁국인 대만이나 싱가포르보다 높은 수준을 유지함으로써 저임금에 기반한 상품생산기지로서의 매력을 상실하였다. 또한 노동자 취업구조 측면에서 보았을 때 농어업, 광업, 제조업의 취업자 수가 줄어드는 반면 사회간접자본 및 기타 서비스업의 취업자 수가 증가하고 있었다. 이외에도 잦은 노사분규, 높은 자본비용 등도 기업의 생산성을 어렵게 하는 요인이었으며 이러한 상황들로 인해 우리 기업들은 저임금에 노동력이 풍부한 동남아시아 등으로 진출할 수밖에 없었다.[80] 특히 1989년부터 우리는 미국의 특혜관세 대우에서 벗어남에 따라 섬유를 중심으로 하는 노동집약적 산업이 큰 타격을 받았다.[81]

결국 우리 기업들은 인건비와 노동력을 중심으로 바라보는 원가절감형 투자를 진행하였고 이러한 투자 방식은 원가절감과 시장개척을 동시에 추구할 수 있는 중국 및 베트남에 비해 많은 부분에서 한계를 가질 수밖에 없었다.

이런 상황에서 우리 기업들이 경쟁국가인 중국이나 베트남 등과 비교해 개성공단에서 얻을 수 있는 가장 큰 이익은 인건비였다.[82] 개성공단과 중국과의 직접 비교는 무리가 있지만 개성공단이 노동집약 업종의 원가절감과 관련하여 노동비용 측면에서 가장 큰 장점을 보유하고 있는 것으로 보고 있다. 그 외에도 남북 간 관세 면제 및 기업소득세 등의 각종 조세 혜택도 경쟁력 제고의 중요 요인으로 작용하고 있다고 한다. 물류 역시 3통 문제에도 불구하고 국내와의 연계성에 우위가 있다는 평가가 전반적이었다. 특히 최근 중국의 산업환경 변화와 각종 정책의 변화에 따라 노동집약 업종의 투자여건이 악화된 점을 고려하면 개성공단의 매력도가 상대적으로 높았으며 경쟁공단에 비해 우월한 이러한 입지 여건은 기업들에게는 주요한 이해관계였다.[83]

개성공단의 수익성과 관련해서도 긍정적인 평가가 많았다. 개성공단의 효율성 비교 분석 자료에 의하면 개성공단이 중국 및 동남아 국가 기업들에 비해 수익 효율성이 높은 것으로 나왔다. 그 이유는 생산규모가 작은 데도 불구하고 임금 수준이 저렴함으로써 노동력을 많이 사용할 수 있다는 점에 기인하였다.[84] 이러한 결과들에 비춰보면 기업들이 경쟁국가에 비해 환경적으로 열세인 부분도 있지만 전반적으로는 안정적인 경영환경을 통해 많은 수익을 창출하였다.

제2절 일반 환경변수

1. 남북관계

가. 정치·군사적 갈등과 시기 구분

우리는 남북관계와 관련하여 이 시기를 정치·군사적 갈등 잠복기와 갈등 고조기, 갈등 폭발기로 나눌 수 있다. 갈등 잠복기와 고조기, 폭발기로 나누는 기준은 남북관계로 인해 노사관계에 직접적 영향이 발생했는지 여부이다. 어느 일방의 긴장 고조만으로는 노사관계에 큰 영향이 발생하지 않았으나 쌍방의 긴장이 고조되면서 이는 노사관계에도 영향을 미치게 된다.

2004~2008년은 남북 간 정치·군사적 갈등이 있었으나 이러한 마찰이 노사관계로는 표출이 되지 않은 채 잠복된 상태로 유지되던 시기라고 할 수 있다. 이 시기에는 노사관계가 '노사협력＞갈등(대립)' 또는 '노사협력＝갈등(대립)'의 형태를 보인다.

이에 반해 2009~2013년에는 남북 갈등이 고조되면서 남북관계가 노사관계에 직접적으로 영향을 미쳤다고 할 수 있다. 이 시기에는 개성공단을 제외한 일체의 남북 교류협력이 중단됨으로써 북한으로서도 개성공단에 대한 의존성이 증가되었다. 이 시기의 노사관계는 갈등 잠복기와 달리 '노사협력＜갈등(대립)'의 형태로 전환하였다.

2014~2016년 2월 현재까지인 갈등 폭발기에 이르러서는 북미관계를 포함한 남북관계의 갈등 증폭으로 정상적 노사관계가 침해되어 버린 시기였다. 이 시기에는 갈등 고조기를 경과하면서 커졌던 개성공단의 불안정성이 급기야는 개성공단 전면중단이라는 노사관계 현장의 파괴로 나타났던 시기이다. 이 시기의 노사관계는 '노사협력＜갈등(대립)'의 형태로 완벽하게 전환되었다.

정치·군사적 갈등에 따른 시기 구분은 다음과 같이 할 수 있다.

〈표-28〉 정치·군사적 갈등에 따른 시기 구분

시기	구분	비고
2004~2008년	갈등 잠복기	제1차 핵실험(2006.10.9), 금강산 관광객 총격 사망(2008.7.11), 12·1 조치(2008.12.1. 통행제한 조치), 우리 측 경제협력협의사무소 당국자 전원 철수(2008.3.27) 등
2009~2013년	갈등 고조기	개성공단 근로자 억류(2009.3.30), 장거리 미사일 발사(2009.4.5), 제2차 핵실험(2009.5.25), 중단거리 탄도미사일 발사(2009.7.4), 임진강 상류 황강댐 무단 방류(2009.9.6), 동해안 단거리 미사일 발사(2009.10.12), 대청해전(2009.11.10), 천안함 피격(2010.3.26), 5·24 조치(2010.5.24), 연평도 포격(2010.11.23), 제3차 핵실험(2013.2.12), 개성공단 잠정 중단(2013.4.3) 등

2014~현재	갈등 폭발기	노동미사일 발사(2014.3.26), 제4차 핵실험(2016.1.6), 장거리 미사일(광명성호) 발사(2016.2.7), 우리 정부 개성공단 전면중단 발표(2016.2.10), 북한 개성공단 폐쇄 및 통제구역 선포(2016.2.11), 한미 역대 최대 키리졸브-독수리훈련(2016.3.7), 북한 '경제협력, 교류사업 모든 합의 무효' 선언(2016.3.10), 단거리 탄도미사일 발사(2016.3.10), 중거리 탄도미사일 발사(2016.4.15), 중거리 탄도미사일 발사(2016.6.22), 잠수함 탄도미사일 시험발사(2016.7.9), 중단거리 탄도미사일 발사(2016.7.19), 중거리 탄도미사일 발사(2016.8.3), 잠수함 탄도미사일 시험 발사(2016.8.24), 중거리 탄도미사일 발사(2016.9.5), 제5차 핵실험(2016.9.9), 제6차 핵실험(2017.9.3) 등

나. 시기별 주요 사건과 개성공단 노사관계에의 영향

1) 갈등 잠복기: 2004~2008년

이 시기는 공단 분양이 활성화되던 시기라고 할 수 있다. 2004년 6월에는 시범단지(9만㎡, 15개사) 분양이 있었고, 2005년 9월에는 본단지 1차(17만㎡, 24개사) 분양이 있었으며 2005년에는 총 15개사가 가동되었다. 2007년 6월 19일에는 본단지 2차 분양(175만㎡, 183개사)이 있었고 2007년 10월 16일에는 1단계 기반시설이 준공되었다. 2006년에는 총 30개사가 가동하였으며 2007년 총 85개사, 2008년 총 92개사가 가동하였다.

우리는 이 시기의 특징으로 남북관계의 점진적 악화를 들 수 있다. 2007년 이전까지는 북한의 정치·군사적 조치에도 불구하고 개성공단 노사관계에 미치는 영향은 크지 않았다. 그러나 2008년 우리나라의 정권교체 이후 남북 간에는 정치·군사적 갈등이 표출되었다. 정권교체 이후 「10·4 선언」 이행과 관련한 논란이 제기되던 상황에서 우리 정부의 대북 정책에 의구심을 가지고 있던 북한은 김하중 통일부 장관의 발언을 이유로 2008년 3월 27일 경협사무소에 있는 우리 당국자를 철수(2008년 3월 24일 요구)시켰다. 2008년 6월 22일에는 남북 군사회담 북한 측 대변인이 "남측의 3통 합의 불이행으로 금강산관광과 개성공단 사업에 위기가 조성되었다."고 주장하였다. 이후 2008년 7월 11일 금강산에서의 박왕자 씨 피격사건으로 남북관계는 급격한 갈등 시기로 접어들었다.

이러한 북한의 강경한 분위기는 2009년 상반기까지 유지되었다. 2008년 11월 6일 북한 김영철 국방위 정책국장 등 6명이 개성공단을 방문한 후 2008년 11월 12일에는 장성급회담 북한 측 대표가 출입제한 통지문을 발표하였다.[85]

급기야 2008년 11월 24일 장성급회담 북한 측 단장은 12월 1일 자로 개성관광 전면 차단 및 개성공단·금강산 관광지구의 우리 당국 관련 상주 인원 및 차량에 대한 선별 출입 차단 예정'임을 발표하고 이러한 통지서를 관리위원회, 남북경협사무소, 기업 등에 배포하였다.[86] 2008년 12월 1일 북한의 육로 통행 제한·차단 조치가 실시되었으며 이는 약 9개월 만인 2009년 8 20일에야 해제되었다. 2008년 12월 17일에는 관리위원장－국방위원회 정책국장 간 면담이 진행되었는데 국방위원회 관계자는 당시 "국방위원회 정책국의 실태 파악은 중대 결단을 앞둔 전 단계의 실태 파악"이라고 주장하였다.

이후 2009년 1월 30일 북한은 조국평화통일위원회 성명을 통해 "①북남 사이의 정치군사적 대결 상태 해소와 관련한 모든 합의사항 무효화, ②북남 사이의 화해와 불가침 및 협력·교류에 관한 합의서와 부속합의서상 서해 해상 군사경계선에 관한 조항 폐기"를 강조하고 나섰는데 이는 2009년부터 시작된 임금 인상 등 각종 요구의 시작이었다.

〈표-29〉 개성공단 관련 남북관계 일지(2006~2008년)

시기	내용
2006.7.6	북한, 미사일 7기 발사
2006.10.9	북한, 제1차 핵실험
2006.12.8	이종석 통일부 장관 개성공단 방문
2007.12.5	개성관광 개시
2007.12.21	개성공단 협력 분과위 제1차 회의 개최
2008.3.19	김하중 통일부 장관 북핵 관련 언급 - "북핵 문제 타결 없이 개성공단 확대 어렵다"

2008.3.24	북한, 통일부 장관 발언을 빌미로 개성공단 남북경제협력협의사무소 우리 당국자들에 대한 철수 요구
2008.3.27	남북경제협력협의사무소 우리 당국자 전원 철수(11명)
2008.6.22	남북 군사회담 북한 측 대변인 담화 - 남측의 '3통 합의' 불이행으로 개성공단 위기 조성
2008.7.11	금강산 관광객 총격 사망
2008.10.2	남북 군사실무회담 - 북한 대표단, '대북전단 살포로 개성공단 사업 등에 부정적 영향' 경고
2008.11.6	북한 국방위원회 정책실장(김영철 중장) 등 6명, 개성공단 현지 실태 점검
2008.11.12	남북 장성급 군사회담 북한 측 대표 전통문 - "12월 1일부터 일차적으로 군사분계선을 통한 모든 육로통행을 엄격히 제한, 차단"
2008.11.27	남북 장성급 군사회담 북한 측 단장, 12월 1일자로 개성관광 전면차단과 개성공단·금강산관광지구의 우리 당국, 관련 기관·기업 상주 인원과 차량 선별 추방 입장 통보
2008.11.29	개성관광 중단
2008.12.1	북한, '12·1 조치' 시행 - 개성공단 상시 체류 인원을 880명으로 제한, 남북 통행 시간대와 통행허용 인원 축소 등
2008.12.2	상시 체류 인원 880명 제외한 인원(499명) 철수(12.2~4)

2) 갈등 고조기: 2009~2013년

이 시기에는 기업들도 경영환경 개선과 관련한 제반 문제점을 제기하며 최저 노임 협의 시 연계하여 처리할 것을 주문하기도 하였다.

이러는 가운데 남북 간 대결과 갈등을 확산시킨 사례가 발생하는데 그것은 2009년 3월 30일~8월 13일간 있었던 현대아산 근로자 유성진 씨의 억류 사건이었다. 당시 북한은 유 씨가 북한 근로자에게 체제 비난과 탈북 유도 등을 했다고 밝힌 바 있다.

2009년 4월 21일 당국 간 접촉 시 총국은 통지문을 통해 "①공업지구 사업을 위해 남측에 주었던 모든 특혜 조치들을 전면 재검토[87] ②공업지구 사업과 관련한 기존 계약을 재검토하기 위한 협상을 시작"한다고 밝힌다. 결국 총국은 2009년 5월 15일 통지문을 통해 계약 무효화를 일방 통보하였다.[88]

2009년 5월 25일에는 북한의 제2차 핵실험이 있었고 7월 2일과 4일에는 각각 단거리 미사일(4발)과 탄도 미사일(7발) 발사가 있었다.

이후부터 북한은 각종 회담을 통해 북한의 표현대로 하면 '모든 특혜조치'와 '기존 계약에 대한 재요구를 진행하였다. 2009년 6월 11일 당국 간 실무회담을 통해 토지임대료(100만 평 5억 불), 토지사용료(내년부터 평당 5~10불 징수), 근로자 임금 인상(1인당 300불), 근로자 숙소, 탁아소 등을 제기하였다. 이러한 대결과 갈등 양상[89]은 약 9개월만인 2009년 8월 20일에야 해제되었다.[90]

2009년 상반기 이후 일부 개선[91]되는 것 같던 남북관계는 2010년이 되면서 다시 악화되기 시작하였다. 2010년 1월 19~20일 해외공단 남북 공동시찰 평가 회의시 총국은 3통(통행, 통신, 통관) 문제와 숙소 문제 외에 근로자 임금 문제를 포함할 것을 요구하였다. 이후 2010년 2월 1일 열린 개성공단 제4차 실무회담회서도 '군사 실무회담을 통해 3통 문제 협의 후 숙소와 임금 문제 등을 당국 간 실무회담을 통해 계속 협의'하자는 논의가 지속되었다. 2010년 2월 8일에는 금강산·개성 관광 관련 남북 당국 간 실무회담에서 우리 측은 관광 재개를 위한 3대 조건 우선 해결을 강력히 표명했으나 북한이 호응하지 않아 회담이 종료된다. 2010년 3월 2일 개성공단 3통 문제 협의를 위한 남북 실무접촉이 있었으나 이 또한 진전이 없었다.

2010년 3월 9일경에는 기업 내 방송시설을 활용해 '남측의 키리졸브 훈련에 대한 평양 상부의 입장'이라는 내용을 북한 근로자들이 틀고 있음이 일부 기업[92]에서 확인되기도 하였다.

그러던 중 2010년 3월 26일 천안함 피격 사건이 발생하였고 이에 따라 정부는 2010년 5월 24일 소위 「5·24 조치(천안함 피격사건으로 인한 인적·물적 교류의 잠정 중단 조치)」[93]를 발표하였다. 이에 대한 대응으로 2010년 5월 26일 북한은 남북 경협사무소에 있는 우리 측 인원의 철수를 요구하였다.

이러한 대결 국면은 2010년 11월 23일 연평도 포격으로 또 한 번 요동쳤다. 이후 2010년 11월 24일 우리 측은 가스·식자재 차량의 개성공단 출입을 방북

인원의 안전을 이유로 차단하였다. 2010년 12월 20일 총국은 이러한 우리 정부의 출입제한 조치로 인해 기업들의 임금 납부 시기가 지연되자 납부 기간 유예(11월 임금, 12월 28일까지)를 허용하기도 하였다. 해가 바뀌어 남북 대결 국면이 지속되던 2011년 2월 7일 총국은 기업들을 대상으로 공단 활성화를 위한 기업들의 노력을 주문하는 문건[94]을 배포한다.

이러한 갈등 국면이 지속되던 중 북한에서는 2011년 12월 19일 김정일 국방위원장의 사망 발표(12월 17일 사망)가 있었으며 이후 권력 교체 작업이 진행된다. 한편 2012년 4월 조선인민군 총사령부 성명서가 유관기관 대상으로 배포되기도 하였다.[95]

김정일 국방위원장 사망 이후 약 1년 2개월간 불안 속의 안정이 지속되던 남북관계는 2013년 2월 북한의 3차 핵실험, 이후 4월 8일 북한의 개성공단 북한 근로자 철수, 5월 3일 우리 주재원의 전원 철수로 사실상 가동 중단 상태에 돌입한다. 이후 개성공단은 잠정 중단 상태를 지속하다 2013년 9월 16일 재가동에 이르게 된다. 이 당시의 갈등은 노사협력의 분위기를 압도하기 시작했으며 잦은 요구와 마찰의 반복이라는 형식으로 나타나기 시작했다.

이렇듯 갈등 고조기의 노사관계는 남북관계에 의해 직접적인 영향을 받았다. 그동안 당국 간 회담에서 제기되어 왔던 임금 인상 문제는 더 이상 당국 차원에서 제기되지 않은 채 개별 기업 차원으로 전환하여 제기되었다. 이때부터 기업들의 임금 인상 압박은 증가하였으며 기업 내 노사관계의 불안정성도 높아졌다. 이는 앞서 설명한 노동제도의 변화에 기반한 측면이 큰데 기존의 정치적인 측면에서 제기되었던 임금 문제가 노동제도 측면에서 제도를 근거로 제기하는 변화 양상을 보이게 되었다. 아울러 각종 정치·군사적 충돌에 따른 긴장 고조는 개별 사업장에서 우리 주재원과의 언행에 있어서도 경직된 형태로 나타나곤 하였다.[96]

이러한 개별 기업에서의 긴장관계는 개성공단 잠정 중단 시기인 2013년 4월 8일까지 지속적으로 높아졌는데 5개월간의 잠정 중단 이후 새로이 시작된 노사관계는 잠정 중단 이전 우리 주재원과 북한 근로자 간의 첨예한 이해관계 충돌의 모습에서 다소 변화된 모습을 보이기도 하였다. 이 와중에도 가동기업은 2009년에는 총 116개사, 2010년에는 총 121개사, 2011년에는 총 123개사로 증가하였다.

〈표-30〉개성공단 관련 남북관계 일지(2009~2013년)

시기	내용
2009.3.9.~20	북한, 키 리졸브 한미합동군사훈련 기간 육로통행 차단(3회)
2009.3.30	북한, 개성공단 현대아산 직원 억류(탈북책동 혐의)
2009.4.5	북한, 장거리 미사일 발사
2009.4.21	총국, 관리위원회에 '통지문' 시행 - ①남측에 주었던 모든 특혜 조치들을 전면 재검토(토지임대차 계약을 재실시, 토지사용료 유예기간을 6년으로 앞당겨 조정, 노임 조정 등), ②개성공단사업과 관련한 기존 계약을 재검토하기 위한 협상 실시 요구
2009.5.15	북한, 남측에 '개성공단 관련 법규·계약 무효' 통보
2009.5.25	북한, 제2차 핵실험
2009.6.11	제1차 개성공단 실무회담 개최 - 북한, 토지임대료(100만 평 5억 불), 토지사용료('10년부터 평당 5~10불 징수), 임금 인상(1인당 300불), 근로자 숙소 등 제기
2009.6.19	제2차 개성공단 실무회담 개최 - 현대아산 직원 문제 논의
2009.7.2	제3차 개성공단 실무회담 - 현대아산 직원 문제 논의
2009.7.4	북한, 중·단거리 탄도미사일 발사
2009.8.13.	현정은 현대아산 회장 방북, 현대아산 직원 억류 137일 만에 석방
2009.8.17	현정은 회장, 김정일 국방위원장과 '개성관광 재개와 개성공업지구 사업 활성화' 등 5개항의 교류사업 합의
2009.8.20	북한, '12·1 조치' 해제 발표
2009.9.1	'12·1 조치'해제에 따라 경의선 육로통행 정상화
2009.9.6	임진강 상류 황강댐 무단 방류
2009.11.10	대청해전
2009.12.12~22	남북 합동 해외공단 시찰(중국, 베트남)
2010.1.19.~20	해외공단 남북공동시찰 평가회의 - 북한은 3통, 숙소문제 외에 근로자 임금 문제 포함 요구
2010.2.1	제4차 개성공단 실무회담 - 군사실무회담을 통해 3통 문제 협의 후 숙소와 임금 문제 등을 당국 간 실무회담을 통해 계속 협의
2010.3.2	개성공단 3통 문제 협의를 위한 남북실무접촉
2010.3.26	천안함 피격사건 발생
2010.4.8	북한 명승지종합개발지도총국 대변인 성명 - 금강산지구 내 부동산 동결 및 관리인원 추방 등 선포, 남측 정부가 대결의 길로 나가는 경우 개성공업지구사업도 전면 재검토 등 성명

2010.4.19.~20	북한 국방위 정책국장 박림수 소장 등 8명, 개성공단 입주 기업 및 기반시설 실태조사
2010.5.24	정부, 천안함 피격 관련(3.26) 신규투자 금지·개성공단 체류인원 절반 축소 등 5·24 조치 시행
2010.5.26	북한, 심리전 재개 시 개성공단 등 육로통행 전면 차단 경고
2010.5.26	북한, 남북경협사무소 인원 철수 통보
2010.5.27	북한, 남북협력교류 관련 군사적 보장조치 전면 철회 발표
2010.11.23	북한, 연평도 포격
2010.11.24	정부, 연평도 포격사건에 따라 개성공단 방북 일시 금지(가스, 식자재 등)
2010.12.3	정부, 개성공단 입주 기업 차량 통행 부분 허용
2010.12.20	정부, 연평도 해상사격 훈련 당일 잠정 방북 차단
2011.1.12	북한, 금강산관광 재개회담·개성공단 실무회담 개최 등 통지
2011.2.7	총국, 입주 기업 대상 문건 배포 - 총국·조국통일민주주의전선 중앙위 명의, "침체된 공업지구 활성화 위해 기업인의 노력 요청"
2011.10.11	통일부, 개성공단 입주 기업 애로해소 조치 발표 - 「5·24조치」로 공사가 중단된 기업에 대한 공사 재개 허용 - 개성공단 소방서·응급의료시설 건립 추진 - 개성시−개성공단 출퇴근 도로 보수공사 및 출퇴근 버스 운행지역 확대
2011.12.19	북한, 김정일 국방위원장 사망 발표(12.17 사망)
2012.1.26.~27	개성공업지구 기업책임자회의, 대북수해지원(밀가루 180톤)
2012.2.10	국회 외통위·남북관계특위 의원 개성공단 방문
2013.2.12	북한, 제3차 핵실험 실시
2013.3.27	북한, 한·미 군사훈련에 반발해 서해지구 군 통신선 차단
2013.3.30	북한, 중앙특구개발지도총국, 최고존엄 훼손 시 개성공단 폐쇄 발표
2013.4.3	북한, 개성공단 통행 제한, 남측으로의 귀환만 허용
2013.4.4	북한 조국평화통일위원회 대변인 "못된 말 계속하면 북측 근로자 철수" 위협
2013.4.8	김양건 노동당 대남담당 비서, 개성공단 방문 후 담화 - "개성공단 가동 잠정 중단하고 북한 근로자 전원 철수" 발표 - 북한 근로자 5만 3,000여 명 철수, 사실상 가동 중단
2013.4.26	정부, "우리 국민 보호 위해 잔류 인원 전원 귀환 결정" 성명 발표
2013.4.27	북한 중앙특구개발지도총국 대변인 담화 - "개성공업지구가 완전히 폐쇄되는 책임은 전적으로 남측이 지게 될 것"
2013.4.27	개성공단 체류 남측 인원 126명 귀환
2013.4.29	개성공단 체류인원 43명 추가 귀환
2013.5.3	개성공단 잔류인원 7명 최종 귀환(주재원 전원 철수)
2013.7.6.~8.14	제1차~7차 개성공단 남북당국 실무회담
2013.9.7	서해 군 통신선 재개통
2013.9.11	개성공단 남북 공동위 제2차 회의 개최 - 9.16부터 시운전을 거쳐 재가동에 합의
2013.9.16	입주 기업 재가동 시작

3) 갈등 폭발기: 2014~2016년 2월 현재

이 시기는 2013년 재가동 이후 잠복해 있던 긴장요소들이 분출하며 갈등이
폭발한 시기를 의미한다. 전반부에는 남북 간 다양한 대화와 접촉을 시도했으
나 후반부로 갈수록 북한의 계속되는 핵실험과 미사일 발사, 이에 대응한 유엔
안보리 제재, 그리고 북한의 강경한 반응이 반복되며 갈등이 폭발하였다.

2013년 8월 14일 체결된 「개성공단의 정상화를 위한 합의서」에 따라 2014년 남
북 공동위원회가 총 6차례(2013.9.2, 9.10, 9.16, 12.19, 2014.6.26, 2015.7.16), 노사
관계를 다루는 실무분야인 투자보호 및 관리운영 분과위원회도 총 2차례(2013.9.4,
11.13) 진행이 되는 등 전반기에는 남북 간에 대화를 위한 여러 움직임들이 있었다.

그러나 이러한 당국 간 협의는 점차 갈등 국면으로 접어들었다. 2014년 6월
제5차 회의 이후 2015년 7월 16일 개성공단 남북 공동위원회 제6차 회의가 열렸
고 당시 의제는 임금 문제를 비롯해 3통(통행·통신·통관) 문제, 근로조건 개선
문제(도로 및 남북 연결도로 개보수, 탁아소, 북측 진료소 확충, 임산부 영유아
대상 보건·의료 분야 지원 등) 등이었다. 임금 문제의 경우 2014년 11월 북한이
개성공단 노동규정 13개 항목을 개정하고 2015년 2월 최저임금 인상률 5% 상한
선 폐지를 주장하면서 갈등이 촉발되었다. 북한은 개성공단 근로자의 최저임금
을 기존 70.35달러에서 74달러로 5.18% 인상해야 한다는 입장이었다. 반면 우리
정부는 개성공단 임금 문제는 남북 협의를 통해 풀어야 할 사안이라는 원칙에
따라 남북 협의를 제안하였다. 하지만 북한은 이에 대해 '주권 사항'이라는 논리
를 내세워 협의에 응하지 않았고 결국 당시 협의는 임금 및 3통 문제의 진전 없
이 결렬되었으며 전면중단 시점인 2016년 2월까지 재개되지 못하였다.[97]

한편 북한이 2013년 이후 유보해왔던 제4차 핵실험을 2016년 1월 6일 실시
하자 우리 정부는 국민의 신변안전을 감안하여 개성공단의 체류인원을 축소해
나갔다. 그러나 2월 7일 연이어 장거리 미사일이 발사되자 우리 정부는 국민의
신변안전을 이유로 2월 10일부로 개성공단에 대한 전면중단 결정을 내리게 된

다. 그러자 북한은 2월 11일 개성공단 폐쇄 및 통제구역을 선포함으로써 전면적으로 가동이 중단되었다.

이러한 영향으로 우리 정부와 미국은 역대 최대 규모의 키리졸브 훈련을 실시함으로써 북한에 대한 압박을 실시하였고, 2016년 3월 7일 북한은 그동안 우리 정부와 체결한 경제협력과 교류사업에 관한 모든 합의에 대해 무효를 선언하였다. 이로써 개성공단은 사실상의 가동중단과 함께 법 제도적 근거가 상실되는 상황에 직면하였다.

이후 북한은 2016년 계속적인 미사일 발사와 함께 2016년 9월 9일 제5차 핵실험, 2017년 9월 3일 제6차 핵실험 등을 지속하고 국제사회는 2016년 3월 제2270호, 2016년 11월 제2321호, 2017년 8월 제2371호, 2017년 9월 제2375호, 2017년 12월 제2397호 등 유엔안보리 제재로 대응하는 등 북한과 국제사회의 갈등이 고조된다.

이러한 일련의 갈등은 핵 – 경제 병진노선이라고 하는 북한의 정책과 이를 제어하려는 국제사회의 대응 속에서 폭발한 것이라고 할 수 있다.

〈표-31〉 개성공단 관련 남북관계 일지(2014~2016년 2월)

시기	내용
2014.1.1	북한, 신년사 발표("남북관계개선 분위기 마련" 촉구)
2014.1.6	우리 정부, '통일은 대박' 기자회견, 설 계기 이산가족 상봉 제안
2014.1.16	북한 국방위, 중대제안 발표(상호 비방중상, 군사적 적대행위 중단 제의)
2014.2.12	남북 고위급 접촉 개최, 이산가족 상봉, 비방중상 중단 등 협의
2014.2.20.~25	금강산 이산가족 상봉 행사
2014.3.28	우리 정부, 독일 드레스덴 선언(3대 제안)
2014.4.12	북한, 국방위 대변인 담화 통해 드레스덴 선언 비난
2014.7.7	북한, 인천아시안게임 응원단 파견 발표
2014.8.11	우리 정부, 2차 남북 고위급 접촉 제의
2014.8.28	북한, 인천아시안게임 응원단 불참 입장 표명
2014.9.11	인천아시안게임 참가 북한 선발대 도착
2014.9.24	우리 정부, 유엔총회 연설에서 북한 인권문제 제기
2014.10.4	인천아시안게임 폐막식 계기 황병서, 최룡해, 김양건 방남
2014.12.29	우리 정부, 북한에 통일준비위원회 회담 제의
2015.2.24	북한, 개성공단 최저임금 5.18% 인상 통보
2015.4.2	우리 정부, 개성공단 임금 동결 공문 입주기업에 발송
2015.4.27	우리 정부, 5·24 조치 이후 첫 대북비료지원 승인

2015.5.1	우리 정부, 민간·지자체 남북 교류 활성화 방안 발표
2015.7.16	6차 개성공단 남북공동위원회 임금 협의 결렬
2015.8.4	북한, 비무장지대 목함지뢰 사건 발생
2015.8.5	우리 정부, 이산가족 상봉, 금강산 관광 논의위한 고위급 회담 제안 - 북한 관련 문서 수령 거부
2015.8.18	관리위원회-총국, 개성공단 최저임금 5% 인상 합의
2015.8.20	북한, 서부전선 연천지역 포격
2015.8.22.~25	김관진 국가안보실장-황병서 총정치국장 판문점 접촉
2015.9.7	남북, 판문점서 적십자 실무접촉 개시
2015.9.8	남북, 10월 20~26일 금강산 이산가족 상봉 합의
2015.10.20~26	추석 계기 금강산 이산가족 상봉 진행
2015.12.11	남북, 제1차 차관급 남북당국회담 개최
2015.12.12	북한 회담중단 통보, 남북 당국회담 결렬
2016.1.6	북한, 제4차 핵실험
2016.1.7	우리 정부, 개성공단 '생산활동 직접 관련 인원'(800명) 수준으로 체류인원 제한
2016.1.11	우리 정부, 개성공단 '필요 최소 인원'(650명) 수준으로 체류인원 제한
2016.2.7	북한, 장거리 미사일 발사 우리 정부, 체류인원 500명 수준으로 추가 제한
2016.2.10	우리 정부, 개성공단 전면중단 발표
2016.2.11	북한, 개성공단 폐쇄 및 군사통제구역 선포 남쪽 인원 추방 및 자산동결

2. 사회·문화적 환경

북한은 잘 알려져 있듯이 주체사상을 통해 권력을 정당화하고 충성을 요구하는 체계이다. 수령-당-대중의 혁명적 수령관, 사회주의 대가정, 사회정치적 생명론을 통해 전체주의적 지배를 정당화 해오고 있다. 또한 유교사상을 비판하면서도 권력 승계를 정당화하기 위해 충효 사상과 가부장적 가치관을 동원하는 등 이중적인 모습도 보이고 있다. 아울러 '우리식 사회주의'라는 개념을 통해 북한식 사회주의 체제의 정당성도 줄곧 강조한다.

북한은 사회주의 논리에 입각해 평등주의도 강조하며 "하나는 전체를 위하여, 전체는 하나를 위하여"로 대표되는 집단주의, 단일한 생활양식을 요구하는 획일주의, 가부장적 권위주의를 바탕으로 한 수령중심주의를 보이고 있다.[98]

북한의 사회·문화적 환경은 이러한 논리를 정당화하는 각종 교육, 문화 활동을 비롯해 다양한 사회통제 체제를 유지하고 있다.

이러한 기본적인 사회통제 수단으로는 국가안전보위부와 인민보안부의 통제 하에 관리하고 있는 출신성분을 기준으로 한 계층 분류가 있다.[99] 이러한 출신성분에 의한 분류를 북한 주민들은 알 수 없으며 국가안전보위부와 인민보안부만이 그 소속을 알 수 있다. 이러한 성분 분류는 1990년대 중반 이후 주민 상당수가 불법 월경, 행방불명, 방랑 등 각종 일탈 행위에 참여함에 따라 3계층 45개 부류로 재분류 되었다.[100]

한편 북한은 대외적으로 남녀평등과 여성해방을 표방하여 왔으며 여성의 경제활동 참가율이 높은 것으로 알려져 있다. 그러나 이러한 여성들의 경제활동 참가는 정치적 · 경제적 목적에 따라 동원된 결과이고 노동력 수요와 공급의 불일치에 대한 완충 역할을 하는 '산업예비군'과 같은 지위라고 할 수 있다. 이러한 북한 여성은 남성에 비해 공식적 · 비공식적 차별 대우를 받고 있으며 그 정도도 매우 심각한 것으로 알려져 있다.[101]

북한 주민들의 생활과 관련하여 필요한 부분, 예를 들어 의식주는 기본적으로 국가에 의해 배급되거나 국가 소유[102]인데 이러한 국가에 의한 생활필수품의 지급은 북한 주민들의 생활과 활동에 그대로 영향을 미치고 있다. 또한 국가 대신 기업이 각종 복리혜택을 부담하는 체계에도 익숙해져 있으며 이 부분도 북한 주민들의 일상적 생활에 영향을 미치고 있다.

김정은 국무위원장 집권 이후 북한 사회의 특징 중 하나는 다양한 법률이 제 · 개정되는 등 법률에 근거한 사회운영이 이루어지고 있다는 점이다. 경제분야에서는 인민경제계획법, 재정법, 기업소법, 경제개발구법, 중앙은행법, 상업은행법 등 다양한 법률이 제 · 개정 되었고, 이러한 제도의 신설 및 수정 작업은 앞으로도 지속될 것으로 보인다.

한편 북한에서 문화정책을 통한 사회주의 문화의 건설은 주체혁명의 핵심 과정 중의 하나로 간주된다. 이러한 북한 문화정책의 기본방향은 주체적인 문화와 노동계급적인 문화의 건설이다.[103]

북한의 문화정책은 인민적이고 혁명적인 사회주의 민족문화의 건설에 그 기조를 두고 있다. 보다 구체적으로는 제국주의적 사상·문화의 침투를 막고 수령의 주체사상에 입각하여 혁명 위업에 힘 있게 복무하는 혁명적 문학예술의 발전을 추구하는 것을 근본 목표로 하고 있다.[104)

3. 정치적 환경

북한은 2011년 12월 17일 김정일 국방위원장의 사망 이후 김정은 제1비서로의 권력 승계라는 큰 정치적 격변기를 거쳤다. 2012년 4월 11일 제4차 당 대표자회의를 통해 김정일 국방위원장을 영원한 당 총비서로 추대하고 김정은을 당 제1비서(당 중앙군사위원회 위원장 겸직), 정치국 위원, 정치국 상무위원회 위원에 추대함으로써 당과 군의 최고 직위로 등극시켰다. 그리고 4월 12일에는 국방위원회 제1위원장이 되었다. 이후 북한은 최고인민회의 제12기 제5차 회의(2012년 4월 13일), 당 정치국 회의(2012년 7월 15일), 공화국원수(2012년 7월 18일) 등극을 발표함으로써 김정은 제1비서 중심의 권력 재편을 마무리 하였다. 2016년 5월 9일에는 조선노동당 제1비서 직책을 폐지하고 노동당 위원장에 취임하였으며 6월 29일 최고인민회의에서 국방위원회를 폐지하고 국무위원회를 신설했으며, 국방위원회 제1위원장 대신 국무위원회 위원장으로 취임하였다.

또한 기존 군에 집중되어 있던 권력 지지기반을 당과 정치국으로 이동시키는 등 새로운 변화를 보였다. 즉 당의 중앙·지방기구들의 위상을 회복하여 당적 통제를 정상화하고 군에 대한 당적 통제도 강화하였다.

한편 정치적 불안정성 극복과 권력의 정통성 확보 차원에서 북한은 김일성 주석을 강조하는 모습도 보이고 있다.[105)

대외적인 측면에서 보자면 북한은 미국과의 관계 정상화를 핵심 관건으로 보고 관계 개선을 지속적으로 요구하였다. 지금은 중단되었으나 일본과는 식민 지배 보상금 등 실리 확보 차원에서 관계 개선을 추진하기도 하였다. 그러나 북한의 계속되는 핵실험과 미사일 발사로 인해 국제사회가 제재 국면에 돌입함에 따라 결국 대미·대일관계는 교착상태를 벗어나지 못하고 있다.[106]

반면 북한은 오래된 동맹국인 중국과 러시아와의 우호협력 관계도 강화하고 있다. 이들 국가와의 외교관계를 긴밀히 함으로써 국제사회의 압박을 견제하고 경제적 협력과 지원을 얻기 위해 노력하고 있다. 특히 전통적 우방국인 중국과는 고위급 인사들의 활발한 교류 등을 통해 협력관계를 발전시켜 나가고 있으며 2018년 3월 26일에는 북중 정상회담을 통해 협력 관계를 강화시키고 있다.

그러나 북한은 여전히 미국과의 협상을 통해 체제보장과 경제적 지원을 얻어내기 위해 '벼랑 끝 전술'을 동원하고 있다. 아울러 이러한 협상 수단으로서 핵과 미사일이라는 대량 살상무기 개발을 강행함에 따라 국제사회와 한반도의 군사적 긴장도 고조되고 있다. 김정은 국무위원장이 강조하고 있는 '핵 – 경제 병진노선'도 이러한 입장의 일환이라 할 수 있다. 결국 이는 북한의 국제적 고립 심화라는 결과를 가져오고 있는데 2016년 2월 전면중단 이후 5차례의 유엔 제재 결의를 받는 등 국제사회와의 갈등은 고조되고 있다. 다만 2018년 4월 27일 남북 정상회담, 6월 12일 북미 정상회담이 개최됨으로써 그동안 북한을 둘러싼 국제사회와의 갈등은 점차 해소될 가능성을 보여주고 있다.

4. 경제적 환경

현재 북한은 '핵 – 경제 병진노선'을 채택하고 있으며 사회주의 부강조국 건설을 경제정책의 목표로 삼고 있다.

경제적인 측면에서 보자면 북한은 '새로운 경제관리 방법', 경제개발구 정책, 관광 개방 확대 등을 통해 경제 개발과 인민 생활의 개선을 도모하고 있다. 해외로의 노동력 송출 확대도 주요 수단이었으나 유엔 안보리 제재 강화에 따라 과거에 비해 그 활용도가 점차 감소하고 있다.

'새로운 경제관리 방법'은 경제정책 주관기구가 내각임을 분명히 하고 있다.

농업 부문에서는 협동농장 분조를 3~5명으로 축소하고 분조 작업반의 생산물을 국가와 7:3의 비율로 분배토록 하고 있다. 국영기업 부문에서는 핵심·기간산업만 국가 예산제를 유지하고 대부분 독립채산제로 전환하였다. 특히 기업소에 자체 계획 수립을 허용하고 원자재 구입과 생산·판매·경영·가격·임금에 대한 자율권을 대폭 부여하였다. 또한 생산품을 국가와 7:3의 비율로 분배하며 수출입 권한을 부여하고 내화와 외화계좌의 설치를 허용했다. 뿐만 아니라 중소 규모 지방 공장에만 한정되어 있기는 하나 개인 투자도 부분적으로 허용하였다. 서비스 분야에서는 개인 투자와 노동력의 자율 고용을 허용하였다. 대신 노동력의 경우 소속기관에 입직하도록 하였다.[107]

이러한 경제관리 방법은 2012년 6·28 방침에 따라 제시되었다. '6·28 방침'은 「우리식의 새로운 경제관리 체계를 확립할 대하여」라는 제목의 방침으로 농장, 공장, 기업소에서 시범사업을 진행하였다. 당시 발표내용에 따르면 공장·기업소에서는 독립채산제 원칙에 따라 운영되는 직장이나 공장·기업소 노동자들의 식량 배급을 모두 임금으로 전환한다는 부분이 들어있을 정도로 파격적이었다.[108]

이후 북한은 2012년 12·1 조치를 통해 기업소의 독립채산제를 실시하고 경제개발구를 추진하였다. '12·1 조치'의 주요 내용은 기업소의 당 책임비서와 지배인의 책임 하에 독립채산제를 도입해 생산 계획부터 물자 조달, 생산물 판매, 분배까지를 책임지도록 한 것이다. 중앙의 계획경제 방침에 따라 생산 목표량이 하달되던 기존 방식이 아니라 각 기업소가 독자적인 생산 계획을 수립, 필요한 만큼의 인원과 토지, 설비 등을 국가에 요청하고 불필요한 부분은 국가에 반납하게 된다.

2013년에는 3·1 조치를 통해 기업소의 독립채산제를 전면 실시하였고 2013년 8월 15일 공업부문과 농업부문에 이미 도입된 새로운 경제관리방법을 '사회주의기업책임관리제'로 정식화하고 이를 전면적으로 실시하였다.[109]

2014년에는 「현실발전의 요구에 맞게 우리식 경제관리방법을 확립할데 대하여」라는 제목의 5·30 담화를 통해 '사회주의기업책임관리제'를 소개하였다. 즉, '사회주의기업책임관리제'는 공장·기업소와 협동단체들에게 경영상 자율권을 부여하는 조치로 제품 개발권, 품질 관리권, 인력 관리권까지 독자적인 경영권한을 부여하는 것을 그 내용으로 하고 있다.[110]

한편 경제개발구 정책은 외국 기업과의 협력을 통해 경제개발구를 조성하고 이를 토대로 각 지역별로 경제를 발전시키겠다는 의도를 담고 있다. 경제개발구는 2017년 현재 22개 지역에 설치된 것으로 확인된다. 이러한 경제개발구는 2013년 개발구 투자제안서를 발표함으로써 외부에 알려지게 되었는데 당시 중앙급 특구 14개, 지방급 특구 13개 개설을 목표로 13개 지역에 경제개발구를 설치하였던 것에서 시작해 점차 늘어나 확대된 것이다.

〈표-32〉 경제개발구 주요 내용[111]

구분	개발지역	목적	면적 (㎢)	공통사항
중앙급	평안북도 신의주국제경제지대	첨단기술산업, 무역, 관광, 금융, 보세가공	38	·토지 임대 기간 50년 ·북한은 토지이용권, 개발권 제공 ·우대조치: 특수경제지대에 준하는 특혜 (기업소득세 14% 특혜 관세)
	남포시 진도수출가공구	경공업, 화학제품	1.8	
	평양시 은정첨단기술개발구	첨단산업, 첨단공업설비 제작, 가공무역	2.4	
	황해남도 강령국제록색시범구	수산물, 유기농산물, 부산물 가공	3.5	
평양	평양 강남경제개발구	수출 가공업, 제조, 물류, 양식업	-	
북중 접경 지구	평안북도 압록강 경제개발구	현대농업, 관광휴양, 무역	6.3	
	평안북도 청수관광개발구	관광	1.4	
	평안남도 청남공업개발구	채취공업 설비, 화학제품	2	
	평안남도 숙천농업개발구	농축산물가공	3	
	자강도 만포 경제개발구	현대농업, 관광휴양, 무역	3	
	자강도 위원 공업개발구	광물 자원 가공, 기계 제작	2.3	
	양강도 혜산 경제개발구	수출가공, 관광휴양, 무역	2	
서해 지구	남포시 와우도 수출가공구	수출지향 가공 조립	1.5	
	황해북도 신평관광개발구	관광휴양, 체육	8.1	
	황해북도 송림 수출가공구	수출 가공업, 창고 보관업	2	
동해 지구	함경북도 청진 경제개발구	금속 가공, 기계 제작	5.4	
	함경북도 온성 관광개발구	골프장, 경마장, 관광휴양	1.7	
	함경북도 어랑 농업개발구	농축산 및 연구개발 기지	4	
	함경북도 경원 기술개발구	무역	2.6	
	함경남도 북청 농업개발구	과일 종합가공업, 축산업	3.5	
	함경남도 흥남 공업개발구	화학 제품, 기계설비 제작	2.2	
	강원도 현동 공업개발구	정보산업, 경공업	2	

【주】

1) 환경변수로서의 노동시장은 '노동력 공급' 외에 '고용의 자주권'이라는 부분에 대해서도 검토를 하여야 하나 개성공단의 경우 '고용의 자주권'에 대한 입법화가 되어 있지 않은 관계로 본 논문에서는 '노동력 공급'이라는 부분에 집중하고자 한다.

2) 북한 근로자의 전체 평균연령은 2006년 말 31.2세에서 2015년 말 39세로 증가하였다. 남자는 38.6세→42.3세로 여자는 29.5세→36.4세로 증가하였다. 연령비율 측면에서 보면 2006년 30대(44.8%) > 20대(34.6%) > 40대(12.9%) > 10대(6.6%) > 50대(1.1%)였으나 2015년 말에는 40대(39.5%) > 30대(30.1%) > 20대(20.5%) > 50대(9.8%) > 10대(0.1%)로 바뀌었다. 즉 2006년 대비 10~20대가 줄고 30~40대의 비율이 증가하였다.

3) 전체 공장용지(200필지) 중 분양 171필지(준공 84, 미준공 87), 미분양 29필지로 준공 필지 기준 개발진행율은 45.5%이나 면적당 인원 산출위해 면적(㎡)기준 적용

4) 현 준공용지 근로자(41.7%, 55,000명)를 기준으로 향후 미준공용지(58.3%) 근로자 추산(76,890명) 규모를 감안하면 향후 근로자는 총 13~14만 명으로 그 규모가 더욱 증가한다.

5) 북한은 기본직으로 이동의 제한이 있으며 이는 체제유지를 위한 중요한 수단이라 할 수 있는데 대규모 노동력을 이주 시킬만한 반대급부가 개성공단에 존재했었는지가 북한 정부로서는 중요한 판단기준이었을 것이다. 노동력 부족을 보완하기 위한 방안으로 초기에 김정일 국방위원장이 언급했던 제대군인의 투입도 동일한 개념으로 이해해야 할 것이다.

6) 북한 정부의 관리시스템이 작동하는 개성시와 다르게 개성공단 내에 북한 근로자가 상주한다면 이는 근로자의 생활을 담당하는 인민위원회와의 단절을 비롯해 문화생활과 같은 내부통제 수단이 우리 기업에 노출되는 등 관리 및 체제유지 측면에서 북한의 부담 요인으로 작용할 수 있다.

7) 최종태 · 김강식, 『북한의 노동과 인력관리』(서울: 서울대학교 출판부, 2003), 57쪽.

8) D사 관계자 인터뷰, 2014년 3월 7일.

9) 근로자의 '유지'라는 관점에서 보았을 때 사직 후 1년 미만인 자에 대해서는 개성공단에 공급하지 않기로 한 노력알선계약서 제2조(로력알선조건)의 준수 여부는 현재와 같은 노동력 부족 상황에서는 중요한 지점이다. 제2조는 "총국은 개성공업지구 내의 기업에서 해고 또는 사직한 로력에 대하여서는 해고 또는 사직일로부터 1년간 알선하지 않으며 기업과 채용기간 중에 있는 종업원은 알선하지 않는다"고 규정하고 있다. 즉 근로자들의 자발적인 사직 이후에는 일정기간 개성공단으로의 재진입을 금지하여 사직에 따른 불이익을 부여하고 있다. 근로자들의 자발적인 사직 이후 타 기업(경쟁업체 포함)으로의

이동이 무조건적으로 허용된다면 이는 노동력이 부족한 개성공단 기업에는 치명적인 부분이다. 그러나 총국은 채용 및 해고세칙 제10조(로력알선금지 및 재알선보장)에서는 "로력알선기업은 공업지구의 기업에서 일하다가 종업원 자신의 허물로 해고된 경우 해당 종업원을 1년 안에 다시 공업지구의 기업에 알선보장하지 말아야 한다"고 규정하여 자유로운 사직 후에도 타기업으로의 이동을 허용하고 있다. 노동력 공급이 부족한 상황에서 자유로운 사직의 허용은 제반 근로조건의 상승을 필연적으로 수반한다.

10) 당시 합의서는 숙소 부지 토지이용권과 숙소 건물 소유권은 우리가 갖기로 합의하였으며 사용료는 중국 소주공단의 기숙사 시설 임대방식(회사 50%, 근로자 50%) 등을 고민하였다. 통일부, 『개성공단협력 분과위 제1차 회의 결과해설자료』 2007년 12월 21일.

11) 당시 합의는 건설사(C사)가 중국과 사전 조율 이후 노동력이 부족한 개별 기업과의 접촉을 통해 진행한 것이었다. 합의 내용은 우선 "개성공업지구에서 일하는 북측 로력의 합숙(1,800명 수용능력)을 금년 중에 착공하기로 하며 중국과 C사가 협의한데 따라 합숙건설을 단계별로 확대"하기로 하였다. 세부적으로는 "①합숙건설부지는 개성공업지구와 린접한 개성시 동창리의 일부로 한다. ②합숙의 설계(하부구조 포함)는 쌍방이 합의하여 완성하며 시공은 C사가 담당한다. ③북측은 합숙건설에 필요한 건설로력과 구입가능한 건설자재를 상업적 방법으로 보장한다"고 하였다. 다음으로 전력, 난방을 비롯한 생활조건과 관련해서는 "①합숙운영에 필요한 전력은 남측이 공업지구에 공급되는 전력을 리용하도록 협의 대책하며 용수와 통신은 북측이 맡아 보장한다. ②합숙의 관리운영은 북측이 맡아 진행하며 관리운영비용(전력, 용수료금)은 공동으로 부담하되 구체적인 분담비률은 따로 협의하여 확정하기로 한다. ③북측은 남측이 제기하는 경우 합숙관리 운영 실태를 확인할 수 있도록 적극 협력한다"고 명시하였다. 이러한 기숙사 건설을 통한 노동력 보장 문제에 대해서는 "북측은 합숙건물이 완공되는 시점에 합숙건설에 투자한 남측 업체들이 요구한 기준에 원만히 부합되는 로력을 책임적으로 보장한다"고 함으로써 그 보장시기를 명시하게 된다.

12) 그러나 당시 기업과 총국과의 합의 내용은 결론적으로 기업의 비용부담만 명시되어 있을 뿐 관리운영에 대한 기업의 개입 불가 등 사실상 여러 문제점이 있었다.

13) 노동력 공급 문제는 기업의 주요 관심사로 기업들은 관리위원회에 여러 차례 노동력 공급의 불투명성 해소를 요청한다. 예를 들어 2012년 9월 1일 법인장회의가 발송한 "2012년 7~8월 로력 배치 기준에 대한 해명 요청(2012.9.1, 법회 제12-0302)"은 노동력 공급에 대한 기업들의 불만을 엿볼 수 있는 부분이다. "최근 신규 입직 북측 로력의 배치에 대하여, 입주 기업이 이해하기 어려운 배치가 되었습니다. 일부 기업에 지나치게 편중되어 로력을 기다리는 입주 기업에게 심각한 실망과 허탈감을 안겨 주었으며 귀 위원회의 로력 배치에 대해 깊은 불신이 생기고 있습니다. 입주 기업은 귀 위원회의 공정한 로력 배치를 위한 노력에 깊은 공감을 갖고 2011년 말 귀 위원회의 조사와 설문에 적극 협조하였으며, 공정하면서도 공평한 로력 배치를 기대하였으나, 로력이 입직될 때마다 불신만 깊어지고 있어 앞으로 생길 입주 기업의 비협조가 예상되어 깊은 우려를 하고 있습니다. 우리 회의는 귀 위원회와 입주 기업 간 상호 신뢰와 협력의 관계를 지속적으로 유지되길 진심으로 바라며, 입주 기업이 갖고 있는 불만과 오해를 해소하기 위한 귀 위원회의 적극적이고 진솔한 로력 배치 기준에 대하여 설명을 요청하오니, 신속하고 적극적인 조치를 바랍니다"라며 노동력 공급 문제를 제기하였다.

14) 총괄 관리방안이란 개성공단 1단계 노동력에 대해 총량 개념을 도입하여 관리하자는 것이다. 즉 기업들이 원하는 만큼 무조건 공급하는 '필요' 노동력 개념이 아니라 생산면적과 설비에 부합하는 '적정' 규모의 노동력을 미리 책정하여 이에 따라 공급규모를 관리하자는 개념이다.

15) 기업들의 출퇴근 버스 확보는 2005년 5월 입주 기업 I1사가 최초로 버스 1대를 입고한 데 서부터 시작된다. 2007년 7월 F사가 1대를 추가하였으나 기업 내에서의 추가 증차는 없었 다. 이후 2007년 9월 M사는 버스 10대를 구입하여 관리위원회에 기증하였고 2007년 11월 기존 버스 입주 기업은 각각 2대씩 버스를 증차한다. 그러나 2008년 12월 말 기준으로 전 체 기업의 출퇴근 버스는 25대로 증가하게 된다. 2009년 8월 말에는 입주 기업의 출퇴근 버스가 122대로까지 증차한다. 이는 2009년 5월경 관리위원회의 출퇴근 버스가 175대였던 점에 비춰 보면 기업들에서 버스 구입이 주요하게 제기되고 있었음을 반증한다. 한편 기 업들의 이러한 버스 구입 움직임은 5·24 조치에 의해 개성공단으로의 버스 반입이 금지 될 때까지 지속된다.

16) 2005년 4월 28일 체결한 노력알선합의서 제3조(노력알선료 및 지불)는 "알선기업은 기업의 책임 없는 사유로 인한 편제인원 내 보충 또는 채용계약 기간 만료에 따른 재계약의 경우 에는 노력알선료를 청구하지 않는다"고 되어 있다. 그러나 노동력 공급 부족 상황은 기업 들에게 기존 공급 인원을 보충하기 위해 공급되는 근로자들에 대해서도 노력알선료를 납 부할 수밖에 없는 상황을 만들어 내었다.

17) 건축물 건설 영업세 문제는 당시 본단지 2차 입주 기업들이 건물을 완공한 상황에서 건축 물 건설 영업세를 건설사로부터 미리 징수하지 못한 총국 세무소가 입주 기업에게 건축물 건설에 따른 영업세의 원천징수 책임이 있다며 이의 납부를 요구하던 사안이었다. 당시 기업들은 입주 기업에게 건축물 건설 영업세의 원천징수 책임을 부여하는 것은 관련 규정 이 없는 상황에서 수용할 수 없다고 대응하였다. 그러나 총국 세무소의 압박과 더불어 영 업세 납부시 노동력 공급의 혜택이 있을 것이라는 기업들의 기대가 커지면서 기업들은 영 업세를 납부한다.

18) 화재보험 가입은 당시 기업들의 화재보험 가입률이 저조하던 상황에서 화재보험에 가입하면 노동력 공급의 혜택이 있을 것이라는 보험 관계자들의 언급에 기대를 가지고 기업들이 점차 화재보험에 가입한 것을 의미한다. 화재보험이 의무보험이긴 하나 북한의 보상지불능력, 보 상수준, 손해사정 등에 대한 불신으로 사실상 화재보험 가입률은 높지 않았던 상황이었다.

19) 박천조, "개성공단 노동제도의 변화와 영향 연구," 『산업노동연구』, 제21권 제2호(2015), 185쪽.

20) 이철수·박은정, 『개성공업지구 노동안전보호법제 해설』, 통일부 학술연구 용역사업보고 서(2009), 7쪽.

21) 북한은 추가적인 노동보수제에 대해 다음과 같이 정의하고 있다. "추가적인 로동보수제는 사회주의 로동보수제의 중요한 구성요소로서 사회와 집단을 위하여 더 많은 일을 한 생산 자들에게 생활비 외에 추가적으로 상금, 장려금, 가급금 등의 보수를 더 주는 제도이다. 가급금제는 생활비에서 고려되지 못한 특수한 조건들 즉 근속 로동년한이 긴 로동, 특수한 기술기능을 소유한 것으로 하여 고급 기술로동을 하는 근로자들을 사회적으로 우대하기

위하여 적용되는 추가적 로동보수 형태로서 기업소 경영활동을 개선하는 데 큰 작용을 한다. 상금제는 기업소 앞에 맡겨진 국가 계획과제를 초과수행하는 데 크게 이바지한 근로자들에게 생활비 외에 지불되는 추가적 로동보수 형태이다. 장려금은 기업소 경영활동 개선에 가장 큰 영향을 주는 추가적로동보수제이다." 김경일, "추가적인 로동보수제는 기업소 경영활동을 개선하기 위한 중요한 경제적공간",『경제연구』, 제2호(평양: 과학백과사전종합출판사, 1998), 30~32쪽.

22) 리원일 등,『로동행정편람 3』(평양: 과학백과사전종합출판사, 1998), 953쪽.

23) 위의 책, 963쪽.

24) 위의 책, 988쪽.

25) 2014년 11월 수정 통지된 개성공업지구 노동규정에서는 "기업은 이윤의 일부로 상금기금을 조성하고 일을 잘한 종업원에게 상금을 줄 수 있다."로 개정된다.

26) 노동보수세칙 제3조.

27) 2005년 개정된 외국인 투자기업 노동규정 제5조는 "로동보수에는 로임, 가급금, 장려금, 상금이 포함된다"고 하여 임금 항목을 분류하였고, 제29조는 "외국인 투자기업은 공휴일에 일을 시키고 대휴를 주지 않았거나 로동시간 밖의 낮연장작업 또는 로동시간 안의 밤작업을 한 종업원에게 로임과 함께 일한 날 또는 시간에 따라 일당 또는 시간당 로임액의 50%(명절일작업과 로동시간 밖의 밤연장작업을 한 종업원에게는 100%)에 해당한 가급금을 주어야 한다", 제30조는 "외국인 투자기업은 결산리윤에서 세금을 바치고 남은 리윤의 일부로 상금기금을 세우고 직업동맹조직과 협의하여 생산과제를 넘쳐 수행하는 데 기여한 모범적인 종업원에게 상금을 줄 수 있다"고만 명시되어 있을 뿐이었다.

28) 노동규칙은 개별 기업 내부의 근로조건, 복무규율, 상벌 등을 규정하는 것으로 우리의 취업규칙(인사 · 복무 · 보수 · 상벌규정 등)과 유사한 것이다.

29) 개성공업지구 노동규정 제32조는 "기업은 노동보수를 화폐로 종업원에게 직접 주어야 한다"고 명시하고 있으며 제43조는 "공화국 공민인 종업원은 월 노임의 일정한 몫을 사회문화시책금으로 계산하여 다음달 10일안으로 총국이 지정하는 은행에 납부"토록 하고 있다.

30) 개성시 동현동 물자공급소는 개성공단 근로자 전용 물자공급소로 동현동, 남문동, 송현동, 탁암동 등 8개 동을 담당하였다. 동현동 물자공급소는 개성공단 근로자를 대상으로 하며 일반 시민은 개성시 인민위원회에서 운영하는 별도 배급망을 이용하고 있었다. 개성공단 배급자는 개성시 인민위원회로부터 공급을 금지하며 2중 공급을 방지하였다. 개성시에는 당시 4곳의 물자공급소(봉동, 운학, 개성역, 동현)가 개성시 전체를 담당하고 있었다.

31) 당시 총국 관계자는 북한 정부가 근로자를 착취한다는 언론보도에 대해 "떡은 가면서 줄어들고 말은 가면서 보태진다"는 속담을 인용하며 왜곡되었다고 비판하고 "앞으로 더 이상 임금직불 문제를 거론하지 않았으면 좋겠다"는 의견을 밝힌다. 아울러 임금직불 의혹 해소를 위해 북한이 제기한 '관리위원회를 통한 물자 구매 방안'을 적극 검토해 줄 것을 요청한다. 또 다른 관계자는 "다시 임금직불 문제가 거론된다면 임금 인상을 요구할 것"이라고 언급하는 등 임금직불 논란에 대해 불편한 심기를 드러내기도 하였다.

32) 임금직불에 대해 총국은 직접 지급 원칙에는 동의하나 배급제, 무상교육, 무상치료 등 사회주의 체제 특성상 완전한 직불은 어렵다고 주장한다. 즉, 노동보수를 직접 지급하고 근로자로부터 납부금(사회문화시책금)을 징수하는 것은 체제 정서상 곤란하다는 것이었다. 아울러 개인의 달러 소지 금지, 생필품 구매시장 미형성, 환전은행 미비 상황에서 현재 실정에 맞는 임금직불이 실시되고 있다고 주장하게 된다. 총국의 주장과 관련한 규정을 보면 공업지구 외화관리규정 제8조는 "투자은행은 조선원과 관련한 환자업무를 할 수 없다", 제10조는 "공화국의 기관, 기업소, 단체, 종업원과 관련한 외화자금 거래 업무는 공업지구에 설립된 공화국 외국환자은행이 한다"고 명시되어 있다. 한편, 북한 형법 제105조(화폐교환질서위반죄)는 "화폐교환질서를 어겨 국가에 재산적손실을 준자는 1년 이하의 단련형에 처한다."고 명시하고 있다. 아울러 제107조(외화관리질서위반죄)와 제108조(외화사용질서위반죄)는 각각 외화관리질서와 외화사용질서를 어긴 자에게 "1년 이하의 노동단련형에 처한다"고 하여 외화에 대한 단속을 하고 있다.

33) 우리 섬유봉제 업종의 기업들은 도급임금제에 대해 '객공' 방식이라는 표현을 주로 사용하였다. '객공' 방식은 소위 '몇 장 달성 시 얼마'라는 식의 계산방식인데 이러한 계산방식이 우리나라에서도 과도한 비용 상승과 품질 불량 문제를 야기한 바 있다고 평가한다. 개성공단에서 도급임금제를 일부 활용했던 우리 기업들도 이러한 문제점(비용 상승, 품질 불량, 노동정량 책정을 둘러싼 마찰 등)의 발생으로 활용을 포기한 바 있다. 또한 도급임금제는 업종 특성상 활용이 어려운 기업들이 있었음에도 북한 근로자들이 이러한 특성을 무시한 채 임금 인상 수단으로 일률적인 도입을 요구하였다는 문제점도 제기되었다.

34) 이규창, 『2009년 헌법 개정 이후 북한 노동법제 동향: 제정 노동보호법 및 노동정량법의 분석과 평가』(서울: 통일연구원, 2011), 17쪽.

35) 위의 책, 17쪽.

36) 당시 북한 정부의 요구는 근로자가 임금 인상을 요구하지 않고 북한 정부가 직접 임금 인상을 요구했다는 점에서 '당사자' 간 결정방식과 상충된다는 비판을 받았다.

37) 2009년 4월 21일 북한은 "남측에 주었던 모든 특혜조치를 전면 재검토" 한다면서 '토지임대차 계약 재실시, 토지사용료 유예기간을 6년으로 조정, 임금 조정 등'을 밝힌 바 있다. 이후 6월 11일에는 당국 간 제1차 개성공단 실무회담을 통해 300불의 임금인상을 요구한 바 있었다. 그러나 임금인상과 관련한 당국 간 논의가 교착상태에 빠지자 이후 인상요구 주체는 정부 차원에서 개별 근로자 차원으로 전환한다.

38) 임금 인상과 관련하여 중앙특구개발지도총국과 근로자들 간에는 일정한 이해관계의 차이가 발생한다. 근로자들은 임금보다는 노동보호물자 등 개별적으로 수령 가능한 항목으로의 반영을 선호하나, 중앙특구개발지도총국은 기본노임 등의 인상에 초점을 두는 경향이 있다.

39) 2011년 11월 C사 · D사 성과급 기준 변경 또는 시간외근로 수당 증가 요구(C사 · D사 관계자 인터뷰, 2011년 11월 16일), 2012년 1월 E사 성과급 요구 및 연장근무 거부(E사 관계자 인터뷰, 2012년 1월 28일), 2012년 2월 F사 근속수당 도입 및 성과급 인상 요구(F사 관계자 인터뷰, 2012년 2월 11일), 2012년 3월 G사 노동력(약 100명) 퇴사, H사로 일부 이동(G사 · H사 관계자 인터뷰, 2012년 3월 9일), 2012년 5월 일부기업 종업원 대표의 일괄적인

교체로 인한 마찰(2012년 5월 17일, 5월 31일, 6월 4일 12개사 종업원 대표 교체), 2012년 7월 I사 퇴직보조금 지급 요구(I사 관계자 인터뷰, 2012년 7월 13일) 등

40) 박천조, "개성공단 노동제도의 변화와 영향 연구,"『산업노동연구』, 제21권 제2호(2015), 179~222쪽.

41) 노력알선료 인상은 2011년부터 일부 기업들에서 확인되었던 사례로 북한은 전문직에 대한 노력알선료 차등이 아닌 단순 생산 노동력을 공급하는데도 기존 노력알선료(1인당 17달러)보다 인상된 금액을 지속적으로 요구해왔다.

42) 과거 노임계는 기본노임, 초과노임, 공제노임으로 구성되어 있으며 기본노임은 사회보험료 및 시간외 근로 수당 산정의 기초였다. 그러나 2015년 4월 14일 중앙특구개발지도총국이 개정한 노동세칙은 노임계에 노동시간 가급금, 연한 가급금, 직종 가급금, 직제 가급금 등을 추가로 포함하여 사회보험료 인상을 도모하였다.

43) 리원일, 앞의 책, 1998, 953~988쪽; 사회주의노동법상 임금 항목은 생활비와 추가적 노동보수로 나누며 생활비는 정액생활비와 도급생활비로 추가적 노동보수는 가급금, 상금, 장려금 등으로 구성된다. 그 개념을 구분하여 보면 다음과 같다. ①정액생활비는 노동정량 및 결과를 평가하기 어려운 업무에 적용하는 생활비 지불방식(법정노동일수를 토대로 적용)이다. ②도급생활비는 노동정량을 부여하고 노동수행정도에 따라 생활비를 계산하는 방식(생산현장에 일반적으로 적용)이다. ③가급금은 생활비형태로 고려하기 어려운 특수한 조건에 따라 기본 생활비 외에 추가적으로 지불되는 노동보수의 한 형태이다. 가급금은 어렵고 힘든 노동이 남아 있는 생산부문에서 근속노동년한이 긴 일꾼들과 특수한 기술기능을 가진 일꾼들, 사회적으로 중요한 의의를 가지는 노동에 참가하는 일꾼들과 특수한 노동조건에서 일하는 일꾼들에게 적용한다. ④상금은 근로자들에게 생활비 외에 추가적으로 지불되는 노동보수형태이다. 독립채산제로 운영되는 기업소들 속에서 맡겨진 국가계획과제를 넘쳐 수행하여 국가에 보다 많은 이익을 준 모범적인 집단과 일꾼들에게 생활비밖에 더 주는 상금제는 사회주의분배원칙실현의 중요한 형태로 된다. ⑤장려금은 기업소 앞에 맡겨진 국가계획과제를 수행하면서 기업소의 생산경영활동개선에 직접적인 영향을 주는 중요 기술경제적 기준을 갱신하여 국가와 기업소에 이익을 준 개별적 근로자 또는 생산집단에 생활비 외에 추가적으로 지불되는 사회주의노동보수의 한 형태이다.

44) 최저임금 5% 상한선은 2003년 현대아산과 북한 간 있었던 개성공업지구법 하위규정 회의 시 우리 측에 의해 지속 제기 되었으며 이후 개성공업지구 노동규정 제정을 통해 확정된다. 당시 우리 측의 논리는 경쟁공단 등과 비교하였을 때 임금 경쟁력을 갖추는 것이 중요하며 이를 위해 최저임금 상한선을 5%로 책정해야 한다는 점이었다.

45) 중앙특구개발지도총국은 매년 초 '주요 국가적 명절과 공휴일'에 관한 통지를 하였다. 2015년의 경우 '주요 국가적 명절과 휴식일'이라는 표현을 사용하였으며 그 일수는 총 26일이었다. 그러나 2014년의 경우에는 '주요 명절과 쉬는 날'로 통지하였고, 2013년은 '주요 명절과 쉬는 일수'로, 2012년의 경우 '주요 국가적 명절과 쉬는 일수'로 통지함에 따라 우리는 노동규정 제22조(명절과 공휴일의 휴식보장)에 따라 '쉬는 날(일)'을 공휴일로 인식한 것이다. 그동안 북한은 통지했던 '주요 명절 및 공휴일' 외에 북한 내부 행사 목적으로 '휴식일'을

일방적으로 통지하기도 하였다. 이 경우 우리 기업들은 무급으로 처리하여 왔고 이번 노동규정 개정 과정에서 '쉬는 날(일)'이라는 표현을 '휴식일'로 바꾸면서 그동안 '공휴일' 해석에 대한 논란을 줄여 버리는 것과 함께 일방적으로 통지되는 '휴식일'에 대해 유급 적용할 수 있는 근거를 만든 것이라고 할 수 있다.

46) 그러나 이는 노동보수세칙 제3조상 명기된 가급금의 정의와 배치된다. 노동보수세칙 제3조는 "가급금은 기본노동시간을 초과하여 노동을 시키거나 야간노동을 시킨 경우 또는 명절 및 휴식일에 노동을 시킨 경우에 추가적으로 지불하는 노동보수를 말한다."고 하여 시간외 근로에 따른 할증 수당임을 명확히 하고 있다. 이는 기존 개성공업지구 노동규정 제30조(연장, 야간작업의 가급금)가 시간외 근로시 할증율을 명시한 것과 흐름을 같이하는 것이다. 그러나 노동규정 수정 내용은 "이밖에 종업원의 근무년한, 기술기능 수준, 노동조건에 따르는 가급금도 주어야 한다."고 하여 개성공업지구 노동규정상 명시된 임금 항목과 모순되는 내용을 기재하고 있다. 즉 임금 항목에 대한 설명이 나온 자료는 노동보수세칙 제3조가 유일한 상황에서 개정된 개성공업지구 노동규정은 인위적으로 사회주의노동법상 '가급금' 항목과 그 개념을 혼재시켜 버린 것이다. 한편 사회주의 노동법은 가급금에 대해 "가급금은 생활비형태로 고려하기 어려운 특수한 조건에 따라 기본 생활비 외에 추가적으로 지불되는 노동보수의 한 형태이다. 가급금은 어렵고 힘든 노동이 남아 있는 생산부문에서 근속노동년한이 긴 일꾼들과 특수한 기술기능을 가진 일꾼들, 사회적으로 중요한 의의를 가지는 노동에 참가하는 일꾼들과 특수한 노동조건에서 일하는 일꾼들에게 적용한다."고 명시하고 있다.

47) '최저임금'과 관련하여 북한은 '5% 상한선 폐지'와 '총국의 일방 통보'라는 방식으로 개정하였는데 전술적인 측면상 두 가지 사안을 한꺼번에 제기하기보다는 '총국의 일방 통보' 방식의 점진적 확산을 우선시 한 것으로 보인다. 이런 점을 고려하여 인상율은 기존의 '5% 상한선'을 크게 초과하기보다는 '5% 상한선'에 근접한 5.18% 인상율을 제시하였다. 노동규정 수정에는 최저임금 인상율과 시행시기가 명시되어 있지 않아 '3월 시행, 5.18% 인상'은 총국의 결정영역이라고 할 수 있다.

48) 박천조, "임금대장을 통해 본 개성공단 임금제도의 변화 연구,"『산업관계연구』, 제25권 제4호(2015), 85쪽.

49) 북한은 노동보수세칙 제21조(노임연체료의 계산지불)를 통해 최대 30일 한도로 1일 연체료를 연체금액의 0.5%로 명시하고 있다.

50) 당시 합의 내용은 ①월 최저노임은 3월분 노임부터 73,873불로 인상하고 사회보험료는 노동시간·직종·직제·연한 가급금을 노임에 포함하여 계산, ②직종·직제·연한 가급금은 구체적이 기준이 마련되는 때부터 적용하기로 하며, 관리위원회와 총국은 직종·직제·연한 가급금의 기준을 빠른 시일 안에 마련, ③현재 직종·직제·연한 가급금을 지불하고 있는 기업들은 올해 3월분부터 그에 대한 사회보험료를 소급하여 지불하며, 새 기준이 마련되면 그에 따라 가급금과 사회보험료를 지불, ④기업은 근로자들의 노동 참여, 생산기여 정도, 근무 태도 등에 따라 장려금을 조정, ⑤총국(노력알선기업)과 관리위원회는 기업의 노동력 수요에 맞게 노동력을 안정적으로 공급하도록 노력, ⑥개성공업지구 노임체계를 합리적으로 개선하기로 하고, 올해 최저노임 추가 인상 문제, 노임체계 개편문제와 개성공업지구의 발전적 정상화와 관련한 제반 문제들은 개성공단 남북공동위원회에서 협의·해결해 나감 등이다.

51) 박천조, 『개성공단 입주기업의 노무관리 실태연구』(북한대학원대학교 석사 학위논문, 2010), 28쪽.

52) 우리는 개성공단에서 이와 유사한 관리의 비효율을 확인하게 된다. 예를 들어 식당을 남북이 따로 사용하거나 항상 2인 1조가 되어 다니는 모습, 자동차 번호판도 남과 북이 운행하는 차량이 별도로 있으며 건설현장에서는 남북을 구분하기 위해 헬멧도 흰색과 노란색으로 구분하여 활용한다. 전화를 받을 수 있는 자는 특정되어 있어 교환수도 반드시 지정해야 하며 우리 주재원과 함께 엘리베이터를 타는 것도 부담스러워 한다.

53) 유창형, "북한 노무인력 활용 경험," 『노무관리 워크샵 발제자료』(서울: 한국전력공사 KEDO 원전사업처, 2004.7.15)를 토대로 정리. KEDO는 당시 북한 건설 근로자 907명을 고용하였다.

54) 최신림·이석기, 『북한의 산업관리체계와 기업관리제도』(서울: 산업연구원, 1998), 50~54쪽.

55) 개성공단 공장 내에서 북한 '종업원 대표(직장장)'의 역할을 파악하는 것은 개성공단 내에서 대안의 사업체계가 여전히 유지되고 있는지를 판단하는 데 중요한 요소이다. 통상 개성공단에서는 종업원 대표를 '직장장'이라는 명칭으로도 부르는데 '직장장'은 북한에서의 개념으로 보자면 생산과정을 책임지는 반장 위의 작업단위에 불과하다. 그러나 개성공단에서의 '종업원 대표(직장장)'는 단순한 생산과정을 책임지는 역할 이상의 의미를 지닌다. 〈그림-13〉에서 보면 북한 생산조직에서의 직장장은 작업반 바로 위의 생산단위인 '직장'을 책임지는 위치에 불과하나 개성공단에서의 직장장은 기업 내부에서의 역할과 북한 내부에서의 의미 부여 정도를 보면 북한 생산조직의 직장장과는 차이가 존재한다. '종업원 대표(직장장)'가 직접 생산현장에 투입되어 작업을 하기보다는 주로 '관리적' 역할을 수행한다는 점, 배치되는 '종업원 대표(직장장)'가 생산 관련 전문지식 보유자로만 구성되지는 않는다는 점, 노동규정에서 직장장이라는 표현이 공식적으로 사용되지 않고 '종업원 대표'라는 용어로 표현된다는 점 등을 고려 시 '종업원 대표(직장장)'는 기존 북한 생산조직의 지배인의 위치에 해당되는 것으로 보인다. 박천조, 앞의 책, 2010, 83쪽.

56) 북한의 조선말대사전에 의하면 '후방'은 어떤 사업이 성과적으로 수행되도록 그에 필요한 것들을 공급하며 보장하여 주는 일이나 부문 또는 지역 같은 것을, '후방공급사업'이란 근로자들의 물질문화생활을 보다 원만하게 보장하여 주기 위하여 진행하는 여러 가지 후방사업과 공급사업으로 중요한 정치사업의 하나로 적고 있다. '후방사업'은 사회의 모든 성원들이 자기의 초소에서 맡은 일을 더 잘 할 수 있도록 그들의 먹고 입고 쓰고 사는 문제를 잘 보살펴 주고 생활상 편의를 돌보아주는 일이라고 규정하고 있어 '후방공급사업'은 노동보호물자 제공으로 대표되는 먹거리를 보장하는 사업임을 짐작케 한다. 사회과학출판사, 『조선말대사전 3』(평양: 사회과학출판사, 2007), 757쪽.

57) 과거 합영사업 부진 원인 중의 하나가 '대안의 사업체계'와의 충돌이었다는 점에서 '대안의 사업체계'가 개성공단에서도 여전히 유지된다고 한다면 이는 개성공단의 사업 전망을 어렵게 할 수도 있는 부분이다. 왜냐하면 과거 합영사업 시 법률상 외국기업의 합영회사에 대한 경영권, 인사권, 소유권을 인정하고 있음에도 이에 대한 무시와 일방적 행동이 문제였기 때문이다. 즉 공동출자·공동경영의 합영사업을 공동출자·북한 단독경영의 합작사업과

동일하게 취급하려고 했기 때문이다. 신지호,『북한의 '개혁·개방: 과거·현황·전망』(서울: 한울, 2000), 108~109쪽.

58) 북한은 "특구 내에서 일하는 일군들과 근로자들이 자본주의 사상에 오염되지 않도록 사상교양사업을 강화하여 자본주의적 기업경영 방법이 특구 밖의 기업에 침투되지 않도록 하여야 한다"고 하며 '사상적인 오염'에 대한 북한의 우려를 나타낸 바 있다. 서재영 외,『우리 당의 선군시대 경제사상 해설』(평양: 조선로동당출판사, 2005), 277~278쪽.

59) 2013년 5월을 전후하여 북한의 총국이 개별 기업을 대상으로 보낸 팩스 내용을 보면 총국은 5월 3일 우리 인원들이 개성공단에서 철수할 때 관리위원회 관계자를 통하여 "하부구조시설과 설비들의 정상 유지를 위한 출입과 입주기업인들의 기업방문을 즉시 허용해주며 그들의 희망에 따라 현지에 체류하거나 매일 출퇴근하게 할 수도 있다는 합리적인 의향을 표시하였고" "기업인들의 중요관심사인 제품과 원부자재들을 반출하기 위한 문제도 협의해 볼 수 있다는 입장을 밝히"었으며 "5월 6일까지 구체적인 협의 및 출입계획을 제출하라는 안까지 제시하였"다고 주장하였다. 그러면서 총국은 우리 정부가 기업들의 방북신청을 승인하지 않는데 대해 문제를 지적한 바 있는데 이러한 점을 보면 북한은 개성공단을 통한 일종의 '충격요법' 차원에서 잠정 중단 조치를 진행했던 것으로 보인다.

60) '소주 공업원구 합작 개발 건설에 관한 합의서'(이하 '합의서')는 개발 건설 사업을 강소성 소주시와 싱가포르 개발재단이 합자 형태로 진행하는 것으로 하고(합의서 제1조), 소주 공업원구 개발 건설과 관련하여 중국과 싱가포르 양국 정부는 소주시 인민정부가 싱가포르 기관으로부터 싱가포르의 경제발전, 도시계획, 건설과 관리 및 기타 공공행정관리에서 얻은 성공적인 경험을 제공받을 수 있도록 지원(합의서 제2조)하는 것이다. 그러나 중국은 싱가포르로부터 무조건적으로 모든 경험과 제도를 이전받는 것으로 하지는 않았다. 중국은 싱가포르의 경제와 공공행정관리 측면의 지식과 경험을 중국의 국정과 실제 수요에 맞게 선별하여 점진적으로 도입하여 사용하기로 하였고, 합작 과정에서 싱가포르 정부기관 및 관료는 중국의 주권을 존중하도록 하였다. 아울러 합의서는 소주 공업원구의 개발, 건설과 관리활동이 중국의 헌법과 관련 법률규정에 부합하여야 한다고 규정하였다(합의서 제3조). 소주 공업원구 개발 프로젝트를 위하여 중국, 싱가포르 양국 정부는 연합조정이사회를 설치하고 양국 정부가 각각 부총리 1명을 파견하여 담당하기로 하였다. 연합조정이사회에는 양국 정부의 관련 부서, 중국 측 강소성 인민정부와 소주시 인민정부 및 싱가포르 측 주룽개발공사가 참가하여 소주 공업원구에 싱가포르의 경제, 공공행정관리의 경험을 도입하는 과정에서 발생하는 중대한 문제의 조정을 책임진다. 이사회 아래에 소주시와 주룽개발공사 측 업무위원회를 각각 설립하여 위원회 쌍방이 정기적인 연락을 취하면서 싱가포르의 경제와 공공행정관리 경험 도입 업무에 관한 협상을 진행하고 각각 이사회 양국의 부총리에게 업무를 보고하도록 하였다(합의서 제4조). 최정식 외,『소주 공업원구 법제에 관한 연구』, 통일부 정책연구 개발사업보고서(2006), 5~6쪽.

61) 소주 공업원구 개발의 성공 경험으로부터 배워야 하는 부분은 남북한 정부의 상호 신뢰, 북한 정부의 적극적인 자세, 이에 기반한 과감한 제도의 도입 및 실험정신과 같은 요인들이다. 위의 책, 108~109쪽.

62) 소주 공업원구는 싱가포르와 중국이 1994년 협의서를 체결한 이후 시작되었으며 소주 공업원구 개발은 1997년경 1단계 공사가 완공되어 가면서 본격적인 기업들의 입주가 시작되었다. 이후 여러 단계를 거쳐 소주 공업원구 관리는 기능과 역할의 변화를 가져오게 된다. 소주 공업원구 최초 개발 이후 초기 개발기구 구성은 행정적인 관리주체와 개발사업을 진행하는 주체가 분리되어 있었다. 즉 소주 공업원구에 대한 행정적인 관리는 정부기관인 소주 공업원구 관리위원회(Suzhou Industrial Park Administration Committee: 이하 '관리위원회')가 담당하고, 공업원구 개발사업의 진행은 민간기업인 소주 공업원구 개발공사(China-Singapore SIP Development Co., Ltd.: 이하 '개발공사')가 담당하였다. 이후 1999년경 싱가포르와 중국 측이 협상을 거쳐 2001년 1월 1일자로 개발공사에 대한 싱가포르 측 지분 30%를 중국 측에 이전하기로 합의가 된다. 이러면서 싱가포르 측의 실질적인 관여는 많이 약화되어 간다. 위의 책, 9~11쪽.

63) 필자는 북한이 2013년 11월 발표했던 '개성 고도과학기술개발구'를 보면서 소주 공업원구 조성 당시 문제되었던 소주신구(Suzhou New District)와의 경쟁상황을 참고할 필요가 있다고 생각한다. 소주신구는 1980년대 후반에 소주시 정부에 의하여 개발이 시작되었고, 1990년에는 국가급 경제개발구의 지위를 획득하여 외국인 직접투자를 유치할 수 있게 되었다. 이후 소주신구에 대해 소주 공업원구 개발의 한 축인 싱가포르는 강력히 문제를 제기하는 등 경쟁상황은 장기간 지속되어 간다. 개성공단 역시 개성시 등 지역정부에 경제적 이익을 가져다주지 못한다면 이러한 경쟁상황의 유사성은 지속될 수 있다고 생각한다. '개성 고도과학기술개발구'는 이후 북한의 공식 발표에서 사라지지만 개성공단 인근에 경제개발구가 조성된다면 개성공단과의 경쟁은 불가피해 보인다.

64) 남북정상회담 회의록은 2013년 6월 25일 다수 언론을 통해 공개된 바 있다.

65) 한국아이닷컴, 2013년 6월 26일.

66) chosun.com, 2013년 6월 27일.

67) YTN, 2013년 6월 25일.

68) 연합뉴스, 2013년 10월 23일.

69) 『한겨레신문』, 2014년 2월 18일. 오랫동안 대북 무역사업을 해온 한 사업자는 "북쪽은 지난해 5월 경제개발구법을 제정한 데 이어 11월 세부계획을 공식 발표했다. 이런 움직임은 '점→선→면'으로 발전한 중국식 개혁·개방 원칙을 뛰어넘는 것이다"라고 평가했다. 북쪽은 '점'과 함께 '선과 면'의 개방을 동시에 추구하는 것으로 보인다는 것이다. 북쪽 당국이 경제 회생을 위해 외자 유치를 간절히 원하고 있다는 방증이다. 하지만 전문가들은 이런 구상이 남쪽이 아니라 중국을 겨냥하고 만들어졌을 가능성이 매우 높다는 점을 우리 정부가 인식해야 한다고 지적한다. 한 관계자는 "13개 경제개발구와 새로운 경제특구들이 대부분 북쪽과 중국의 접경지역이나 해안지역에 몰려 있다. 반면 남쪽을 염두에 뒀다고 판단할 수 있는 곳은 개성공단 옆에 위치한 개성 고도기술개발구가 거의 유일하다"고 말했다. 현재 개성공단 인근에 위치한 경제개발구는 개성 고도기술개발구 대신 황해남도에 위치한 강령국제녹색시범구이다.

70) 2016년 북한의 조선대외경제투자협력위원회가 발행한 조선민주주의인민공화국투자안내를 보면 만포경제개발구, 청진경제개발구, 혜산경제개발구, 압록강경제개발구, 현동공업개발구, 흥남공업개발구, 위원공업개발구, 북청농업개발구, 어랑농업개발구, 와우도수출가공구, 송림수출가공구, 신평관광개발구, 온성섬관광개발구, 은정첨단기술개발구, 신의주국제경제지대, 강령국제녹색시범구, 진도수출가공구, 청남공업개발구, 숙천농업개발구, 청수관광개발구 등이 조성중이다. 이후 강남경제개발구, 경원경제개발구 등이 추가되었다.

71) 개성공단 시범단지 입주업체(15개사)의 사례를 보면 생산설비 1,360여 개 품목 중 8개 기업의 90개 품목이 미국 EAR(Export Administration Regulations, 미국 수출관리규정)에 해당, 이 중 75개 품목은 개성공단으로의 반출을 포기하고, 나머지 15개 품목은 공정 변경 또는 설비 대체를 한 것으로 나타났다. KT 등 2개사는 미 상무부의 승인을 받아 통신장비 등 몇몇 품목을 개성공단으로 반출하였다. 컴퓨터의 경우 EAR에 해당하나 EAR 제7409조의 임시 면제규정을 활용하여 1년 이내 남쪽으로 재반입하는 조건으로 개성공단으로 반출되었다. 동명한·김창철·조봉현,『중소기업 남북경협 이렇게 해야 활성화 된다』(서울: 중소기업청·중소기업진흥공단, 2008), 92쪽.

72) 중국 등 일반국가와 달리 북한은 미국의 테러지원국 지정, 대량살상무기(Weapons of Mass Destruction, WMD) 확산 등의 이유로 전략물자 반출에 상당한 제약을 받아왔다. 즉 다자간 전략물자 수출통제체제인 WA(Wassenaar Arrangement, 재래식 무기, 이중용도), NSG(Nuclear Suppliers Group, 핵), AG(the Australia group, 생화학), MTCR(Missile Technology Control Regime, 미사일 기술) 등에 의한 제재가 존재한다. 우리나라도 이러한 체제에 부응하여 국내법 체계(대외무역법, 대외무역법시행령, 전략물자수출입고시 등)를 통해 전략물자 수출통제 및 관리를 하고 있다. 또한 미국산 제품이 10% 이상 사용된 제품의 반출시 미국의 승인을 받도록 하는 미국 수출관리규정(Export Administration Regulations, EAR)도 적용되고 있다. 이에 따라 개성공단 입주 기업들은 생산설비 및 물자 반출에 대한 제약으로 전략물자에 해당하는 설비가 필요한 업종의 경우에는 투자 및 생산활동에 제한을 받고 있다. 동명한·김창철·조봉현,『개성공단! 중국진출 Return 중소기업의 대안』(서울: 중소기업청·중소기업진흥공단, 2008), 60쪽.

73) 기술교육센터는 2015년 6월 3주에 걸쳐 70명의 북한 근로자가 최초로 교육을 받기도 하였으나 장기간 활용되지 못하였다.

74) 국회예산정책처,『개성사업 평가』(서울: 국회예산정책처, 2006), 66~69쪽.

75) 위의 책, 155~157쪽.

76) 그러나 북한의 변화 유도라는 목적은 북한의 이해관계와는 상충되는 요소이다. 북한이 그동안 표방해 온 입장을 보면 '민족 공동번영을 목표로 해서 남과 북이 경제협력의 길을 가야지, 북한의 체제변화를 유도하기 위해서 경제협력을 해서는 안 된다'는 것이다. 북한은 이는 6·15 공동선언의 기본 정신과도 정면으로 배치된다고 생각한다.

77) 조혜영 외,『개성공단 기업의 국내산업 파급효과 및 남북 산업간 시너지 확충방안』, 지식경제부 용역보고서(2010), 62~118쪽.

78) 정치사회적 성과로는 남북관계 개선과 발전에 기여, 북한의 개혁개방 촉진, 군사적 긴장 완화, 북한 주민들의 대남인식 개선 효과 등이 주로 설명되고 있다. 양문수, "대북경제협력 전망과 과제," 한반도포럼 주최 세미나 발표자료(2012.2), 10쪽.

79) 한편 우리 기업들이 느끼는 개성공단 사업의 애로사항은 제도·절차상 애로로 3통 문제 (65.2%), 과다한 간접비 부담(33.4%), 당국 간 법적·제도적 장치 결여(25.4%), 북한 인력 활용상의 문제(22.3%), 전략물자 반출 금지(9.8%) 순이었다. 북한 인력 활용상의 유연성 결여에 대해 기업의 고용과 해고, 작업장 배치 등 인사관리에 관한 자율성 확보가 개선과 제로 지적되었고 북한 인력 활용상의 문제로 '높은 결근율' '비자본주의적인 인센티브제도' '고급 기술인력 확보의 어려움' 등을 지적하고 있다.

80) 박정동, 『북한의 경제특구: 중국과의 비교』(서울: 한국개발연구원, 1996), 193~194쪽.

81) 위의 책, 198쪽.

82) 동명한·김창철·조봉현, 『개성공단! 중국 진출 Return 중소기업의 대안』(서울: 중소기업 청·중소기업진흥공단, 2008), 64~65쪽.

83) 개성공단이 세제·임금·토지사용 등의 물리적 측면과 제도적 측면에서 중국, 베트남보다 경쟁력이 우월함에 따라 기업들에게 이익이 될 것이라는 견해는 현대경제연구원이 작성한 개성공단의 경쟁력 관련 보고서를 통해서도 확인할 수 있다. 이해정, "개성공단, 중국· 베트남보다 경쟁력 우월," 『현안과 과제』(2011.7).

84) 당시 조사가 개성공단 가동 초기라는 한계가 있으나 기업들의 수익효율성이 높다는 점에서 개성공단 투자가 우리 기업들에게 이익을 발생시키고 있음을 알 수 있다. 한편 이 자료에서는 생산효율성은 상대적으로 낮은 것으로 나타났다고 한다. 생산효율성이 낮은 이유에 대해서는 당시 개성공단 가동 기업들이 입주 초기로서 생산규모가 작고 자본 투입이 많은 데 기인한다고 적고 있다. 이영훈·오대원, 『개성공단 기업의 효율 성 분석: 중국 및 동남아 기업들과의 비교(미발간)』(서울: 한국은행 금융경제연구원, 2008), 29쪽.

85) 12월 1일부터 1차적으로 군사분계선을 통한 모든 육로 통행을 엄격히 제한·차단한다는 것이었다.

86) 당시 중앙특구개발지도총국 김일근 총국장은 오전 11시에 직접 관리위를 방문하여 통지문 을 전달하였다. 통지문 내용은 '①관리기관 50% 이상 철수, 봉사업체 등에 대해서도 절반 이상 철수, 현대아산 관광 중단, 경협사무소 폐쇄, 열차 중단 등 조치, ②기업에 대해서는 특례를 보장(그러나 사실상 인원·차량에 대해서는 잔류와 나갈 인원을 절반씩 구분해서 제출해 줄 것을 요구), ③현대아산은 송악프라자, 건설업체 등에 대해 70% 이상 인력 철 수' 등이었다.

87) 전면 재검토 내용은 "토지임대차 계약을 다시하며, 토지사용료 유예기간을 6년으로 앞당겨 지불하도록 할 것임. 노동자들의 노임도 현실에 맞게 조정할 것임" 등이다.

88) 당시 북한은 '개성공단에 주어지는 특혜는 6·15 공동선언 정신에 따른 것이며 남측 정부 가 6·15 공동선언 이행 의지가 없기에 더 이상 특혜를 줄 이유가 없다'고 주장하였다.

89) 대결과 갈등 분위기가 지속되는 가운데 기업 현장에서는 일부 기업의 근로자들이 마당에 모여 국방위 문건 또는 노동신문 사설을 낭독하거나 방송을 통해 '세기와 더불어' 등의 방송을 하거나 선전대 중심으로 선전구호를 외치는 등의 분위기가 연출된다.

90) 해제 이후 총국은 2009년 9월 '출입·체류 정상화 조치' 이후 현 상황에 대한 검토와 전망을 내오기 위함'이라는 목적 하에 전체 기업 대상 기업별 요해사업을 실시한다. 이후 2009년 11월에는 김일근 총국장이 입주 기업을 방문하여 출입·제한 조치 해제 이후 기업들의 의견을 청취하였다.

91) 2009년 12월에는 남북 관계자들이 중국, 베트남 등의 해외공단을 방문하여 공동시찰하는 등 관계개선의 모습이 보이기도 하였다.

92) X사, E1사, C1사, J2사, K2사 등에서 이러한 내용이 확인됨에 따라 관리위원회는 생산현장에서 기업의 시설물을 이용해 정치적 방송을 하는 것에 대해 강력히 항의하고 동 방송의 진행을 중단시킨다.

93) 동 조치는 ①체류인원 제한, ②남북교역 중단, ③신규투자 불허 등을 핵심내용으로 한다.

94) 당시 문건은 총국·조국통일민주주의전선 중앙위 명의로 되어 있었으며 "침체된 공업지구 활성화 위해 기업인의 노력 요청"이라는 제하로 이루어져 있었다.

95) 남북 간 교류협력은 기본적으로 우리에 비해 북한 체제가 절대적으로 열위 상태에 있기에 교류협력이 증대될수록 북한의 흡수통일 등 체제불안성이 증가한다고 할 수 있다. 이런 측면에서 북한은 교류협력에 소극적일 수밖에 없으며 이러한 소극적인 교류협력을 해소하기 위해서는 남북 간 군사안보 문제의 해결이 필수적이다. 황병덕, 『분단국 경제교류·협력 비교연구』(서울: 민족통일연구원, 1998), 93쪽.

96) 이 시기에는 개별 사업장에서 '세기와 더불어'와 같은 내용이 낭독되거나 북한의 권력기관이 발표한 각종 성명들이 근로자들에 의해 낭독되기도 하는 등 사업장 내에도 긴장된 분위기가 감돌기 시작했다.

97) 중앙특구개발지도총국이 2015년 2월 24일 제시한 월 최저노임 관련 사항(2015년 3월 1일부터 74US$로 책정, 사회보험료는 가급금이 포함된 노임의 15%로 적용)은 2015년 8월 17일 개성공업지구관리위원회와 최종 합의된다. 당시 합의내용은 ①월 최저노임을 2015년 3월분 노임부터 78.373달러로 인상, 사회보험료는 노동시간·직종·직제·연한 가급금을 노임에 포함하여 계산, ②직종·직제·연한 가급금은 구체적인 기준이 마련되는 때부터 적용하며 개성공업지구관리위원회와 중앙특구개발지도총국은 직종·직제·연한 가급금의 기준을 빠른 시일 안에 마련, ③최저노임 추가 인상 문제, 노임체계 개편 문제, 개성공업지구의 발전적 정상화와 관련된 제반 문제들은 남북 공동위원회에서 협의·해결 등이었다.

98) 통일교육원, 『북한 이해 2013』(서울: 통일교육원, 2013), 234~235쪽.

99) 이러한 북한 주민 성분 조사사업은 1958년 12월 '중앙당 집중지도사업' 이후 2004년 4월 '공민증 교체 발급'까지 12차례에 걸쳐 진행되었다. 통일연구원, 『2009 북한개요』(서울: 통일연구원, 2009), 332쪽.

100) 위의 책, 330~331쪽.

101) 위의 책, 227~228쪽.

102) 식량조달은 배급에 의한 방법과 시장에서 구입하는 방법이 있으나 배급에 의한 방법이 전통적인 방식이다. 의복의 공급도 식량과 같이 국가에서 배급하도록 되어 있다. 주택의 경우에는 국가 예산으로 건립되는 것으로서 원칙적으로 개인 소유가 허용되지 않는다.

103) 사회과학출판사 편, 『사회주의 문화건설리론』(평양: 사회과학출판사, 1985), 71~93쪽.

104) 오양열, 『남북한 문예정책의 비교연구』(성균관대학교 대학원 박사 학위논문, 1998), 116쪽.

105) 통일연구원, 앞의 책, 2009, 60쪽.

106) 2014년 5월 29일 북한과 일본은 스웨덴 스톡홀름에서 열린 국장급 회담에서 '일본인 납치 문제 재조사에 합의' 하는 등 관계 변화가 감지되었으나 이후 더 이상의 진전은 이루어지지 않았다. 그러나 2017년 4월 27일 남북정상회담과 5월의 북미회담은 관계개선의 가능성을 보여주고 있다.

107) 『조선신보』, 2013년 5월 10일.

108) "김정은 첫 경제개혁…'先국가투자 後분배'"(데일리NK, 2012.7.10), 〈http://www.dailynk.com/korean/read.php?cataId=nk04504&num=96152〉.

109) "북 경제관리개선, 2013년 '8·15 조치'로 전면 실시"(통일뉴스, 2015.2.11), 〈http://www.tongilnews.com/news/articleView.html?idxno=110895〉.

110) "김정은 '5·30담화'와 내각 상무조"(통일뉴스, 2015.1.6), 〈http://www.tongilnews.com/news/articleView.html?idxno=110421〉.

111) 조선대외경제투자협력위원회, 『조선민주주의인민공화국 투자안내』(평양: 조선대외경제투자협력위원회, 2016)를 참조하여 정리하였으며 이후 함경북도 경원기술개발구와 평양강남기술개발구 등이 추가 지정된 것으로 확인되었다. 그러나 2013년 개성시 인근에 조성되었다고 발표된 개성첨단기술개발구는 동 자료에는 확인되지 않고 있어 경제개발구가 지속적인 변동과정에 있는 것으로 보인다.

제5장

행위주체의 상호작용 1: 협상

제1절 협상의 방식

1. 협상의 구조

개성공단의 협상 구조는 제4장 개성공단 관리 구조에서 설명한 바와 같이 이원화 구조의 형태를 띠고 있다. 즉 개성공단 내 협상[1]은 관리위원회와 총국 간의 협상과 우리 기업과 북한 근로자 간의 협상으로 구분할 수 있다.[2]

관리위원회와 총국 간에 벌이는 협상[3]으로는 노동규정 제25조에 근거하여 진행되는 월 최저노임 협상이 대표적이며 그 외 노력알선료 책정, 노동력 우선공급 기업 선정 등을 둘러싼 협상 등이 있다. 월 최저노임 협상은 2016년 전면 중단 직전까지 총 10회가 있었다. 그리고 노동력을 공급할 때 기업이 노력알선 기업에 지급하는 노력알선료 협상은 2005년 4월 28일 노력알선 합의서상 1인당 17불로 합의한 이후 현재까지 그 변동이 없었다.

노동력 우선공급 기업 선정은 본단지 2차 분양 이후 노동력 부족으로 어려움에 처해 있던 후발기업들의 어려움을 극복하기 위해 관리위원회가 객관적이고 투명한 공급 필요성을 설명하며 2009년에 총국에 제기한 것이다. 관리위원회는 우선공급을 위한 기준으로 공실 면적, 미가동 설비, 임금 수준 등의 요소를 반영하여 공급 기업의 우선순위를 정하였다. 그러나 우선공급 기준에 따라 공급하였는지 여부는 총국과의 사이에 지속적으로 논란이 발생하였다.[4] 과거 노동세칙이 제정되기 이전에는 노동세칙 제정 과정에서 관리위원회와 총국이 참여하는 협상 구조가 마련되기도 했으나 북한의 노동세칙 통지 이후에는 이러한 부분에 대한 제도적 논의는 활성화되지 못하였다.[5] 그러나 기존 노동규정상의 해석 차이로 발생하는 여러 현안들에 대해서는 관리위원회가 총국과의 협의를 거쳐 다양하게 협의를 해왔다.

기업과 북한 근로자 간에 진행하는 협상으로는 임금과 복리후생 등 근로조건을 둘러싼 협상이 일반적이었다.[6] '임금' 부분은 개별 기업 안에서 노사 간에 진행해야 할 협상내용이지만 북한 근로자와 북한 정부 사이의 연계를 통해 개성공단 전체적으로 조직적인 성격을 보이기도 하였다.

이러한 협상의 구조와 관련하여 우리 주재원들의 인식에 대한 설문조사 결과를 살펴보면 다음과 같다.

〈표-33〉 노사협상에서 남북 간 일상적인 협상 주체(복수응답)

구분	법인장	사장	종업원 대표	총국 관계자	관리위원회 관계자	계
기업수	44(37.9%)	13(11.2%)	53(45.7%)	5(4.3%)	1(0.9%)	116(100%)

응답자들은 남북 간 일상적인 협상 주체로 법인장(37.9%)과 종업원 대표(45.7%)를 들고 있는데 이에 비춰 보면 법인장과 종업원 대표과 주요한 협상주체임을 알 수 있다. 한편 일상적인 협상 주체로 사장도 상당한 비율(11.2%)을 차지하고 있었는데 이에 의하면 우리의 경우 협상 주체가 사장과 법인장으로 이원화 되고 있음을 알 수 있다. 자본주의 사회에서는 기업 대표(사장)가 교섭의 최종 결과물인 단체협약의 서명 과정에 주로 등장한다는 점에서 개성공단

에서의 협상과는 차이가 있다.

반면 근로자 측의 교섭 주체는 종업원 대표와 총무 등이 있었다. 기업에 따라서는 총무 외에 총 생산반장, 통계 등도 참여한다. 이러한 협상 규모와 빈도적인 면에서 보자면 개성공단은 '교섭'보다는 '협의'라는 표현이 적절하다고 할 수 있다.[7]

〈표-34〉 노사협상에서 남북 간 결정적인 권한을 가지고 있는 자(복수응답)

구분	법인장	사장	종업원 대표	총국 관계자	관리위원회 관계자	계
기업수	33(26.6%)	34(27.4%)	42(33.9%)	13(10.5%)	2(1.6%)	124(100%)

노사협상에서 결정적인 권한을 가지고 있는 자에 대해 질의한 결과 일상적인 협상 주체를 물은 위 〈표-33〉의 답변과 달리 사장(27.4%)과 종업원 대표(33.9%)가 결정적인 권한을 가지고 있는 것으로 응답한 비율이 높았다. 물론 법인장(26.6%)이 결정적인 권한을 가지고 있다는 응답도 있지만 사장에게 결정적인 권한이 있는 기업들의 경우에는 법인장의 역할이 북한 종업원 대표의 일상적인 요구사항을 기업 대표(사장)에게 단순히 전달하는 역할에 불과할 수 있었다는 점을 알 수 있다.

북한 종업원 대표와의 교섭 상대방이 법인장이 아니라 모법인의 투자자 내지는 사장이라는 점은 법인장의 지위와 권한의 추락을 의미하며 사실상 생산관리자로 전락될 수도 있음을 의미한다. 이 경우 법인장이 종업원 대표의 협상 상대방이 되지 못할 수도 있어 임금, 근로조건 결정, 노무관리 등에 있어 북한 종업원 대표와의 협상에 한계가 발생할 수도 있음을 예상할 수 있다.

〈표-35〉 노무관리 또는 노사협상에서 법인장의 영향력

구분	매우 크다	크다	중간	작다	매우 작다	계
기업수	19(30.2%)	19(30.2%)	19(30.2%)	3(4.7%)	3(4.7%)	63(100%)

〈표-36〉 남쪽 대표와의 관계에서 법인장의 협상 재량권 여부

구분	매우 그렇다	그렇다	중간	그렇지 않다	전혀 그렇지 않다	계
기업수	17(27.0%)	33(52.4%)	11(17.5%)	2(3.1%)	0	63(100%)

〈표-37〉 법인장의 재량권 행사 영역(복수응답)

구분	근무시간 관리	임금·근로조건 관리	배치전환	교육훈련 관리	생산성 관리	무응답	계
기업수	43(26.7%)	46(28.6%)	11(6.8%)	12(7.5%)	46(28.6%)	3(1.8%)	161(100%)

〈표-38〉 노무관리 또는 노사협상에서 가장 큰 애로사항(복수응답)

구분	남한 대표의 비현실적 협상결정	동종 업체의 불공정 경쟁	생산 납기	북한 근로자의 집단행위	총국의 개입	불완전한 노동제도	무응답	계
기업수	7(7.6%)	7(7.6%)	14(15.2%)	22(23.9%)	14(15.2%)	26(28.3%)	2(2.2%)	92(100%)

〈표-35〉 노무관리 또는 노사협상에서 법인장의 영향력에 대해서는 크다는 응답이 60.4%를 나타내었다. 이는 〈표-34〉 노사협상에서 남북 간 결정적인 권한을 가지고 있는 자로 사장과 법인장이 비슷한 비율로 나온 점과는 다소 배치되는 답변이라 할 수 있다. 설문 답변자의 55.6%가 법인장인 점에 비춰보면 자신의 지위와 영향력에 대해 우호적인 답변을 하는 경향성이 반영된 것으로 보인다. 〈표-36〉에서 남쪽 대표와의 관계에서 법인장의 협상 재량권이 있다고 언급한 것도 같은 측면에서 이해해야 할 것으로 보인다.

〈표-37〉 법인장이 가지고 있는 재량권을 살펴보면 임금·근로조건 관리=생산성 관리 > 근무시간 관리 > 교육훈련 관리 > 배치전환 순으로 나타나고 있다. 이러한 설문 결과와 앞서 나타난 〈표-34〉 남북 간 결정적인 권한을 가지고 있는 자의 설문 결과와 비교해보면 우리 기업은 일상적으로는 법인장이 임금·근로조건 관리를 진행하였다. 그러나 실질적인 결정 권한이 없다보니 임금·근로조건 인상 요구가 있을 때마다 북한 근로자와의 갈등이 깊어지고 결국 북한

근로자들은 우리 기업 사장과의 직접 협상을 통해 협상을 마무리 하려는 모습을 보여 왔음을 예상해 볼 수 있다.

한편 〈표-38〉 기업들이 노무관리 또는 노사협상에서 가장 큰 애로사항으로 느끼는 것은 불완전한 노동제도(28.3%) > 북한 근로자의 집단행위(23.9%) > 생산 납기=총국의 개입(15.2%) > 우리 기업 대표의 비현실적 결정=동종 업체의 불공정 경쟁(7.6%) 순이다. 이러한 결과에 비춰 보면 개성공단 노사관계를 위해서는 제도적 개선이 중요하다는 점과 함께 실제 노사관계에서 북한 근로자의 집단 행위가 큰 영향을 미치고 있었음을 알 수 있다.

〈표-39〉 노무관리 또는 노사협상에서 북한 종업원 대표의 영향력

구분	매우 크다	크다	중간	큰 차이가 없다	매우 작다	무응답	계
기업수	27(42.9%)	28(44.4%)	5(7.9%)	2(3.2%)	0	1(1.6%)	63(100%)

〈표-40〉 종업원 대표의 북한 총국과의 관계에서 재량권 여부

구분	매우 그렇다	그렇다	중간	그렇지 않다	전혀 그렇지 않다	무응답	계
기업수	5(7.9%)	18(28.6%)	27(42.9%)	9(14.3%)	3(4.8%)	1(1.5%)	63(100%)

〈표-41〉 종업원 대표의 재량권 행사 영역(복수응답)

구분	근무시간 관리	임금·근로조건 관리	배치전환	교육훈련 관리	생산성 관리	무응답	계
기업수	40(26.0%)	25(16.2%)	35(22.7%)	11(7.1%)	40(26.0%)	3(2.0%)	154(100%)

〈표-42〉 노무관리 또는 노사협상에서 종업원 대표의 영향력을 제한하는 요소(복수응답)

구분	북한 당국의 입장	북한 근로자의 입장	종업원 대표의 능력	기타	무응답	계
기업수	45(66.2%)	6(8.8%)	12(17.7%)	1(1.5%)	4(5.8%)	68(100%)

〈표-39〉에서 〈표-42〉까지의 설문은 우리 기업들의 협상 상대방이라고 할 수

있는 북한 종업원 대표의 실질적인 영향력 및 각종 관리 능력에 대한 우리 주재원들의 평가를 확인하기 위함이었는데 구체적인 내용은 다음과 같다.

응답자들은 〈표-39〉노무관리 또는 노사협상에서 북한 종업원 대표의 영향력에 대해 87.3%가 매우 크다고 답하였다. 이는 〈표-35〉에서 법인장의 영향력이 크다고 한 60.4% 보다 무려 26.9%나 높게 나온 비율이었다. 즉 노무관리 또는 노사협상에서 우리 주재원들은 종업원 대표의 협상 영향력을 매우 높게 인식하고 있었다.

한편 〈표-40〉 종업원 대표가 북한 총국과의 관계에서 재량권이 있는지 여부에 대해서는 36.5%가 있다고 응답하였다. 이는 〈표-36〉에서 남쪽 대표와의 관계에서 법인장의 협상 재량권이 있다고 언급한 79.4%에 비해 42.9%나 적은 것으로 우리 주재원들은 북한의 협상 영향력은 종업원 대표보다는 북한 총국에 의해 좌우되고 있는 것으로 인식하고 있었다. 이러한 종업원 대표의 영향력 제한은 〈표-42〉을 통해 다시 한 번 확인할 수 있다. 종업원 대표의 영향력을 제한하는 요소에 대해서는 66.2%가 북한 당국의 입장을 들고 있어 종업원 대표의 의사결정이 북한 정부(총국)에 종속되어 있다고 판단하고 있음을 알 수 있다.

〈표-41〉 종업원 대표의 재량권으로는 근무시간 관리=생산성 관리(26.0%) > 배치전환(22.7%) > 임금·근로조건 관리(16.2%) > 교육훈련 관리(7.1%) > 무응답(2.0%)로 나왔다. 이 중 74.7%가 근무시간과 생산성 관리, 배치전환 등으로 나온 점에 비춰 북한 종업원 대표가 보유하고 있는 협상의 영역은 임금·근로조건과 같은 부분보다는 일상적인 근무시간 관리와 생산성 관리(계획 수립, 목표 달성 등)에 대한 재량권 정도로 이해된다. 즉 우리 주재원들은 임금·근로조건의 경우 종업원 대표의 재량권이 발휘되기보다는 총국의 지침에 의해 상당 부분 영향을 받고 있는 것으로 인식하고 있었다. 그러나 기업 사례를 확인해 보면 실제에 있어서는 종업원 대표도 일정 부분 재량권을 행사하는 모습이 나타나기도 하였다.

<표-43> 종업원 대표와의 관계기간

구분	12월 미만	24월 미만	36월 미만	48월 미만	60월 미만	60월 이상	무응답	계
기업수	17(27.0%)	9(14.3%)	8(12.7%)	6(9.5%)	6(9.5%)	9(14.3%)	8(12.7%)	63(100%)

우리 기업들이 북한 종업원 대표와 관계를 맺은 기간은 12월 미만(27.0%) > 24월 미만·60월 이상(14.3%) > 36월 미만(12.7%) > 48월 미만·60월 미만(9.5%) 순으로 5년 이상의 장기간 관계를 맺은 기업과 2년 이하의 단기간 관계를 맺은 기업들로 양극화되어 있었다.

<표-44> 북한 근로자 관리에 대한 실질적인 영향력 여부

구분	매우 크다	크다	중간	적다	매우 적다	무응답	계
기업수	15(23.8%)	14(22.2%)	19(30.2%)	7(11.1%)	3(4.8%)	5(7.9%)	63(100%)

<표-45>에 따르면 우리 기업들은 북한 근로자 관리에 대해 46.0%가 실질적인 영향력이 있다고 판단하고 있어 적지 않은 기업이 북한 근로자에 대한 본인의 업무 지시가 효과가 있는 것으로 이해하였다. 이는 그동안 우리 기업들이 경영활동 제약 요인으로 지속적으로 제기해 왔던 '우리 관리자들의 북한 근로자들에 의한 직접적인 관리는 제한적'이라는 주장이 다소 과장되었을 가능성도 있음을 보여주고 있다.

<표-45> 종업원 대표의 능력 수준

구분	매우 높다	높다	중간	낮다	매우 낮다	무응답	계
통솔력	16(25.4%)	24(38.1%)	13(20.6%)	3(4.8%)	1(1.5%)	6(9.6%)	63(100%)
책임감	11(17.5%)	18(28.6%)	20(31.8%)	7(11.0%)	1(1.5%)	6(9.6%)	63(100%)
인성	6(9.6%)	17(27.0%)	23(36.5%)	6(9.6%)	5(7.7%)	6(9.6%)	63(100%)
협조성	8(12.7%)	23(36.5%)	21(33.3%)	5(7.9%)	-	6(9.6%)	63(100%)
생산이해도	4(6.4%)	18(28.6%)	22(35.0%)	8(28.6%)	4(6.4%)	7(11.0%)	63(100%)

우리 기업들은 종업원 대표의 능력에 대해 통솔력은 63.5%, 책임감은 46.1%, 인성은 36.6%, 협조성은 49.2%, 생산 이해도는 35.0% 수준으로 생각하였다. 이러한 결과에 비춰보면 기업들은 전반적으로 북한 종업원 대표의 능력에 대해 높게 보고 있음을 알 수 있다. 그중 통솔력과 책임감, 협조성에 대한 비율은 인성과 생산이해도에 비해 상대적으로 높게 인식하는 것으로 나타나 생산에 대한 지식보다는 북한 근로자에 대한 노동력 관리에 높은 점수를 주고 있었음을 알 수 있다.

〈표-46〉 종업원 대표와 총무와의 관계

구분	매우 협조적	협조적	중간	전략적 협조	비협조적 (상호견제)	무응답	총무 없음	계
기업수	3(4.8%)	20(31.8%)	13(20.6%)	12(19.0%)	3(4.8%)	9(14.2%)	3(4.8%)	63(100%)

우리 기업들은 북한 종업원 대표와 총무와의 관계에 대해서는 협조적(36.6%) > 중간(20.6%) > 전략적 협조(19.0%)라고 응답하였는데 이에 비춰 보면 북한 종업원 대표와 총무 간에 협조 관계가 유지되고 있는 것으로 인식하고 있었다. 총무의 역할이 감시자적 역할이기에 협상에 있어 총무의 존재가 종업원 대표에게는 일정 부분 부담으로 작용할 것으로 예상했었으나 기업들은 이와 달리 종업원 대표와 총무의 관계가 비협조적(상호견제)이지는 않은 것으로 인식하고 있었다. 북한 종업원 대표와의 협의를 통해 결론을 도출 할 수 있다면 총무와의 추가적인 협상이나 의견 관철이 없이도 협의사항의 추진이 가능할 수 있었다는 점에서 '중복 협상'으로 인한 우리 기업들의 부담 가능성은 낮았던 것으로 이해된다.

2. 협상의 시기

개성공단에서 우리 기업들이 북한 근로자들과 벌였던 협상의 내용은 임금이나 노동보호물자 등 근로조건과 관련한 부분, 기업 내 북한 근로자들의 배치전환과 관련한 부분, 그리고 생산이나 품질과 관련한 부분들로 나눌 수 있다. 이러한 협상 내용의 진행 빈도에 대해 입주기업들의 응답은 다음과 같았다.

〈표-47〉 종업원 대표와의 협상내용별 빈도수

구분	월 1회	월 2회	월 3회	월 4회 이상	분기 1회 이하	없음	무응답	계
임금 등 근로조건	24(38.0%)	7(11.1%)	4(6.4%)	5(7.9%)	19(30.2%)	-	4(6.4%)	63(100%)
배치전환	13(20.5%)	10(15.9%)	2(3.2%)	6(9.5%)	27(42.9%)	1(1.6%)	4(6.4%)	63(100%)
생산품질 관련	10(15.9%)	8(12.6%)	2(3.2%)	31(49.2%)	7(11.1%)	1(1.6%)	4(6.4%)	63(100%)
기타	4(6.4%)	-	-	-	-	-	59(93.6%)	63(100%)

우리 기업들은 임금 등 근로조건 관련 협상에 대해 월 1회 이상 진행했다는 의견이 38.0%를 차지하고 있어 빈번하게 협상이 이루어지고 있었음을 알 수 있다. 그에 반해 배치전환 관련 협상은 분(반)기에 한 차례씩 진행되는 것으로, 생산품질 관련 협상은 월 4회 이상이 49.2%를 차지하였다. 이 답변을 통해 우리는 기업들이 북한 종업원 대표와 임금 등 근로조건 관련 부분에 대해 일상적인 협상과 요구에 직면하고 있고 상시적인 인상 요구가 기업의 부담요소로 작용하고 있었음을 짐작할 수 있다. 물론 분기 1회 이하라고 응답한 기업도 30.2%를 차지하고 있었던 점에 비춰보면 생산에 대응한 보상체계의 구축 여부에 따라 기업들의 응답에 차이가 있을 수 있다는 생각도 하게 된다.

임금 인상 빈도가 잦은 것은 개성공단 노사관계의 특징 중 하나였다. 설문조사가 진행되던 2013년만 하더라도 통상 연 2회 임금이 상승하는 구조를 보였다. 예를 들어 매년 최저노임이 인상되는 8월에 한 차례 인상된 이후 12월(또는 다음 해 1월)경 다시 한 차례 인상되는 형태를 보였던 것이다. 그 외 업종 및 기업에 따라서는 두 시기(8월, 12월)의 중간에 인상되는 곳도 있었다. 기업들의 임금 인상은 개별 기업별로는 최대 2회인 것처럼 보일 수 있으나 종업원 대표들이 경쟁적으로 타 기업의 임금 인상 시기에 동시적으로 임금 인상을 요구하는 사례도 있어 사실상 상시적으로 임금 인상 협의가 진행되었던 것으로 보아야 할 것이다.[8]

다만 최저노임의 경우 잠정중단 이후 재가동으로 2013년은 인상시기가 도과하였으며 2014년은 5월분부터 전년 대비 5% 인상된 70.355불로 인상되었고 2015년에는 3월분부터 전년 대비 5% 인상된 73.873불로 최저노임을 적용함에 따라 연 2회 임금 상승 구조는 일부 완화된다.

3. 협상의 영향 요인

협상의 영향 요인을 살피는 이유는 우리 기업들이 노사관계에 있어 대외적 환경의 불안정성에 대해 어느 정도 부담스러워 하는지를 살피기 위해서였다. 또한 협상에 영향을 미치는 요인이 우리 측에 기인한 것인지 아니면 북한 측에 기인한 것인지를 통해 향후 개선이 필요한 부분이 어느 영역인지 확인해 보기 위한 측면도 있었다. 이러한 문제의식 하에 협상의 영향 요인에 대한 우리 기업들의 설문 결과를 보면 다음과 같다.

〈표-48〉 개성공단의 대외적 환경이 기업 내 노무관리 또는 노사협상에 미치는 영향

구분	매우 크다	크다	중간	큰 차이가 없다	매우 작다	계
기업수	19(30.2%)	15(23.8%)	13(20.6%)	13(20.6%)	3(4.8%)	63(100%)

개성공단의 대외적 환경이 기업 내 노무관리나 노사협상에 미치는 영향이 크다는 응답은 54% 이상을 차지하고 있어 협상 주체인 기업 내부 당사자 간의 관계보다는 외부적인 환경에 의한 노무관리 또는 노사협상의 변동 가능성을 예상할 수 있다.

〈표-49〉 노무관리 또는 노사협상에 영향을 미치는 요인

구분	기업 경영 방침	우리 당국 입장	북한 당국 입장	종업원 대표 입장	북한 근로자들의 입장	개성공단 제도	무응답	계
요인	7(11.1%)	2(3.2%)	35(55.6%)	8(12.7%)	0	7(11.1%)	4(6.3%)	63(100%)

우리 기업들은 노무관리 또는 노사협상에 영향을 미치는 요인의 55.6%가 '북한 당국의 입장'이라고 생각하고 있어 북한 당국의 정책판단이나 개입 여부가 개별 기업의 노무관리 또는 노사협상에 큰 영향을 미치는 것으로 인식하고 있음을 알 수 있다. 특이한 점은 우리와 관련된 영향 요인(기업의 경영방침, 우리 당국의 입장)을 합한 비율(14.3%)보다도 북한과 관련된 영향 요인(북한 당국의 입장, 종업원 대표의 입장)을 합한 비율(68.3%)이 약 5배(4.77배)나 높게 나왔다는 점이다. 이를 통해 우리 기업들이 근로자 측, 그중에서도 북한 당국과 종업원 대표에 대해 느끼는 부담이 크다는 것을 알 수 있다.

우리는 여기서 총국 경영국 차원에서 기업들의 『일 생산 및 재정총화 사업』이 관리되고 있는 모습을 살펴 볼 필요가 있다. 동 자료에 따르면 "일 생산 및 재정총화 사업을 실속 있게 진행하기 위하여 공업지구 특성에 따르는 공장의 생산 활동과 로동보수 계산 및 지불, 로동조건과 로동강도, 로동능력 등 생산 활동에서 제기되는 각종 문제들을 과학적으로 분석 및 타산한데 기초하여 능력 있는 일군들로 실무진을 꾸리고 공장의 월 또는 일(시간)별 제품 생산 계획에 맞는 반(조)별 제품 생산 실적과 공정별(1인당) 로동정량 실적을 결부하여 반 또는 조별, 개인별로 매일 일 생산 및 재정총화와 점수평가 사업을 과학성과 공정성, 객관성의 원칙에 맞게 정확히 평가 계산하므써 종업원들의 일한 것만큼 번 것만큼 정확히 차례지도록 하고 있다"고 전제한 후 이러한 조치에도 불구하고 제대로 이루어지지 못하는 결함[9]들을 제시하고 있다.

그러면서 제대로 이루어지게 하기 위해서는 "생활비 계산의 기초단위인 작업반(조)들에서 일 총화 기록부 운영 방법과 점수 평가를 일 생산 및 재정총화

준칙과 공장들의 여러 형태별 생산 특성, 각이한 로동정량 제정 방법들을 종합 분석하고 한 가지 양식 형태와 방법의 요구에 맞게 옳게 구현하여 통일적으로 평가 리용하며 기타 제기되는 새로운 방법상 문제들과 형식주의, 요령주의, 무정부주의 같은 웃기관의 합의도 없이 제식대로 망탕 진행하는 현상들에 대한 지도와 장악통제 사업을 강화하는 것은 일 생산 및 재정총화를 바로 집행하는 데서 시급히 대책하여야 할 중요한 문제로 제기되고 있다.”고 한다.

이 자료에 의하면 총국 경영국 차원에서 개별 기업별로 생활비 계산의 기초가 되는 각종 노동정량 기준과 평가 방식에 대해 재정비가 있었음을 알 수 있다. 이는 기업별 생산 목표 달성에 따른 임금 인상 가능성을 의미하는 것이었고 개별 기업 내 근로조건 문제에 대한 총국의 일정한 개입 가능성을 확인시켜 준다.

이러한 점을 고려할 때 우리는 기업의 협상력 제고를 위해 보완해야할 부분과 그 과정에서 국가가 개입할 수 있는 부분이 있는지, 국가가 개입한다면 어느 범위까지 개입하는 것이 적절한지 살펴볼 필요가 있다.[10]

통상 자본주의 체제 하에서 개별 근로자는 기업에 비해 교섭력이 상대적으로 낮을 수밖에 없으며 국가는 기업과의 대등한 교섭력 확보를 위해 근로자에게 노동 3권을 부여하고 있다. 즉 단결권, 단체교섭권, 단체행동권을 보장함으로써 근로조건과 관련하여 상대적으로 약한 지위에 놓일 수밖에 없는 개별 근로자를 보호하고 있다.[11]

그에 반해 사회주의 체제 하에서는 노동과 생산수단 사이에 국가라는 매개변수가 개입하면서 그 국가는 자본주의 체제에 존재하는 자본의 역할을 대체한다. 공산주의 사회 도달을 위한 생산력 발전의 수단이자 인간의 본질적 욕구를 충족시키는 노동의 주인은 노동자가 아니라 노동 과정에 개입하는 국가가 그 역할을 차지하고 있다.[12] 북한의 경우도 예외가 아니어서 당의 전일적 지도 하에 하나의 유기체적인 형태를 띠고 있으며 시장경제 하에서와 같은 노동조합은 인정되지 않은 채 ‘직업동맹’이라고 하는 사회단체가 존재할 뿐이다.

우리와도 다르고 기존 북한의 경우와도 다른 이러한 상황에서 우리는 무엇보다도 개성공단 협상의 구조적 특징과 내용적 특징을 체계적으로 규명하는 것이 무엇보다 중요하게 제기된다. 왜냐하면 이러한 특징은 행위주체의 상호 작용에 영향을 주어 보편적인 노사관계와는 다른 결과물을 도출하기 때문이다. 이러한 특징 규명과 함께 우리는 시장경제에 익숙한 개별 기업과 계획경제하의 북한 근로자가 공존하고 있는 개성공단의 경우 협상의 측면에서 누가 유리한 지위를 가지고 있고 실제 그 결과는 어떠할 것인가라는 질문에 직면하게 된다.[13] 즉 '시장경제하 국가 개입 최소화에 익숙한 우리의 개별 기업과 계획경제하 국가 개입 최대화에 익숙한 북한 근로자가 벌이는 협상의 결과는 어떠할까?'라는 물음에 마주하게 되는 것이다.

4. 협상력 수준

협상력 수준에 대한 분석은 우리 기업들의 협상력이 북한 근로자들에 비해 한계가 있을 것이라는 기본 인식에서부터 출발하였다. 특히 강한 연계성을 보이고 있는 근로자 측(북한 정부－근로자)에 비해 연계성이 약한 기업 측(남한 정부－기업)이 특정 사안에 대해 공동 대응이 가능할 것인지, 협상력을 강화시키기 위해 필요한 부분은 무엇인지 살펴보기 위함이었다.

〈표-50〉 특정 사안에 대한 기업 간 통일적인 대응 가능 여부

구분	매우 그렇다	그렇다	중간	그렇지 않다	전혀 그렇지 않다	무응답	계
기업수	10(15.9%)	16(25.4%)	11(17.5%)	19(30.1%)	6(9.5%)	1(1.6%)	63(100%)

특정 사안에 대한 기업 간 공동 대응에 대해 우리 기업들의 인식은 어떠했을까? 통일적인 대응이 가능한지에 대해 41.3%는 대응이 가능하다고 답한 반면 비슷한 비율인 39.6%는 그렇지 않다고 답변하고 있어 기업 간 공동 대응에 대

한 기업들의 기대가 높지 않았다. 공동 대응에 대한 기업들의 부정적 인식은 특정 사안 발생 시 우리 주재원들의 단일한 대응이 취약할 수 있음을 나타낸다.

〈표-51〉 기업의 협상력 강화를 위해 필요한 영역

구분	기업단체의 단결력 강화	협상교육	관리위의 직접 개입	각종 규정 보완	무응답	계
기업수	30(35.7%)	9(10.7%)	18(21.4%)	25(29.8%)	2(2.4%)	84(100%)

협상력 강화를 위해 필요한 영역에 대해 기업들은 기업단체의 단결력 강화 (35.7%) > 각종 규정 보완(29.8%) > 관리위원회의 직접 개입(21.4%) > 협상 교육 (10.7%) 등이라고 답하고 있어 기업들의 단결력 강화를 무엇보다도 중요하게 생각하는 것으로 나타났다. 그러나 이는 〈표-50〉에서 기업 간 공동 대응에 대한 기대가 높지 않은 점에 비춰보면 향후 특정 사안에 대한 기업들의 공동 대응이 약화될 때 협상력도 급속하게 약화될 수 있음을 보여주는 지표이기도 하였다.

협상에서는 '협상력', '정보', '시간'이 무엇보다 중요한 요소이다.[14] 그러나 개성공단은 북한의 폐쇄성에 의해 협상 '정보'의 획득은 상대적으로 약할 수밖에 없는 상황이었다. 또한 '시간'이라는 측면에서도 모기업과 주문기업들로부터 대규모의 생산 물량을 확보하여 납기를 준수해야 하는 개성공단 기업들의 임가공 생산 방식을 감안한다면 '시간'이라는 요소도 우리 기업들에게는 유리하지 않았다. 이런 상황에서 기업들의 '협상력' 강화 요소의 하나인 기업 간 공동 대응이 취약하다면 협상력 또한 북한 근로자들에 비해 상대적으로 약화될 수밖에 없음은 너무도 당연하다.

결국 협상의 관점에서 볼 때 사회주의 계획경제에 익숙한 북한 근로자와 자본주의 시장경제에 익숙한 우리 기업이 충돌할 때 과연 누가 유리할지는 명확해진다. 이러한 점을 고려한다면 남북 간의 경제협력 공간에서 국가의 개입은 일정 부분 불가피 하며 남북 경제협력을 추진함에 있어 "정부와 민간의 역할분

담 문제"를 고려할 필요가 있어 보인다.[15]

〈표-52〉 협상력 강화를 위해 관리위원회의 지원이 필요한 영역(복수응답)

구분	시장친화적 노동제도 구축	근로자 요구에 대한 총국 협상	임금 및 노동보호물자 결정	배치 전환	생산 및 품질 향상	기타	없음	무응답	계
기업수	23 (19.0%)	36 (29.8%)	33 (27.4%)	9 (7.4%)	17 (14.0%)	1 (0.8%)	1 (0.8%)	1 (0.8%)	121 (100%)

우리 기업들은 협상력 강화를 위해 관리위원회가 지원해야 할 영역으로 근로자 요구에 대한 총국과의 협상(29.8%) > 임금 및 노동보호물자 결정(27.4%) > 시장친화적 노동제도 구축(19.0%) > 생산 및 품질 향상(14.0%) 순으로 답변하였다. 주목되는 점은 시장친화적 노동제도 구축과 같이 제도 개선보다는 북한 종업원 대표와의 일상적인 협상 과정에 관리위원회가 개입해 줄 것을 요구하는 의견이 높았다는 점이다.

이는 한편으로는 우리 주재원들이 북한 종업원 대표와의 일상적 협상에 대해 대응력이 약하다는 점을 의미하며 다른 한편으로는 〈표-47〉에 나타난 바와 같이 임금 및 노동보호 물자에 대한 북한 종업원 대표의 일상적 요구에 지쳐 있음을 의미하는 것이었다.

그러나 임금 등 근로조건에 대한 결정은 결국 비용 부담 주체인 개별 기업이 결정해야 하며 관리위원회가 교섭을 하기 위해서는 별도의 교섭권을 위임받아야 한다. 그런 점에서 관리위원회에 일상적인 대북 협상을 요구하는 것은 관리위원회의 지원 수준과 내용, 권한과 차이가 있는 부분으로 향후 관리위원회에 대한 기업들의 불만족 요인으로 제기될 수 있는 부분이라고 할 수 있다.

〈표-53〉 우리 관리자의 능력을 100으로 보았을 때 종업원 대표의 전반적인 관리 능력의 수치화

구분	70미만	70이상	80이상	90이상	100	100이상	무응답	계
기업수	18(28.6%)	9(14.3%)	15(23.6%)	8(12.7%)	3(4.8%)	4(6.4%)	6(9.6%)	63(100%)

기업들은 북한 종업원 대표의 관리 능력을 묻는 질문에 대해 46.5%가 80점 이상이라고 답하였는데 이 결과에 따르면 관리 능력 전반에 대해 높게 평가하고 있는 것으로 보인다. 그럼에도 42.9%는 80점 미만으로 그 능력을 평가하고 있어 종업원 대표의 능력에 대해 극단적인 평가가 있음을 알 수 있다.

〈표-54〉 종업원 대표의 관리능력에 대한 판단 근거(복수응답)

구분	노동력 관리 능력	생산 및 품질관리 능력	생산 이해도	기타	무응답	계
기업수	37(34.6%)	34(31.8%)	29(27.1%)	1(0.9%)	6(5.6%)	107(100%)

기업들이 북한 종업원 대표의 관리 능력을 높게 보는 이유로는 노동력 관리 능력(34.6%)>생산 및 품질관리 능력(31.8%)>생산 이해도(27.1%) 순으로 나타났다. 이는 구조적인 측면이 반영된 것으로 우리 기업들이 직접적으로 개입할 수 없는 영역인 북한 근로자 관리 부분에 대해 북한 종업원 대표에게 상당한 수준으로 의존하고 있기에 나타났던 결과로 보여진다.

제2절 협상의 사례

1. 임금

가. 임금 수준

개성공단의 임금 수준은 초기에 비해 많은 변화가 발생하였다. 초기에는 최저노임에 맞춰 기본노임을 설정함으로써 근로자들은 근로시간 증가에 따른 시간외수당만 지급받아 그 수준이 높지 않았다. 그러나 개성공단의 임금 수준은 매년 관리위원회와 총국 간에 이루어지는 최저노임 인상과 연장근로 시간 증가로 인한 가급금 증가, 과도한 성과급 요구에 따른 장려금 지급 등의 원인에 의해 지속 상승하였다.

임금 인상률은 지속적으로 급증하였는데 2013년 잠정중단 이전 3년간(2010~2012년)만 보더라도 임금 상승률은 평균 19.2%나 되었다.

〈표-55〉 1인당 평균 노동보수 변화

(단위: 불, %)

구분	2006	2007	2008	2009	2010	2011	2012	2013	2014	2015
보수액	60.3	63.1	65.8	71.5	83.9	98.1	121.2	116.0	141.4	169.3
(증가율)		(4.6)	(4.3)	(8.7)	(17.3)	(16.9)	(23.5)	(-4.3)	(21.9)	(19.7)

※자료: 통일부.

임금 인상 요인은 임금 항목별 비중의 변화를 통해서 확인할 수 있는데 우선 가급금의 증가를 들 수 있다. 가급금은 우리로 보자면 연장·야간·휴일근로 시 발생하는 할증금액을 의미한다. 이러한 가급금의 증가는 기업 측의 이해관계(기본 근무시간 내 생산성 저하, 노동력 부족)와 근로자 측의 이해관계(낮은 임금 수준 보전)가 일치하면서 나타난 연장·야간·휴일근로 증가에 기인한다.

〈표-56〉 1인당 주 평균 연장 근로시간 변화

(단위: 시간)

구분	2006	2007	2008	2009	2010	2011	2012	2013	2014	2015
연장·야간	5.3	5.7	6.4	6.5	7.6	8.4	10.7	9.0	11.5	13.6
휴일	1.9	2.4	1.2	1.3	2.2	2.9	3.2	2.8	3.9	3.9
합계	7.2	8.1	7.6	7.8	9.8	11.3	13.9	11.8	15.4	17.5

※자료: 통일부.

그 외 임금 인상 요인으로는 장려금·상금의 증가를 들 수 있다. 북한 근로자들이 장려금·상금을 통해 임금 보전을 시도했던 이유는 기업들의 최저노임=기본노임 구조에 대응하기 위해서라고 할 수 있다. 이러한 장려금·상금을 통한 임금 보전 방식은 기업의 이해관계와도 연관되어 있었다. 왜냐하면 기업들은 생산 목표 달성 수단으로 성과와 연동된 임금 체계를 선호하고 있었기 때문이다.

〈표-57〉 1인당 장려금·상금 비율 변화(연말 기준)

(단위: 불, %)

구분	2007	2008	2009	2010	2011	2012	2013	2014	2015
장려금·상금	3.35	2.02	3.5	5.18	9.43	13.1	12.7	24.1	30.1
노동 보수	63.1	65.8	71.5	83.9	98.1	121.2	116.0	141.4	169.3
비율	5.3	3.1	4.9	6.2	9.6	10.8	10.9	17.0	17.8

※자료: 통일부.

한편 최저노임=기본노임 책정 구조는 북한 근로자들에 의해 끊임없이 변경 요구를 받게 된다. 이러한 변경 요구에 대해 일부 기업은 북한 근로자의 요구를 수용하여 최저노임=기본노임 구조를 변경하기도 하였다. 다음의 사례는 최저노임=기본노임 구조를 변경하였다가 기존 방식으로 환원한 기업의 사례이다.

> 2010년도부터 기본노임을 인상하여 2011년 2월 이전에는 기본노임을 75불로 책정했었다. 2012년 8월 기본노임 79불이던 것을 정상화하였으며 최저노임과의 차액(12불)을 상금으로 전환(660명*12불=7,920불)하고 기존 상금(월 1,000불)에 추가하여 지급하였다. 그러나 종업원 대표는 기본노임 인하에 따른 가급금 감소 분도 보전해 줄 것을 요구함에 따라 인센티브제도 변경에 실패하였다. 결국 현재는 기본노임 78불(개성공단 최저노임은 67불)을 지급 중이다. 인센티브는 생산성과급(생산부서), 제안제도(간접부서), 품질개선 사례(간접부서)가 있다. 생산성과급은 생산성, 품질 등을 감안하여 조별 경쟁을 통해 전체 조(자동, 수동, 조립, 준비 등의 반에 3개 이상의 조가 있음)를 3개의 그룹으로 구분, A그룹 50불, B그룹 40불, C그룹 30불을 지급하고 있다.
> 제안제도는 1~10등까지를 3개의 그룹으로 구분, A그룹 30불, B그룹 20불, C

그룹 10불을 지급하고 있다. 품질개선 사례는 건수에 따라 구분, A그룹 30불, B그룹 20불, C그룹 10불을 지급하고 있다.[16]

북한 근로자들의 인상 요구는 생산 목표를 달성할 때 일정 금액을 요구하는 방식 외에도 기업 매출 또는 이익의 변동에 따라 이를 임금으로 보전해 줄 것을 요구하는 형태로도 나타났다. 즉 기업 이익에 대한 공유를 요구하기 시작한 것이다.

> 현재 생산성 증가(10월 136불에서 11월 145불 달성)에 따라 급여 인상을 해주고 있으나 종업원 대표는 상금을 더 올려줄 것을 요구하고 있다.
>
> 종업원 대표는 매출이 증가하면 이익을 더 주어야 하지 않는가라고 주장하고 있는데 이는 매출 대비 성과급을 요구하는 방식으로 구간별 생산 목표 초과분 외에 매출이 증가한 부분에 대한 이익 공유를 요구하고 있는 것이다.
>
> 기업에서 "그러면 기계가 고장 나면 북측 근로자들이 보상해 줄 것이냐"라고 하자 종업원 대표는 "마음대로 해라, 후과는 법인장이 져라"고 주장하였다. 기업이 "이익이 발생하면 세무소에 세금 납부를 해야 하는데 임금을 많이 주어 버리면 비용 처리가 되어 세금이 줄 텐데 그래도 되겠는가"라고 반응하자 종업원 대표는 침묵하였다.[17]

한편 이익 공유와 관련하여 기업이 선제적으로 이익을 나누는 사례도 나타났다.

A3사는 종업원 대표와의 협의를 거쳐 2012년부터 매출액에서 각종 경비를 제외한 순이익의 일부를 근로자들에게 성과급으로 제공하기 시작하였다. 순이익 중 30%는 우리 측 본사에, 30%는 개성 법인에, 30%는 북한 근로자에게, 나머지 10%는 사장이 이익을 취하는 방식을 북한 근로자와 합의하였다. 이러한 이익 공유 방식은 2013년 말까지 지속되었다. 이 경우 북한 근로자에게 돌아가는 성과급의 규모는 크지 않았으나 이익을 공유하는 사례로서 의미가 있었다.[18]

한편 2009년 이후 지속된 노동력 부족 문제가 장기화되자 그동안 공동보조를 취해왔던 '노력알선료 수준 유지', '최저노임=기본노임' 부분에서 이탈하는 기업들이 나타나기도 하였다. 즉 기업들이 공동대응 형식으로 진행해왔던 기존 관행에 균열이 생긴 것이다.

K사는 노동력을 공급받기 위해 기존에 체결했던 노력알선료 수준(1인당 17불)을 초과하여 지급하거나 받고 싶은 인원만큼 노력알선료를 미리 지급하는 '입도선매(立稲先賣)' 방식을 도모함으로써 기업 간 공동으로 유지하여 왔던 최저노임=기본노임의 변경을 시도했다.

이 기업의 사례를 시기적으로 살펴보면 다음과 같다.

2011년 현재 공급인원이 99명으로 알고 있는데 노력알선료인 17불로 계산하다보니 금액이 맞지 않았다. 17불로 계산 시 1,684불이 되어야 하나 지급은 2,226불이 되었던 것이다. 사실 확인 결과 96명이 공급되었는데 그중 일부에 대해 과거 담당자가 노력알선료를 1인당 30불씩 주었던 것이다.[19]

2012년 현재 기본노임이 63.814불이나 생산장려금 명목으로 21불을 고정급으로 지급 중이다. 기존에는 생산장려금을 10불씩 주었으나 2011년 12월 15일 장풍 지역 근로자 337명이 들어오면서 생산장려금을 인상하게 되었다.
2011년 10월경 총국에서 사장님의 입경을 요구하여 사장님이 입경하자 총국 관계자와의 면담 후 동 금액이 확정되었다.[20]

2012년 4월 중순경 북한 종업원 대표 및 생산관리가 기존 인원과 신규인원 모두의 기본노임을 100불로 올리면 350명의 노동력을 추가로 공급하겠다는 내용을 전달해왔다. 이전에는 총국 노력알선기업이 직접 요구를 했으나 최근에는 종업원 대표와 생산관리가 요구를 하고 있다.
K사의 고정임금은 고정 장려금을 포함할 경우 높은 편이다. 입사와 동시에 수습 기간 없이 적용하고 있으며 기본임금 63.814불에서 노동력이 들어 올 때마다 고정 장려금을 10불, 12불씩 추가로 올린 상태로 이미 22불을 지급하고 있는 상황이다. 노동력 공급에 대한 대가로 임금 보전을 요구한 것에 대해 5불

수준의 장려금 인상을 북측에 제시한 상황이다.

그러면 63.814불에서 73불(10불), 85불(12불), 90불 수준으로 인상되는 결과가 된다.[21]

이러한 기업의 모습에 대해 다른 기업들은 강하게 반발하면서 관리위원회가 제동을 걸어줄 필요가 있음을 촉구하기도 하였다.

> 최근 노동력을 공급받기 위한 기업들의 각종 임금 편법 인상 소식을 듣고 있다. 기업단체 회의에 K사 이사가 참석하였는데 해당 이사는 자신들이 임금 이외에 추가 임금을 시간외수당에 반영하여 임금대장에 기재하여 지급하고 있다고 주장하였다. 그러면서 이렇게 주자 노동력이 공급되었다는 점을 자랑스럽게 이야기하였는데 공단 질서를 어지럽히는 행동으로 하지 말아야 한다고 이야기 해주었다.[22]

나. 임금 체계

개성공단의 임금 체계는 노동규정상 명시된 노임, 가급금, 장려금, 상금이라고 하는 큰 틀에서의 변화는 없었다. 그러나 구체적으로 살펴보면 개성공단 초기와는 다른 임금 체계가 운용되었음을 알 수 있다.

초기에는 북한 간부 근로자(종업원 대표, 총무, 조·반장) 중심으로 직책수당만 도입되어 운용되었다. 즉 일반 근로자와 달리 간부 근로자에 대해서는 직책수당을 지급함으로써 처우를 다르게 하였던 것이다. 이후 수당은 직종수당(업무 난이도, 위험도), 근속수당(근속기간) 등으로 다양하게 변화하였다.

1) 직책수당 변화

초기의 직책수당은 종업원 대표 25~50불, 총무 10~15불, 반장 5~7불, 조장 2~3불 수준이었다. 이러한 부분은 〈표-58〉과 같이 2007년 12월 기업관계자들이 진행한 설문조사 결과(28개사)를 통해 확인할 수 있다.

〈표-58〉 간부 근로자 직책수당(2007년 12월)

직급	내용				
종업원 대표	25불 17개사	30불 1개사	50불 1개사		
종업원 부대표	20불 2개사	15불 1개사	18불 1개사		
총무	20불 2개사	18불 1개사	15불 8개사	10불 4개사	5불 1개사
안전관리	15불 2개사	10불 2개사	5불 4개사		
총반장	15불 1개사	10불 1개사	8불 1개사	7불 1개사	5불 1개사
반장	5불 15개사	4불 3개사	3.5불 2개사	10불 1개사	0.5불 1개사
조장	3불 11개사	2불 7개사	0.5불 1개사	5불 1개사	7불 1개사
통계원	3불 2개사	4불 1개사	5.25불 1개사	5불 1개사	0.5불 1개사
자재관리	5불 1개사				

2009년에 들어서면 종업원 대표의 직책수당이 25~200불 수준으로 다양해지며 임금 총액 기준으로 보전되는 경향이 뚜렷해진다. 당시 종업원 대표의 임금 총액은 250~300불 수준이었다. 반면 총무, 반장, 조장의 경우에는 직책수당이 각각 평균 10~15불, 5~7불, 2~3불 수준이었다.

직책수당은 북한 근로자에 대한 관리적 측면을 감안할 경우 지급이 불가피했는데 북한 근로자들이 기업별로 동일한 수준을 요구함에 따라 경쟁적으로 인상되는 측면도 있었다. 사실상 기업 내 역할을 고려할 경우 종업원 대표를 비롯한 간부 근로자들의 직책수당 설정은 중요하게 제기되던 부분이었다.[23)

2009년 3월 현재 기업별 직책수당 현황(49개사)을 조사한 결과 기업별 간부 근로자의 직책수당은 다음과 같았다.

〈표-59〉 간부 근로자 직책수당(2009년 3월)

기업명	종업원 대표	종업원부대표	총무	반장	조장
평균	34.85	20.0	17.54	7.42	3.66

이 시기 종업원 대표의 직책수당은 평균 34.85불이었으나 최소 25불에서 최

대 150불까지 범위가 넓어졌다. 종업원 부대표의 경우 2개사만이 있었으나 평균 20불이었다. 총무도 평균 17.54불이었으나 최소 10불에서 최대 40불까지 다양해졌다. 반장은 평균 7.42불이나 최소 3불에서 최대 20불까지였으며 조장은 평균 3.66불로 최소 2불에서 최대 10불까지 넓어졌다.

2011년 7월 현재 간부 근로자들의 직책수당(29개사)을 보면 종업원 대표>총무>총 반장>생산관리>안전관리>반장>사무원(통계원)>조장 순으로 나타났으며 종업원 대표의 직책수당은 평균 64불, 최고 200불, 최저 25불이었다. 이는 2009년 3월 49개사 대상 기업별 조사 시 종업원 대표의 직책수당 평균 34.85불 대비 약 30불이 인상된 금액이다.

〈표-60〉 간부 근로자 직책수당(2011년 7월)

(단위: 불)

구분	최고	최저	평균
종업원 대표	200	25	64
총무	60	10	27
총반장	40	15	24
반장	50	4	12
조장	15	2	5
생산관리	40	7	21
안전관리	44	5	17
사무	30	2.5	9

이 중 종업원 대표의 직책수당 변화는 다음과 같다.

〈표-61〉 직책수당 변화

(단위: 불)

구분	조사대상	노임계	직책수당	기타(가급금 등)	노동보수계
2011년 7월	29개사	100.0	71.0	37.0	208.0
2011년 3월	72개사	95.2	56.3	35.6	187.1
2009년 9월	62개사	81.8	40.7	28.5	150.9

2) 근속수당 등 신설

간부 근로자를 대상으로 한 직책수당과 달리 개별 근로자들을 대상으로 한 수당도 신설되었다. 개성공단 내 입주기간이 오래된 일부 기업을 중심으로 2009년 이후부터 장기근속자 확보, 경력자 보상, 생산성 향상 등을 목적으로 근속수당에 해당하는 '근무연한 장려금'이 만들어졌다. 통상 근속수당은 2년 근속 후 3년차부터 1불씩 지급하였으며, 기업에 따라서는 상한선을 책정하여 운용하였다. 예를 들어 3~7년차까지 근속수당 대상으로 설정하고 출근율 90% 또는 100%일 경우에만 지급 대상으로 하는 방식이다. 근속수당은 임금 저하를 이유로 한 북한 근로자들의 사직 방지와 장기근속자 유지라는 점에서 긍정적 효과가 있었다.

아래 기업의 경우에는 인력관리 필요성에 의해 근속수당을 신설한 사례이다.

> 장기근속자(3년 이상) 중 숙련도 등이 뛰어난 근로자들에 대해 1~3급으로 구분하여 직급수당을 지급하였다.
> 전체 근로자의 기본노임 중 5%를 재원으로 하여 1급의 경우에는 2불, 4불, 7불을 지급하고 있으며 3급의 경우에는 10불을 지급하고 있다.
> 조·반장을 제외한 일반 근로자가 그 대상으로 기업이 지급 대상자 수를 지정한 바는 없으며 종업원 대표가 대상자를 선정해서 올리면 기업이 판단 후 지급하는 방식이다.[24]

이러한 수당 신설은 개성공단만의 독특한 기본노임 책정 방식과 무관하지 않았다. 기본노임을 최저노임에 연계시키는 방식은 기본노임 억제 대신 인센티브의 급격한 인상과 각종 수당 신설을 보여준다.[25]

> 인센티브의 경우 기존 월 30만 불 달성 시(손익분기점은 27만 5천 불) 5천 불을 지급 중이다. 즉 26만 불 달성 시 1천 불, 27만 불 달성 시 2천 불, 28만 불 달성 시 3천 불, 29만 불 달성 시 4천 불 등이며 추가로 생산파트(봉제) 종사자의 경우 목표 달성 시(110%) 2시간 분의 연장수당을 인정해 주고 있다.

그러나 종업원 대표와 인센티브 기준 설정과 관련하여 계속 이견이 있다.

처음에는 30만 불 달성 시 1만 불로 기업과 합의했었으나 종업원 대표가 이를 번복하였다. 2012년 1월 생산 파트와 무관한 부분의 보장성원(포장, 검사 등 힘든 직종) 종사자 190명에 대해 2시간 분의 임금 인정을 요구하였다. 이 경우 기업으로서는 월 3천 불의 비용이 추가 발생하는 상황이었다.

기업은 손익분기점을 넘는 경우(이윤발생 시) 성과급을 주는 것으로 역제의(통상 손익분기점을 넘기에 그 경우 상금을 주는 것으로 제의를 함)했으나 종업원 대표가 반대했다.

결과적으로 종업원 대표 요구대로 할 경우에는 월 3천 불이 추가 발생하고 기업 요구대로 했을 때는 월 2천 불이 추가 발생된다. 다만, 종업원 대표 요구는 정액임금이고 기업 입장으로는 성과연동 개념이 된다.[26]

특히 2014년 노동규정의 일방적 개정 이전에 명시되어 있던 개성공단 월 최저노임 5% 상한선 조항은 다른 국가에서는 찾아보기 힘든 방식이었다. 최저노임 상한선의 제한은 기업에게는 임금 인상률이 낮아 저렴한 인건비로 사업을 할 수 있도록 혜택을 주는 것이나 근로자에게는 물가나 생활수준이 올랐음에도 임금은 오르지 않는 결과를 발생시킨 측면이 있다. 이런 점 때문에 중국은 국제 곡물가가 계속 인상되고 있음을 이유로 그에 맞는 임금을 줄 것을 지속적으로 요구하였다. 실제 근로자들에게 지급되는 임금 총액이 이미 최저노임과는 비교할 수 없는 수준이었음에도 최저노임이 기본노임과 유사한 수준으로 책정되어 왔기에 개성공단에서의 최저노임 협상은 항상 중요한 이슈로 제기되었다.

3) 재해보상금

임금과는 다르나 근로자의 재해로 인한 재해보상금에 관한 협의도 자주 발생하였다. 그러나 재해보상금의 경우에는 기업과 북한 종업원 대표와의 사이에 직접적 협의는 불가능하였다. 2008년경 한 기업에서는 건축물 붕괴로 인한 대규모 인명피해 사건이 발생하였는데 재해보상금과 관련한 협의가 총국과 개별 기업 간에 진행되었다. 이 기업은 과거에도 산업재해가 발생한 바 있어 북한과의 협상 과정에서 결코 유리한 조건은 아니었다.

> 7월 16일 F사 제2공장 신축공사 도중 건축 구조물 붕괴로 인하여 북측 근로자 사망 1명, 중상 4명, 남측 근로자 중상 1명의 재해가 발생한 사례가 있다.
> 북측은 최초 30만 불의 재해보상금을 요구하였으나 점차 10만 불에서 7만 불로 논의되던 중 최종 5만 불로 합의가 되었다.
> 합의 일자는 10월 1일로 10월 8일까지 5만 불의 재해보상금을 지급하기로 법인장과 총국 관계자 간 합의하였다.[27]

위의 과정을 거쳐 재해보상금이 확정되었으며 당시 합의는 위로금이 아닌 재해보상금이라는 표현을 사용하였다. 위로금이라는 표현을 사용하지 않은 이유는 재해보상금이 업무상 재해의 경우에만 지급되는 데 반해 위로금은 근로자를 고용한데 따른 사업주의 도의적 책임이 강조되는 측면이 있었기 때문이다. 그 경우 업무외 재해에 대해서도 사업주의 도의적 책임을 강조하며 지급을 요구할 가능성이 있었기 때문이다. 한편 당시의 재해보상금은 산출 근거 부족 등 여러 논란의 소지가 있었다.[28]

4) 도급임금제 도입

한편 기업들 중에는 관리상 · 비용상 문제 등으로 인해 도급임금제를 도입하는 사례도 발생하였다. 그러나 이러한 도급임금제는 북한 근로자들과 노동정량 책정상의 갈등을 일으킴으로써 점차 기업들의 활용도가 낮아져갔다.

> 7월, 8월 월 생산 목표 6만 장(기본 5만 장)달성의 대가로 7만 5천 불을 지급하였다. 연장은 2일에 1번씩, 24시까지 야간근무도 자주 하였으며 특근은 5일중 4일을 실시하였다. 당시에는 성수기로서 연장, 철야 등을 많이 하였으며 기본노

임, 시간외수당에 따른 순수임금만 7만 5천 불이 발생하였고 1인당 145불 수준이었다. 물론 기업으로서는 가스료, 전기료, 초코파이(간식) 등이 20%가량 추가로 발생하였다.

이후 종업원 대표와의 협의를 실시하여 11월의 경우 5만 5천 장 달성 시 6만 5천 불을 지급키로 합의하였다. 이 금액에는 생활비(사회보험료 포함), 초코파이(간식), 성과급 등이 포함된 개념으로 합의 이후 북측은 목표를 달성하였다.

기업으로서는 북측 근로자들이 근무시간을 단축하며 일하는 결과 가스비, 전기료 등도 전반적으로 적게 들어 유리하다고 생각했다.

12월의 경우 6만 5천 장 달성 시 7만 5천 불을 지급키로 합의하였고 동 금액에는 11월과 마찬가지로 생활비(사회보험료 포함), 초코파이(간식), 성과급 등이 포함된 개념으로 합의하였다.

기업으로서는 더 낮은 인건비 지불로 생산목표 달성의 효과를 누리고 있는 것이다.[29]

다. 임금 지급

임금은 근로자 개인에 대한 직접 지불 방식보다는 총국을 통한 간접 지불 방식을 택하였고 이러한 방식은 초기에 비해 큰 변화가 없었다. 이러한 간접 지불 방식은 중국이나 베트남 등의 개혁개방 초기와 비교했을 때 큰 차이가 없는 부분이었다.[30]

초기 우리 기업들은 임금직불 문제를 강하게 제기한 바 있다. 당시 I1사는 개성공업지구 노동규정상 보장된 임금직불 문제를 제기하면서 이 제도가 시행되기 전까지는 임금을 지급할 수 없다고 하는 등 강경하게 반응하였다. 그러나 당시 총국은 임금직불 요구에 대해 수용이 어렵다는 입장을 제시하였는데 결국 대치 결과 I1사를 비롯한 입주 기업들은 2005년 5월 초순 임금을 총국에 납부하게 되었다. 이후 2005년 7월경 R사에서는 북한 근로자가 노동의 대가를 알게 해야겠다는 생각에 '개인별 명세표' 작성을 추진하였다. 북한 근로자들에게 임금이 직접 지급 되지 않는 상황에서 근로자들이 자신들의 임금 수준을 알게 하기 위한 방법으로 우리 기업들은 '개인별 명세표'를 제기하였던 것이다. 그러나 추진과정에서 북한 근로자들이 '개인별 명세표'의 수령을 거부하는 등 적용상의 어려움이 발생하였고, 기업들의 문제제기에 대한 해소방안으로 노동보수 계산서에 개인별 수표(서명)를 하는 방식이 2005년 9월부터 도입되었다. 이로써 개별 근로자가 임금대장에 수표(서명)를 하면서 자신의 임금을 확인하는 방법이 만들어 지게 되었다.

임금 지급 시기는 전월 노동의 대가를 다음 달 20일까지 허용하도록 하였다.[31] 이러한 지급 시기는 초기의 관행이 반영된 것이라고 할 수 있다. 북한이 통지한 노동세칙에 따르면 실제 임금 납부 기한은 다음 달 10일까지이다. 그러나 우리나라와 같은 금융체계가 형성되어 있지 않고 임금 계산 등의 작업을 수행하는 북한 통계원의 계산 착오나 지연에 따른 책임을 우리 기업에만 일방적으로 부담하게 하는 것은 부적절하다는 의견 제시에 따라 다음 달 20일까지 납부를 허용한 것이다. 그러나 다음 달 20일까지 임금이 납부되지 않을 경우 그에 따른 연체료 부과 시점은 다소 복잡하였다. 즉 사회보험료는 개성공업지구 노동규정 제42조에 따라 10일부터 기산하여 0.05%를 부과하고 임금은 노동보수세칙 제21조에 근거하여 20일부터 기산하여 0.5%를 최장 30일간 부과[32]하였다.

이러한 임금산정 방식(전월 노동의 대가를 다음 월 20일 지급)에 따라 우리 기업들에서는 가불의 개념이 성립하지 않고 있었다.

그러나 특수한 상황을 근거로 기업에 가불을 요구하는 사례도 발생하였는데 다음의 사례를 살펴보자.

> 10월 평균임금이 139불에서 11월 127불(사보료 포함)로 인하되었다. 그런데 12월 7일 종업원 대표가 10월 수준으로 임금을 맞춰 줄 것을 요구하였다. 이에 "결정할 수 있는 사항도 아니고 돈도 없다"고 답변하였으며 이에 종업원 대표는 "130불 수준이라도 맞춰 달라"고 요구하였다.
> 종업원 대표는 "다른 것을 해줄 수 없다면 11월까지의 휴가비만 계산해서 선지급해 달라"고 요구하였으며 이 경우 130불과 비슷한 수준이 되었다.

12월 10일 입경하자 종업원 대표와 생산관리가 "이야기를 잘못 했다. 139불을 맞춰 달라"고 재요구하였다. "올려 주지 않았나"라고 하자 종업원 대표는 "그러면 체면을 봐서 135불이라도 해달라"고 요구하였다.

　　법인장이 그 이유를 묻자 "12.17 1주년 추모행사에 돈이 많이 들어서 그렇다"라고 답변하였다. 결국 내년도 휴가 3일치를 추가로 가불하여 주는 것으로 합의하였으며 결국 135불 수준이 되었다.

　　타사에 확인해 본 결과 10월분 임금보다 낮아진 기업에 대해 이러한 방식으로 요구하고 있는 것으로 보였다.33)

　　한편 임금의 장기 체불 문제는 기업의 약한 고리라고 할 수 있으며 노동력의 '유지'에도 영향을 미쳤다. 2009년 11월 11일 총국은 임금체불 근로자들의 생활상 어려움을 보장할 수 없어 그들의 이동을 허용할 수밖에 없다면서 장기체불업체 9개사를 대상으로 체불 정산을 요구하였다. 총국이 임금체불 문제에 개입하는데 대해 문제의식을 가질 수 있지만 국가가 근로자의 생계를 보장하는 북한 사회를 감안하면 충분히 이해가 가는 측면이 있었다. 만일 자본주의 사회에서 기업들이 임금을 장기 체불할 경우 해당 근로자들은 당연히 타사로 이동 하였을 것이다. 그러나 근로자의 이동이 제한적이었던 개성공단에서는 총국이 임금체불 중인 근로자들의 생활상 문제를 보장해주어야 하는 현실적인 어려움이 제기되었고 그 결과 임금체불 문제에 대한 직접적 개입이 불가피했던 것이다.

　　지난 11월 9일 총국 관계자 면담 시 "총국의 전달 사항이다. 15일까지 체불노임(2009년 6~9월분 12,608불)을 청산하지 않을 경우 노력이 출근하지 않을 수도 있다"는 내용을 들었다.

　　금일 아침 총국 관계자 2명이 방문하여 "이전에는 노임이 체불되더라도 국가가 보장해 주었으나 체불 기업이 증가하여 더 이상 보장이 어려우며 부득이 강경 조치를 취할 수밖에 없다"라고 하였다. 체불 노임을 11월 말까지는 청산할 계획이다.34)

　　10월 15일경 총국 총화를 마치고 난 종업원 대표가 10월 20일까지 노임 납부를 하지 않으면 근로자들 요구대로 처리하겠다고 총국이 이야기했다고 한다. 그 이유에 대해 "그동안 총국이 생활비를 근로자에게 대신 지급했는데 체불이 증가하고 있어 그럴 여유가 없다"라는 것이다.

11월 6일 총국 관계자가 면담 자리에서 15일까지 임금을 미납할 경우 그동안 퇴사하겠다는 근로자 요구를 통제하여 왔으나 앞으로는 관여하지 않겠다고 했고, 종업원 대표는 30명의 퇴사자 명단이 제출되었다고 언급했다.

기업은 노임 납부 담당자에게 분할납부 계획을 작성하여 16일 5만 불, 20일 2만 2천 불을 제시했으나 거절당했다.[35)

라. 임금과 생산성

임금은 근로자들이 노동의 대가로 수령하는 금액이기에 기업으로서는 생산성과 직접적인 연관이 있을 수밖에 없었다. 이러한 임금을 둘러싸고 우리 기업과 북한 근로자 간에는 다양한 협상이 진행되었다. 임금협상은 노사관계의 주요 영역인 생산과 분배에 있어 직접적인 영향을 미치게 되는데 기업의 생산성에 임금이 어떠한 영향을 미치는지는 여러 사례를 통해 확인할 수 있었다.

여기 한 기업의 임금 수준 변동과 생산성의 관계를 살펴보자.

〈표-62〉 2011년 L사 임금 대비 생산량

월	인당 평균	월별 생산량	생산액(불)
1	128.21	65,547	238,514
2	134.95	66,559	227,603
3	119.14	92,849	337,538
4	148.42	83,491	250,062
5	125.95	59,273	157,490
6	109.59	58,763	273,016
7	131.04	49,417	257,421
8	160.15	51,324	269,451
9	214.25	94,823	481,176
10	205.67	103,386	549,120
11	184.05	48,962	248,472
12	173.21	57,233	297,971

※주: L사 내부자료.

이 기업의 경우 평균임금 인상이 있을 때마다 월별 생산량이 연동되어 증가함을 알 수 있다. 예를 들어 9~10월의 경우 임금 인상 수준이 가장 높은데 이 시기의 생산성 증가율은 임금 인상 폭을 훨씬 뛰어넘는다. 이러한 임금 인상은 후술하는 L사의 인터뷰에 언급되었듯이 연장, 철야근로수당과 같은 정액임금이 아닌 생산성과 연계된 인센티브의 증가에 따른 결과였다. 그러나 기업들의 인상 폭 상승이 지속적인 것은 아니었으며 일시적으로 나타났는데 일시적 생산성 증가 활동은 '생산전투'라고도 불리었다.

이 자료를 보면 임금 인상률에 비해 생산성 증가율이 훨씬 크다는 점을 알 수 있다. 특히 급격하게 임금이 인상되었던 2011년 9~10월에는 임금 인상률에 비해 생산성의 증가율이 급격하게 증가하였다. 이 자료를 통해 우리는 기업이 지급하는 임금과 그로 인한 생산성과의 연관성을 확인해 볼 수 있다.

〈그림-20〉 2011년 L사의 임금 인상에 따른 생산액 변동

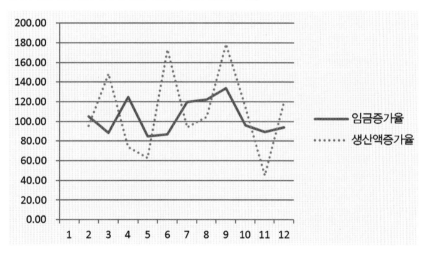

우리는 L사의 인터뷰를 통해 임금 인상에 대한 L사의 입장과 주요 임금 보전 수단을 주목할 필요가 있다.

근로자들의 생산성에 따라 인센티브를 주고 있으며 효과가 상당히 크다.

생산량 1천 장당 총 1천 불씩의 인센티브를 주고 있다. 예를 들어 1천 9백 장을 하더라도 1천 불을 주고 있으며 2천 장을 넘어야지 2천 불을 주는 시스템이다. 그 외 연장·철야에 따른 시간외수당은 별도로 주고 있다.

1천 장의 기준은 상의를 기준으로 하고 있으며 바지와 치마는 각 2장, 티는 7장을 상의 1장으로 쳐주고 있다. 최종 인센티브 지급 시에는 불량률 등을 고려하여 지급하고 있다. 그러다 보니 생산성이 기존 정액임금 대비 2배 이상 상승하였다. 개인별로는 근태 불량자, 주요 공정 수행자 등에 따라 차등 지급하고 있는 것으로 알고 있다. 현재 근로자가 1,203명으로 만약 1천 불을 받는다면 근로자 1인당 약 1불 수준에 불과하다. 그러나 기업은 지불하는 금액에 비해 생산성이 높아 효과가 크다.

2010년 11월 장려금 총액은 22,600불로 전체 근로자 1,203명으로 환산 시 1인당 18.8불 수준의 장려금이 지급되었다.

종업원 대표는 매일 간부회의를 소집하여 생산성을 독려하고 있다. 이 생산회의에는 40여 명의 관리, 조·반장 등이 참여한다. 매주 월·수요일은 연장근로를 안 하는 날로 정하고 있으나 생산성을 맞추기 위해 직장장이 연장 없는 날도 연장근로를 하는 등 매우 적극적으로 도와주고 있다. 작년 10월에도 철야근무를 7번씩이나 했다.

종업원 대표가 요구하는 것도 많이 있기는 하다. 예를 들어 청소 파트도 반장을 만들고 해서 조·반장이 60여 명이 된다. 그러나 종업원 대표는 이들을 통해 문제가 있을 경우 지적하고 장악하고 있다.

타 기업에서 인센티브 제도가 실패하는 이유는 성과에 대한 적절한 보상이 이루어지지 않고 있기 때문이라고 생각한다. 성과가 높게 나온 만큼 그에 대해 보상하는 것이 동기유발의 중요한 요인이 아닌가 생각하고 있다. 또한 상호 간에 신뢰 형성도 중요하다고 생각한다.

기업이 신뢰를 갖게 된 결정적인 이유 중의 하나는 사무실 경리 담당 직원과의 대화 도중 "근태 불량자에게도 인센티브를 준다면 출근하여 열심히 일하는 사람은 무엇이냐"라고 대답하는 모습에서였다. 사무직원들이 노동보호물자 교환 때도 자재 낭비를 막기 위해 명확히 잔여량이 남아 있는지를 확인하여 지급하는 등 상호 간에 신뢰가 형성되어 있다.[36]

이상의 내용과 같이 임금은 개성공단 노사관계에서 주요한 협상 영역의 하나였다.

마. 노동보수계산서

노동보수계산서는 노사관계의 핵심이라 할 수 있는 임금의 영역을 두고 관리위원회와 총국 간 그리고 입주 기업과 북한 근로자 간 진행했던 협상 결과의 함축판이라고 할 수 있다. 현재 활용하는 노동보수계산서 양식은 총국이 일방적으로 통지한 노동세칙의 틀을 많이 따르고 있지만 우리는 노동보수계산서의 변화 과정을 통해 임금 관련 협상 흐름을 살펴볼 수 있다.

〈그림-21〉은 관리위원회와 총국 간의 협의를 거쳐 개성공단 입주초기부터 활용되던 양식이다. 노동보수계산서는 노동규정에 따라 연장·야간·휴일근로 수당의 비율을 명기하였다. 노동보수는 노임, 가급금, 장려금, 상금으로 구성되어 있었으며 다시 노임은 기본노임과 초과노임, 공제노임으로 구분되어 있었다. 이 중 사회보험료는 노임 항목의 노임계를 기준으로 15%를 부과하였다.

〈그림-21〉 기존 노동보수계산서

No	성명	성별	생년월일	부서직종	입직년월일	월로임	일로임	시간로임	로동시간									로임				가급금	장려금·상금	월로동보수계	수표
									가동일수	연장	야간	휴일		결근	지각	조퇴	외출	기본로임	초과로임	공제로임	로임계				
										150%	150%	200%	200%												

이후 2008년 총국은 노동보수세칙상 1일 이상 연속근로에 대한 가급금 조항을 신설하여 해당 구간에 대해서는 300%의 가급금이 부과되도록 하였다. 당시 총국의 논리는 300%의 가급금 부과가 목적이 아니라 과도한 노동을 막자는 취

지라고 설명하였다.

300% 가급금 조항의 반영 문제와는 별개로 관리위원회와 총국은 초과노임과 가급금 항목의 개념과 해석상의 문제에 대해 공유하고 이의 개선을 위한 협의를 진행하였다.

기존에 연장·야간·휴일근로수당 계산 시 초과노임은 100% 부분만을 명기하고, 가급금은 초과에 따른 할증률, 즉 연장·야간의 경우 각 50%를 휴일의 경우 100%를 기재토록 하였다. 그러나 우리로서는 사실상 초과노임과 가급금을 구분하는 실익이 없었기에 초과노임을 없애고 가급금 항목에 일괄 통합하자는 안을 제시하였다. 이 경우 사회보험료의 산정 기초인 노임계에서 초과노임 부분이 제외됨에 따라 우리 기업들의 사회보험료도 일정 부분 감면되는 효과가 있었던 것이다.

이후 총국은 〈그림-22〉와 같이 300% 가급금 조항을 반영시키고 초과노임을 가급금 항목에 통합시킨 노동보수계산서 양식을 노동보수세칙 통지 시 붙임으로 송부해 왔다.

〈그림-22〉 2008년 통지 노동보수계산서

N o	이름	성별	생년월일	부서및직종	입직년월일	월노임	임로임	시간로임	로동시간										로임			가급금	장려금·상금	월로동보수계	수표
									가동일수	연장시간		야간로동 시간		휴식일근무시간	결근일수	지각일수	조퇴일수	외출일수	기본로임	공제로임	로임계				
										1 (150%)	2 (300%)	1 (150%)	2 (200%)												

그러나 총국은 초과노임의 가급금 통합에 따라 사회보험료가 줄어든다는 내용을 인지하고서는 해당 노동보수계산서를 활용하지 말 것을 긴급히 요구하였다.

〈그림-23〉 2009년 활용 노동보수계산서

번호	이름	입직년월일	월로임	일로임	시간로임	가동일수	경조휴가	휴가	휴무	로동시간				결근	휴식	조퇴	로임				가급금	직제금	장려금·상금	휴가비	경조비	휴무비	월로동보수계	수표
										연장 150%	야간 150%	휴일 300%	200%				기본노임	초과노임	공제노임	노임계								

〈그림-24〉 2011년 활용 노동보수계산서

NO	이름	입직년월일	월로임	일로임	시간로임	가동일수	경조휴가	휴가	휴무	로동시간				결근	휴식	조퇴	로임					가급금	직제금	장려금·상금	월로동보수계	휴무비	수표
										연장 150%	야간 150%	휴일 300%	200%				기본로임	초과로임	휴가비	공제로임	로임계						

이후 기업에서는 〈그림-23〉과 같이 기존의 노동보수계산서에 야간 근로 시 300% 가급금이 추가된 노동보수계산서가 활용된다. 물론 이러한 300% 가급금이 명기된 노동보수계산서는 초기에는 실제 1일 이상 연속 근로를 실시하는 기업을 대상으로 활용되기 시작했다. 그러나 이후 24시나 02시에 업무가 종료되어 300% 가급금을 지급할 필요가 없는 기업에서도 근로자들이 300% 적용을 요구함에 따라 확산되기 시작했다.

한편 총국은 〈그림-24〉와 같이 노임 항목 안에 휴가비의 반영을 요구하기도 하였다. 북한의 논리는 근로자들이 정기휴가나 산전후휴가를 사용하는 경우 해당 기간 동안의 임금을 사회보험료의 산정 기초인 노임 항목이 아닌 다른 곳에 기재함에 따라 해당 휴가 기간 동안에는 사회보험 혜택을 받지 못한다는 이유 때문이었다. 노동규정상 사회보험료를 재원으로 하여 무상교육, 무상치료, 사회보험, 사회보장 같은 것이 이루어지기에 총국의 주장이 전혀 설득력이 없는 것은 아니었다. 이에 휴가 기간 동안 지급되는 금액인 휴가비를 노임 항목 내에 편입시키게 된다. 그러나 휴가를 사용하지 않아 연말에 발생되는 휴가비는 사회보험료의 중복 발생이 되기에 연말 휴가비는 노임 항목에 포함시키지 않도록 하였다.

〈그림-25〉 2015년 통지 노동보수계산서

번호	이름	성별	생년월일	입직날자	직제·직종	월로임	일로임	시간로임	가동일수	휴직일수	정기산전산후보충휴가일수	로동시간					휴식일노동	결근	지각	조퇴	로임									상금	장려금	생활보조금	퇴직보조금	로동보수총액
												연장		야간							초과로임	로동시간가급금	년한가급금	직종가급금	직제가급금	정기및보충,산전,년간휴가노임	공제로임	월로임계					
												150%	300%	150%	200%																		

오랫동안 임금 항목에 대해 문제의식을 가지고 있던 총국은 2014년 12월 8일 13개의 노동규정을 수정 통지하였다. 이후 2015년 4월 14일 총국은 노동보수세칙을 통해 수정된 노동보수계산서를 배포하였다.

수정 통지된 노동보수세칙에서의 가급금이란 노동시간밖의 연장작업과 야간작업, 노동시간안의 야간작업을 시켰거나 명절일, 휴식일에 노동을 시킨 경우, 근무년한, 노동의 차이, 학력 및 기술기능수준, 직제, 직종 같은 것에 따라 추가적으로 지불하는 노임이었다. 이에 따라 초기부터 사용되던 연장·야간·휴일근로 시 지급되는 수당으로서의 '가급금'은 '노동시간 가급금'으로, 그 외 근속수당, 직종수당, 기능수당 등과 같은 것은 각각 '연한 가급금', '직종 가급금', '직제 가급금'이라는 표현으로 변경하였다. 아울러 기존에 노임계 항목에서 빠져있던 가급금을 노임계 항목에 반영하였다.

이는 초기부터 사용되던 노동보수계산서와 비교하면 많은 항목의 변화가 있는 것으로 임금제도의 근본적 변화를 의미하였다.

바. 제도화 수준

개성공단에서 노사관계 제도화의 수준은 어느 정도였을까? 제도화의 수준은 그 결과물이 어떠한 형태로 나타나는 것인가 라는 질문과 같다고 할 수 있다.

개성공단의 경우에는 노사관계의 결과물이 우리의 단체협약과 같은 문서화된 형태가 아니라 '상호 인정'과 '관행'이라는 형태로 나타났다. 기업들은 북한 종업원 대표와의 상시 협의에도 불구하고 그 결과물 도출에 있어 문서화된 형태가 아닌 쌍방 간 묵시적인 '상호 인정'과 성문화되지는 않았지만 쌍방 간에 이의제기 없이 진행되는 '관행'이라는 형태로 노사협상의 결과물을 도출하고 유지하였다.

이는 문서화에 익숙하지 않은 북한 근로자들의 특성에 기인하는 측면이 있었다. 북한 근로자들은 전반적으로 문서 활용에 익숙하지 않았는데 2005년 경 I1사는 문서화에 익숙하지 않은 근로자를 위해 회의 기록 정리와 같은 낮은 단계부터 교육을 실시한 바 있다. 당시 I1사가 보기에 북한 근로자들은 노동보호 물자인 라면 1개를 분실하면 이를 철저히 기록하고 관리를 했지만 상대적으로 더 중요하다고 할 수 있는 회의결과 정리에는 매우 소홀한 측면이 있었다고 한다. 그에 따라 회의 결과를 기록·정리 후 보고하는 방법 등을 가르쳐 주기도 하였다고 한다.[37]

S2사 관계자는 북한 근로자들의 업무수행 능력에 대해 다음과 같은 평가를 하였는데 이러한 평가를 통해서 북한 근로자들의 문서화 수준을 알 수 있다.

> "북측 성원들은 '공식적', '체계적', '행정본위'의 업무처리 절차나 능력을 배양하지 않는 것 같다. 행간에 오해의 소지나 문장이 지나치게 함축적이면 해석의 오류가 있고 한국식의 1항, 2항, 3항, 가, 나, 다, 라 등 요약하여 보고하거나 정리하는 것에 익숙하지 않아 보인다. 그러다 보니 문서를 읽을 때 처음부터 끝까지 모든

문구를 읽고 있어 답답하기도 하였다. 문서 읽는 속도가 느린 것을 끊임없이 수정하고 교육한 결과 남측의 기안서와 보고서 양식대로 작성하게 되었다."[38]

이러한 '상호 인정'과 '관행'의 형태는 문서화에 소극적인 북한 근로자들의 태도와도 관련이 있어 보인다. 아울러 우리의 단체협약과 같이 노사협상의 결과물로서의 합의서 체결에 대한 인식의 부재도 일정한 영향을 미친 것으로 보인다. 다른 한편으로는 우리의 단체교섭과 같이 특정 시기에 규범적 부분과 채무적 부분을 한꺼번에 논의하는 방식이 아니라 주로 '임금 및 근로조건'만을 가지고 상시 협의하는 방식이 빈번하다 보니 단체협약과 같은 문서화 방식의 필요성을 인식하지 못했던 측면도 반영된 것으로 보인다.

그러나 단체협약은 아니더라도 북한 근로자들의 문서화에 대한 인식은 점진적으로 변화를 보였다. 〈표-63〉는 2011년 9월 우리 기업과 북한 종업원 대표 간에 '노동보호물자 지급 기준'을 합의하여 문서화 한 것이다. 이 D1사는 이후 매월 '월간 업무협의서'를 만들어 각자가 제기한 사항에 대한 협의 결과를 '합의', '미합의'로 명시하고 법인장과 종업원 대표가 동시 서명함으로써 합의사항에 대한 이행력을 담보하였다.

〈표-63〉 D1사 노동보호물자 지급기준

로동보호물자 지급기준(2011.9.26, D1사)
1항. 로동보호물자로 지급하던 빵은 1인당 5개로 하고 추가로 지급되던 로동보호물자는 로임에 1인당 10$씩 지급한다.
2항. 조별로 주 생산계획을 불량없이 수행했을 때 1일 특근한 것으로 상금을 지급한다. 그리고 월 3차 이상 계획을 원만히 수행한 조에는 성과금을 로동보호물자로 별도 지급한다.
- 로동보호물자 지급기준→1인당 라면 5개 별도 지급함.(월 말일)
- 입사 2년 경과한 로동자에 한하여 기본로임 2일분을 장려금으로 지급한다.
- 단, 3일 이상의 결근자는 상금 및 성과금 없음.

3항. 연장근무에 관한 장려금 지급 기준(모든 부서 동일)

(가) 월중 5일 이하 연장했을 경우에는 장려금 없음.
(나) 월중 5일 이상~10일 이하 연장했을 경우에는 1일 로임을 장려금 지급
(다) 월중 11일 이상~20일 이하 연장했을 경우에는 3일 로임을 장려금 지급
(라) 월중 21일 이상 연장했을 경우에는 5일 로임을 장려금 지급

〈지급기준 예: 월 로임(63,814$)/25일=일 로임(2.6$)〉

- 3항.(나) 기준 예: 일 로임(2.6$)/5일=0.52$ 8일 연장했을 때 0.52$*3일=1.56$ 지급함.
- 3항.(다) 기준 예: 일 로임(2.6$)*3일=7.8$ 15일 연장했을 때 7.8$/10일=0.78$*5일=3.9$
  지급함.

4항. 검사조는 출하물량을 보장하면서 월 2차 이상 반복불량이 본사에서 제기되지 않을 경우 20$의 상금을 지급한다.

※ 2항에 관한 세부사항은 생산관리와 협의한다.

시행일: 2011년 9월 26일부터

한편 문서를 통해 임금 및 근로조건을 요구하는 사례는 2012년 이후 여러 기업에서 확인이 되었다. 다음은 개별 기업에서 북한 근로자들이 '문서'를 통해 임금 인상을 공식적으로 요구했던 사례이다.

당시 'V사' 북한 종업원 대표는 '상금 및 장려금 지불세칙(잠정)(초안)'이라는 문서를 기업에 통지하였는데 이것이 기존 통지된 노동세칙(5개) 이외에 추가적인 노동세칙인지 여부를 확인하였으나 총국이 제정한 '세칙'이 아니라 '노동규칙'을 '노동세칙'으로 잘못 사용한 것으로 확인되었다. 즉 동 자료는 '노동세칙'이 아니라 해당 기업 북한 근로자들의 단순한 '임금 지급 요구 기준'이었다. 이 자료를 살펴 본 바 북한이 기존에 통지한 노동세칙상의 개념구분에 근거하여 상금 및 장려금을 요구한 것으로 확인되었다. 당시 개성공단 내 입주 기업들은 목표 달성에 따른 성과급 개념으로 '상금'과 '장려금'이 혼재되어 사용 중이었다. 그런데 이 자료는 노동세칙상 표현과 동일하게 '상금'은 목표 달성에 따른 성과급으로, '장려금'은 직종·연한·기능 등에 따라 지급하는 것으로 구분하여 요구한 특징이 있었다. 상금제의 지급 재원과 관련하여 임가공 단가 총액의 일

정 비율을 상금기금으로 조성하도록 하고 있으며 기금 조성[39]과 관련하여 '본사의 임가공 단가 책정이 부당하다고 판단 시' 공장 내 남북 협의에 의한 '환산 임가공 단가' 적용 가능성을 거명했다는 점에서 임가공 단가 문제에 대한 북한 근로자들의 문제의식을 유추해 볼 수 있다.

〈표-64〉 V사 근로자 요구사항

상금 및 장려금 지불세칙(잠정)(초안)(2012.3.23. V사)

공장에서는 생산성을 높이고 종업원들의 기술기능수준을 개선하기 위해 상금제와 장려금제를 실시한다.

1. 상금제
- 재봉반(재단, 완성, 특수, 기타조 포함) 성원들에 대하여 매월마다 월간 생산된 제품의 임가공단가 총액의 5%에 해당한 금액을 상금액으로 적립하여 지불한다. 그러나 본사에서 부득이한 사정으로 생산효율과 맞지 않게 임가공단가를 정하였다면 개성공장 관리자들이 합의하여 환산임가공단가를 규정하고 그 단가를 적용한다.
- 공장관리자들은 월간 계획생산량을 확정하고 월마다 계획량을 초과한데 대하여 별도로 상금을 지불한다. 이 상금은 초과생산된 부분의 제품수량에 해당 임가공 단가를 곱하여 얻어진 금액의 50%로 한다.
- 재봉반에서 자재보장 또는 기대조건으로 일 및 월 생산계획수행에 지장을 받은데 대하여서는 생산수량을 환산하여 준다.
- 생산효과성이 높은 발명, 창의고안을 한 종업원에게 특별상금을 합의하여 준다.
- 자수반 성원들에 대한 상금은 별도로 한다.

2. 장려금제
- 종업원들이 같은 직종에서 고착되어 일할 때의 생산효과성을 장려하기 위하여 직종 가급금을 적용한다. 직종가급금은 재봉공, 특수기대공, 자수반기대공에게 3불, 칼사 및 연단공, 완성반 다리미공에게 4불, 재봉반 다리미공, 재단반 사입공들에게 2불을, 이외 성원들에게 1불로 결정하고 월마다 적용하며 해마다 1불씩 덧붙여 적용한다.(년한가급금)
- 기대공들이 기술기능수준을 높이기 위해 적극 노력하는 것을 장려하기 위하여 해마다 1차씩 기능급수판정을 하고 합격자들에게는 월마다 5불의 장려금을 준다. 해마다의 기능급수판정에서 전 해보다 기능이 한 급 더 올라간 성원들에게는 2불씩 덧붙여 적용한다.(급수 가급금)
- 특이한 기술기능을 소유한 종업원들에게는 특별장려금을 적용한다.

한편 장려금제는 기존 북한의 제도상 보장되어 있던 항목을 그대로 요구한 것이었다. 개성공단의 경우 다수의 기업이 직종별 차등을 실시하였으나 그 수준은 기업에 따라 상이하였다. 연한에 따른 차등도 다수 기업이 미지급하고 있었으며 지급기업의 경우에는 근속년수당 1불씩을 지급하고 있었고 기능급수를 고려한 장려금은 북한의 기능급수에 대한 기업들의 불신에 따라 미지급 중이었다.[40]

〈표-65〉 M2사 근로자 요구사항

상금, 장려금 지불 기준표(초안)(2012.2.10, M2사)

리유: 현재 일, 월 생산계획과 상금, 장려금 지불이 북과 남이 서로 완전히 합의하지 못하고 남측이 일방적으로 작성해 놓은 것이므로 현실에 맞게 재조정할 것이다.

1. 근속년한 가급금

　매 1인당 매 년에 1불씩 올려 매월 지불한다.

　례: 275명 중 4년 180명*4불=720불, 3년 35명*3불=105불, 2년 40명*2불=80불
　　　　1년 20명*1불=20불, 계 925불

2. 기대공들에 대한 장려금

　회사안의 모든 기대공들을 1급 50%, 2급 50%로 나누어 매월 1급 5불, 2급 3불씩 추가 지불하여 기대에 정통하며 제품의 질을 높이고 생산량을 높이기 위해 노력하도록 한다.

　례: 재봉기 10명, 련폭기운전공 4명, 량대기운전공 8명, 강성기계 8명, 열처리 10명, 얀코팅 6명

　1급 23명*5불=115불, 2급 23명*3불=69불, 46명 계 184불

3. 로동강도에 따르는 장려금 재봉반에 비한 련폭반의 로동강도가 더 크므로 장려금제를 실시하여 힘든 부문에서 일하는 성원들에 대한 물질적 평가를 해주도록 한다.

　례: 110명*3불=330불(매월)

4. 야간근무성원들의 육체적 피로 상태를 고려하여 매일 0.5불씩 지불한다.

　례: 120명*0.5불=60불

　두주 야간 60불*12일=720불

5. 식자재비를 현재 0.65불에서 0.9불로 지불한다.

M2사에서도 종업원 대표가 상금·장려금 지불 기준표를 작성하여 기업에 이를 요구한 바 있다. 이러한 종업원 대표의 요구에 대해 기업의 의견은 다음과 같았다.[41]

"①근속연한 수당은 기존에 없었던 사항을 추가로 요구하는 것, ②기대공은 숙련공을 의미하나 1급과 2급으로 나누는 기준이 없으며 숙련을 요하지도 않음, ③연폭기는 폭을 붙이는 작업을 하는 기계, 양대기는 말아서 끝처리를 하는 기계, 강성기계는 위사와 경사의 형태로 격자로 짜는 기계, 열처리는 원단을 색상을 입혀 코팅하는 것, 얀코팅은 맨실(하얀실)을 집어 넣어 코팅하는 것, 공정은 실-얀코팅-강성기계-그리드 생산의 절차이다. ③노동강도는 2010년 5월 최초로 연폭반 근로자에 대해 생산계획 달성 시 성과급을 요구하여 지급 중, 목표와 상관없이 전체 근로자에 대해 기본으로 1천 불을 지급(전체 근로자 110명 기준 1인당 1불 수준), 매월 1인당 900미터 달성 시 2천 불, 1천 미터 달성 시 3천 불, 1천1백 미터 달성 시 4천 불, 1천 2백 미터 달성 시 5천 불을 지급, ④야간성원에 대한 별도의 임금 지급은 노동규정에 따라 이미 지급 중, ⑤식자재 비용의 경우 2011년 11월 말에 0.6불에서 0.65불로 이미 합의하여 2012년 1월부터 시행중, ⑥결과적으로 보면 매월 3,815불(925불+184불+330불+720불+1,656불)을 지급해야 하는 상황으로 2011년 평균 지불 수준은 3,925불이었음. 기업으로서는 추가로 이렇게 요구하는데 대해 동의할 수 없으며 기존 수준 대신 요구 수준을 지급하고 끝내는 방향으로 협의할 계획" 등이었다.

V사와 M2사의 특징은 장려금·상금 관련 요구사항을 구두로 제기하였던 수준에서 벗어나 일괄적으로 정리하여 서면 형식으로 기업에 제기하였다는 데 있다.

2. 복리후생

가. 노동보호물자

개성공단에서는 북한 근로자에게 제공되는 다양한 복리후생을 노동보호물자라는 표현으로 사용하였다.

북한은 노동보호물자를 '생산과정에서 발생할 수 있는 위험성과 유해조건으로부터 개별적인 노동자들을 보호하기 위한 보충적인 보호수단'으로 정의한다. 이러한 노동보호물자에는 노동보호용구, 작업 필수품, 영양제와 보호약제, 해독약제, 피부보호제, 세척제 등이 있다.[42]

노동보호용구는 노동재해의 위험성과 유해조건으로부터 신체조직의 개별적 부위들을 보호하기 위한 개인적인 노동보호수단이다. 여기에는 보안경, 보호모자, 보호면, 방독면, 각종 마스크 등이 해당된다. 작업 필수품은 생산자들이 작업을 하는데 반드시 있어야 할 필수적인 물품이다. 작업 필수품의 종류와 규격, 재질 및 색깔은 산업부문들과 그 작업의 특성 등에 따라 다양하게 만들어진다. 영양제와 보호약제는 근로자들의 건강을 보호하며 노동과정에 소모된 힘을 회복시키기 위하여 보충적으로 공급되는 여러 가지 식료품들과 약제들이다.[43]

이러한 노동보호물자는 수행 직종에 따라 다양한데 이를 종류별로 열거하면 다음과 같다.

〈표-66〉 노동보호물자 유형

유형	품목
개인 위생용품	세면비누, 세탁비누, 면도기, 샴프, 린스, 식기세척제, 수세미, 가루비누, 치약, 칫솔, 점보롤 휴지, 수건
작업용품	반코팅 장갑, 완전코팅 장갑, 면 장갑, 예식용 장갑, 고무 장갑, 장화, 우의, 우산
기타	구두약, 구두솔
간식	종이컵, 봉지라면, 커피, 초코파이, 콜라
청소용품	밀대, 걸레, 갈대비, 쓰레받이, 바게쓰, 먼지털이개, 물밀대
피복	근무복(하복·동복)
신발	안전화, 슬리퍼, 운동화, 구두

물론 이러한 노동보호물자는 매월 지급되는 것은 아니며 품목에 따라서는 분기 또는 반기 1회씩 다양하였다. 특정 수행 업무에 따라 해당 업무 수행자에

게만 개별적으로 지급되는 것도 있으며 일정 인원수당 1개씩 집단적으로 지급되는 등 그 대상도 다양하였다.

노동보호물자로 대표되는 복리후생의 범위에는 기업과 근로자들 간에 인식의 간극이 존재하였다.[44] 북한 근로자들은 통상 개별적으로 구입하여 사용해야 할 품목에 대해서도 노동보호물자로 요구하는 경향이 강하였다. 이는 노동보호물자라는 개념이 북한의 사회주의노동법에 보장된 부분으로 북한의 공장·기업소들이 노동보호물자 형식으로 생활상의 많은 부분을 보장해주었던데 대한 근로자들의 무의식적 행태가 반영되었던 것으로 보인다.

노동보호물자 중 우리 기업과 북한 근로자 간에 논란이 되는 영역은 '영양제' 부분에 해당하는 국거리와 간식이었다.[45]

나. 간식

간식의 경우 처음부터 고정적으로 지급된 것은 아니었고 복리후생 차원에서 간헐적으로 지급했던 것들이 점차 고정화 되어가기 시작하였던 것이다. R사의 사례를 보자.

> 2005년 7월 토요일에 북한 근로자들의 체육대회를 개최하면서 간식으로 초코파이를 하나씩 제공하였다. 그리고 그 다음 토요일에는 일이 밀려있는 라인의 사람들에게 출근해서 일하도록 하면서도 일이 바쁘지 않은 라인의 사람들은 하루를 쉬도록 하였다. 그런데 출근해서 일하게 된 북측 근로자들이 "지난주에는 체육대회를 하면서 초코파이를 주었는데 이번 주에는 일을 하니 어떤 것을 주느냐"고 물어왔다. 이처럼 북측 사람들은 한번 무엇인가를 제공하면 이를 당연시 하면서 계속적으로 요구하는 경향이 있으므로 새로운 것을 제공할 때는 신중해야 할 것으로 생각하고 있다.[46]

이러한 과정을 거쳐 기업들은 통상 주간근무 시간에 2개, 연장근무 시간에 시간당 1개씩 간식으로 초코파이를 지급하였다. 위의 R사의 경우에는 초기에 연장근무를 해야 주간근무 시간까지의 초코파이를 지급했고 연장근무가 없는 자는 아예 지급하지 않았다. 그러자 연장근무가 없는 자의 경우 초코파이를 한 개도 받지 못하는 불합리가 발생하였다. 이에 종업원 대표가 토요일 국(0.5불) 대신 초코파이 지급을 요청함에 따라 연장이 없는 자는 1주 1개씩(0.5불=초코 파이 5개/4주=1인당 1개) 불출이 가능했다.[47]

그러나 이러한 지급기준은 시간이 지나면서 조금씩 수량이 확대되었는데 야 간에 근무를 하거나 출퇴근 거리 및 노동강도를 감안하여 복리후생 차원에서 추가로 지급되기도 하였다. 2007년 조사 시 기업들은 야간근무를 할 경우 통상 국과 초코파이(1인당 2개씩)를 지급하고 있었으며, 이러한 복리후생 비용은 9 월 현재 1인당 614원 수준(국: 0.5불*940원=470원, 초코파이: 72원*2개=144원) 이었다.

기업에 따라서는 이외에도 추가적인 품목을 지급하는 사례가 있었는데 J사 는 밥(340원 수준)을 지급하였고, R사는 국 대신 라면을 지급하기도 하였으며, P사는 연마·도장 등 노동강도가 강한 근로자에 대해 연장근무 시 초코파이 2개를 추가 지급하였다. T2사는 야간에 국이 제공되지 않을 시 초코파이 6개를 지급하고 있었다.

S2사는 원거리 근로자에 대한 간식으로 연장근로 1시간당 초코파이 1개, 연 장근로 2시간 시 3개를 지급하고 있었다. 이는 개성시 인근 근로자에게 연장근 로 2시간 시 2개를 주던 것보다 많은 개수였다. 전체 근로자 중 30% 이상이 원거리 거주자로서 연장근로에 상당한 애로가 있었으며, 종업원 대표도 노무관 리에 어려움이 있다면서 빵을 1개라도 더 주면서라도 연장근로를 시킬 수밖에 없다는 이야기를 하였다고 한다. 자체 버스 구입의 어려움으로 출퇴근에 애로 가 있던 상황에서 근로자들에게 연장근로를 시키기 위해서는 부득이 초코파이 라도 하나씩 더 주는 것이 낫겠다고 생각하여 연장근로 시 3개를 지급하게 된 것이었다.[48]

2011년 3월 기준 조사 시에는 초코파이는 1일 평균 주간근무(8시간) 시 4개, 연장근무(2시간) 시 2개를 지급하며 주간·연장 합산 시 1일 평균 0.6불(1인당)이 소요되는 것으로 파악되었다.[49)]

간식으로는 '초코파이'를 비롯한 여러 품목들이 있었고 다양하게 변하였다. 그러함에도 여전히 '초코파이'와 같은 종류가 선호되고 있었으며 지급 개수와 관련해서도 북한 근로자들의 요구가 점차 강해지기도 하였다. 간식은 근로자의 생산성 향상을 위해 기업 자율적으로 지급하는 품목이지만 북한 근로자들의 경쟁적 요구, 기업들의 간접비 증가 요인, 북한 근로자의 목적 외 활용(환금성) 등으로 문제가 제기되기도 하였다.

다음은 동일한 금액 하에 초코파이에서 타 품목으로 대체된 사례이다.

> 기존 간식으로 주던 초코파이를 북측 물자공급 기업(아리랑)과 계약하여 계란으로 지급하고 있는 중이나 가격이 급격히 인상되었다. 2010년 0.13불에서 0.17불로 인상되었고 초코파이와 계란을 1:1로 지급 하였으나 가격 인상으로 1주 6개를 1주 4.5개로 줄여서 지급하였다.
> 2011년 5월 17일 0.17불이던 것이 0.2불로 인상되고 있어 기업으로서는 지급 개수를 줄일 수도 없어 고민 중이다.[50)]

> 계란이 0.2불로 총국에서 공급되고 있으며 현재의 평균 국거리 비용이 0.6불인 점을 고려할 경우 0.2불은 1/3 수준으로 다른 국거리의 축소를 의미한다. 이는 근로자들의 불만이 상대적으로 큼에도 불구하고 총국 방침에 따르는 것으로 판단된다.
> 본인 판단으로는 국거리 비용이 월 20불, 노동보호물자 비용이 월 30불 수준으로 인건비에 이러한 금액을 반영하면 월 150불 가까이 될 것으로 예측된다. 7월 현재 평균 인건비는 사보료 포함 105불 수준이다.
> 현재 초코파이에 대한 요구가 줄면서 추석 때도 이를 대체할 수 있는 상품에 대한 주문이 증가하고 있다. 라면 1개는 초코파이 3개 수준으로 대체되고 있다.[51)]

한편 이러한 간식비용은 전적으로 우리 기업이 부담하는 개념인데 일부 기업에서는 북한 근로자들이 특정 물품의 구매를 요청한 후 이러한 간식비용을 자기 임금에서 공제해 줄 것을 요구하는 사례가 발생하기도 하였다. 간식의 구입을 위해 북한 근로자들이 자기 임금을 공제한다는 것은 과거에는 상상할 수 없는 부분이었으나 새로이 이러한 변화가 발생하였던 것이다.

> 종업원 대표는 간식으로 콩가루 국물의 필요성을 언급한 바 있으며 그 결과 매일 15시경 간식으로 콩가루 국물을 주고 있다. 이 콩가루 국물은 북측 아리랑에서 구입하고 있다. 그런데 간식비용을 기업에 추가로 요구하지 않고 북한 근로자들 자신의 급여에서 자체 공제하는 방식이다. 이에 소요되는 금액은 월 2,500불인데 근로자들이 자신들의 급여에서 약 3불씩 자체 공제하는 방식이었다.[52]

반면 기업들은 2013년 9월 재가동 이후 늘어나는 간식 등 부대비용의 급증을 막기 위해 공동 대응을 시도해보지만 효과를 보지 못하였다.

당시 기업단체는 그동안 기업들의 부담 요인이라고 주장했던 초코파이·간식 등 노동보호물자와 북한 종업원 대표에게 지원되던 업무용 차량에 대한 공동 결의를 진행하였다.

당시 결의 내용은 초코파이·간식의 경우 주간 8시간 근무 시 0.6불에 상당하는 국거리와 0.2불 상당의 초코파이 등 간식을 지급하는 것을 원칙으로 하되 필요시 0.8불 내에서 해당 간식과 국거리 비용은 자율적으로 정하는 것이었다. 또한 연장·철야근로 시 간식 지급은 주간 목표량 달성을 전제로 지급하되 지급 수준은 시간당 0.1불 수준에서 지급하며 철야근로의 경우에도 시간당 0.1불씩 지급하기로 하였다. 특수직무 종사자에 대해서는 기업단체에서 확인 후 추가 지급하는 것이 타당하다고 판단될 경우 추가 지급도 가능하다는 내용이 포함되어 있었다.

북한 종업원 대표의 업무용 차량 지원과 관련해서는 기본적으로 폐지하는 것으로 의결하였는데 북한 간부 근로자들의 업무지원을 위해 제공해 주던 차량을 해소하자는 내용이었다.[53]

이후 초코파이·간식의 경우에는 실제 생산성이 떨어지는 등 생산에 차질이 생기자 결의를 수용하기 어렵다는 기업들이 발생하였다. 업무용 차량 폐지와 관련해서도 차량을 폐지하는 것이 기업들의 생산성에 영향을 미치고 있다는 반론과 함께 유류 지원을 월 60ℓ 한도로만 제한하자는 수정안이 제시되기도 하였다. 그러나 이러한 기업들의 자율협약은 사실상 2014년 2월에 들어서면서 준수가 어려운 상황이 되었고 결국 기업들은 과거의 관행대로 지급하게 되었다.[54]

한편 임금 및 근로조건 관련 영역은 총국의 일정한 영향력 하에 있으면서도 북한 종업원 대표가 협상력을 발휘할 수 있는 영역 중의 하나였는데 그 대표적인 사례로 우리는 '초코파이의 현금전환 요구'에 대한 북한 종업원 대표들의 현실적인 대응을 들 수 있다.

통상 기업들이 근로자에게 지급하는 초코파이는 ①정규시간 및 연장·야간 근무 시 기본적으로 지급하는 '간식' 개념과 ②성과에 대한 반대급부로 지급하는 '인센티브' 개념으로 구분할 수 있다.

2011년 8월 중순경 여러 기업들에서는 북한 근로자들이 기존에 공급받던 '초코파이'를 '현금'으로 전환해 줄 것을 요구하는 사례가 확인되었다. 당시 주요 관계자들과의 면담 결과 8월 중순부터 기업들의 초코파이 주문 물량이 감소되었다. 관계자들의 설명에 따르면 당시 "총국이 종업원 대표들에게 8월부터 연장근로 또는 성과급 형식으로 지급되던 초코파이의 전부 또는 일부를 현금으로 받을 것을 지시했다"는 것이었다.

이러한 요구에 대해 기업들의 반응은 수용할 수 없다는 입장이었다. "연장근로 시 체력 저하를 감안하여 간식으로 초코파이를 지급하는 것인데, 이 부분이 사라진다면 근로자들이 체력적으로 문제가 발생하며 성과 향상도 기대할 수 없다"는 이유 때문이었다. 한편 총국의 '초코파이의 현금 전환 요구'에 대해 북한 종업원 대표는 총국의 지시를 전적으로 수용하기보다는 일정 정도의 유연성을 발휘하며 대응하였다. 예를 들어 "기존에 정규근무 및 성과에 따라 간식으로 지급받던 초코파이가 평균 1인당 1일 6개 수준이었다면 개인이 가져갈 수 있는 한도를 1일 3~4개로 제한, 초과분에 대해서만 현금으로 가져가는 방식"으로 전환하는 것이었다.

당시 총국의 지시는 우리 언론에서 기사화 되었던 '초코파이 혁명'[55)과 관련한 내용에 대한 불만과 더불어 임금 중 일부가 초코파이로 지급됨에 따라 전반적으로 발생하는 북한의 수입 부족 현상을 바로잡기 위한 조치였다[56) 그러나 이러한 방식은 근로자들의 생산성을 저하시켜 향후 기업에 부담을 줄 수 있던 사안이었다. 아울러 단기적으로는 동일한 재원 내에서 현금으로 전환하더라도 장기적으로는 생산성 제고를 위해 감소된 초코파이만큼 다시 충원해줄 것을 요구할 수도 있었다.[57)

총국 지시에 대한 북한 종업원 대표들의 현실적인 대응 사례는 '초코파이의 현금 전환 요구'로부터 2개월이 지난 시점에서의 수요 변화를 통해 확인할 수 있었다.

당시 8~10월까지 개성공단 내 노동보호물자(간식 등) 흐름을 살펴 본 결과 8월 대비 '초코파이' 수요는 점차 감소한 반면 타 대체재가 증가한 것으로 확인되었다. 초기에는 초코파이의 현금 전환 움직임이 있었으나 북한 종업원 대표들의 현실적인 대응으로 현금 전환 움직임은 감소되고 북한 정부 입장에서 문제가 되었던 '초코파이'를 대체할 각종 간식 품목을 선호하게 되었다.[58) 이 시기 이후부터 기업들이 제공하는 간식이 초코파이 단일 품목에서 점차 계란, 라면, 쌀(밥) 등 다양한 품목으로 확대되었다.

이 지점에서 우리는 초코파이로 대표되는 간식의 성격과 북한 근로자들에 대한 효용성도 살펴볼 필요가 있다. 초코파이의 경우 초기 우리 주재원들이 북한 근로자의 영양 상태 보전을 위해 제공해 준 것으로 여러 품목이 시범적으로 제공된 후 북한 근로자와 우리 주재원 간에 이해관계가 일치되어 제공된 측면이 있었다. 즉 유통기한이 길고 휴대가 편한 초코파이의 제공 규모가 점차 증가하면서 섭취 후 남는 초코파이는 북한 근로자들의 가처분소득으로 활용되었다.

한편 종업원 대표의 경우 총국이 책정한 어느 정도의 임금 상한선 내에서 인센티브 비율의 책정이나 간식 품목 전환 등에 대해 협상력을 발휘할 수 있었다. 이렇듯 협상력을 발휘할 수 있는 영역 내에서 종업원 대표들은 '초코파이의 현금 전환'이라는 상부의 지시에 현실적으로 대응 하였다. 이 시기 이후 인센티브 형식으로 제공되던 초코파이 등 노동보호물자는 일정 부분 현금으로 전환되었으나 간식으로 제공되던 초코파이는 기존 지급 금액 내에서 다른 수단으로 대체하면서 초코파이 비율을 낮추어 갔던 것이다.

한편 2014년 이후에는 북한 근로자들을 중심으로 우리 제품이 아닌 북한 제품에 대한 구입 요구가 증가하기 시작했다. 필자가 판단하건데 당시 북한의 조치는 개성공단에서 지급되는 제품들이 장마당 등에서 유통되는데 대한 체제적인 문제점과 북한 내부 경공업 시장의 확대라는 산업 발전적 측면 등이 복합적으로 고려되어 진행된 것으로 보인다.

그 시기 우리의 '초코파이'가 감소한 대신 '쵸콜레트 단설기', '봉동과자', '콩기름' 등 북한 제품에 대한 주문이 증가하기 시작하였다.

다. 국거리

국거리는 점심시간 중 도시락을 가져오는 북한 근로자들의 식사를 지원하기 위해 제공되었던 노동보호물자이다. 우리 기업들은 끼니당 단가를 정하여 해당 금액 수준에서 북한 근로자들에게 지원을 하였다.

기업들은 점심시간의 경우 1인당 0.5불 수준의 국거리를 제공하였으며 이러한 비용은 점차 증가하여 2010년 이후에는 0.6~0.7불 수준까지 인상되었다. 국거리의 메뉴 선정은 북한 조리원들이 자체적으로 결정하였으며 기업들은 해당 금액 한도 내에서의 비용만을 지불하는 방식이었다. 통상 메뉴로는 만두, 육류(돼지고기, 닭고기), 생선 등이 선호되었다.

이러한 국거리 제공도 북한 근로자들이 타 기업의 사례를 들어 요구하기 시작하면서 공급이 확대되었다. Z2사의 사례를 보자.

2005년 6월경 근로자들이 "다른 기업에서는 점심에 국물을 주는데 왜 우리
회사는 국물을 주지 않느냐"고 요구를 하여 2~3일 후부터 바로 국물을 제공하기
시작하였다. 북측 근로자들은 개성에 입주해 있는 다른 기업의 실정을 서로 이야
기를 통해서 잘 알고 있는 것으로 보이며 다른 기업에서 제공하고 있는 복지 혜
택에 대해서는 바로 자기들도 동일한 것을 해 달라고 요구하는 경향이 있었다.[59]

야간근무 시 국거리 미제공에 대한 반대급부로 초코파이, 라면 등이 보장되
기도 하며 기업에 따라서는 밥을 제공하는 기업들도 생겨났다.

X사는 야간근무 시에는 당일 저녁과 다음 날 아침·점심밥을 제공하였다.
점심의 경우에는 근로자들이 집에 들어가지 못해 도시락을 쌀 수 없었기 때문
이었다. 또한 컵라면 3개, 초코파이 2상자(시간당 1개 개념)도 추가로 지급하
였다.[60]

U사는 야간근무 시 근로자들에게 밥 3끼(전날 저녁, 익일 아침, 점심)와 야
참(24시), 국을 제공하고 있었다. 밥은 개인당 제한이 없으며 야참에는 라면 1
봉지를 지급하였고 국은 낮과는 달리 근로자들이 원하는 내용물이 들어있는
별도 국거리를 제공하였다. 구체적으로는 종업원 대표의 요구에 의해 저녁 국
은 닭을, 다음 날 국은 만두 등을 제공하였다. 이와 별도로 간식으로 초코파이
1박스(12개입)를 제공하였다.[61]

3. 기타 근로조건

가. 편의시설

개성공단 입주 초기 근로자들의 근로조건과 관련한 주된 요구 중의 하나는
탈의실 설치였다. 탈의실은 단순한 작업복 탈의를 넘어 근무시간 도중 휴식을
취하고 야간근무 시 취침을 할 수 있는 장소로서도 기능하였다. 그러한 이유로

총국 노력알선기업도 신축 기업의 경우에는 노동력 공급 이전에 탈의실 확보 여부 및 휴게공간의 확보를 최소한의 조건으로 판단하였다.[62]

근로자들에 대한 편의시설로는 샤워장도 있었다. 초기 샤워장은 냄비 연마 작업을 하는 기업의 열악한 작업환경으로부터 제기된 것으로 알려져 있다. 이 기업은 2004년 하반기에 입주하였는데 사업 성격상 냄비 연마작업 등 분진이나 연기가 많이 나오는 환경에서 근로자들이 일을 할 수밖에 없었기에 북한 근로자들은 사업 초기부터 샤워장 설치를 요구하였다. 이후 설치가 지연되자 2005년 2~3월경에는 샤워장을 설치하지 않으면 더 이상 일을 할 수 없다는 문제 제기가 있었다. 당시 이 기업은 샤워장을 설치할 수 있는 여건이 아니었고 총국 관계자나 현대아산에서도 이러한 사정을 잘 알고 있었기에 현대아산에 요청하여 현대아산 샤워장 시설을 사용하게 하였다. 당시 연마반 70여 명에 대해서만 3개조로 나누어 매일 1개조씩 돌아가면서 샤워를 실시했던 것으로 알려져 있다.

이후 기업 내 샤워장 설치는 일반화 되었다.[63] 예를 들어 R사는 1주일에 1~2회 샤워 기회를 제공하였고[64], O사는 여성 근로자의 샤워를 매일 점심시간(1시간)을 이용하여 30명씩 돌아가면서 진행하여 1주일에 한번 꼴로 가능하도록 하는 등[65] 기업들의 샤워장 설치는 일반화 되었다.[66]

나. 편의수단

개별 기업의 근로조건으로는 출퇴근 편의 보장을 위한 출퇴근 버스 구입도 있었다. 과밀 승차와 더불어 개성공단 입구 하차 후에 각 지역노선별 버스로 다시 갈아타야 하는 관리위원회의 출퇴근 버스보다는 기업 내에서 승하차를 하고 근로자들의 주거지 인근까지 정차를 할 수 있으며 과밀하지 않았던 기업별 출퇴근 버스는 중요한 근로조건이었다. 결국 개별 기업이 운영하던 출퇴근 버스가 관리위원회로 모두 통합되었으나 근로자의 출퇴근 보장을 위한 버스 구입 요구는 한때 종업원 대표들의 강력한 요구 대상으로 작용하였다.

출퇴근 버스 구입은 노동력 확보를 위해 추진하는 경향이 강했다. 예를 들어 노동력이 공급되지 않자 종업원 대표와의 협의를 통해 미리 출퇴근 버스를 구입한 후 노동력을 확보하려는 모습이 발견되기도 하였다. 다음 기업의 사례를 보자.

> 어제, 오늘 각각 1대씩 총 2대의 출퇴근 버스를 도입하여 300명의 근로자를 수송할 예정으로 개성시 외관에 거주하는 근로자 대상 운행과 연장근무 시 운행을 원칙으로 할 계획이다.
> 현재 북측에서 생산을 하지 못해 남측에서의 대체생산에 따른 인건비 차액이 월 1억 원 정도 발생되고 있으며 기업 입장에서는 버스라도 구입해 놓고 기다리는 수밖에 없다. 40억 원짜리 건물을 지어 놓고 답답하다.[67]

그러나 우리 기업들의 편의수단 제공 노력과는 달리 북한의 사회통제 체제와 관련된 사항은 해소되지 못하고 있었다. 예를 들어 북한은 근로자들이 전화 사용을 하는데 있어 우리나라 사람들과의 접촉 가능성을 매우 우려하였는데 당시 총국 관계자가 제시했던 기준을 보면 다음과 같다.

> 전화·팩스 사용의 경우 기본 원칙은 '생산활동과 관련된 전화·팩스 사용'이며 그러함에도 이런 원칙이 지켜지지 않아 문제가 발생하고 있다.
> 전화는 종합사무실(2층)에 교환실과 교환수를 두어 운영하여야 한다. 교환수는 겸직하더라도 상관이 없다. 종합사무실보다 규모가 작은 경우(예: 1층 생산공간)에도 별도의 교환수를 지정하지 않는 이상 북측 근로자가 직접 전화통화를 하는 것은 불가능하다. 단, 1층에서 남측 주재원이 통화를 하는 경우 2층 사무실의 교환을 통할 수 있다면 가능할 수도 있다.
> 팩스의 경우 전화가 부착된 팩스는 전화할 수 있는 가능성이 있어 북측 근로자의 사용이 기본적으로 불가하다.
> USB 등 컴퓨터 봉인 문제도 기본적으로 'USB의 남북 공동사용' '남측 USB내 내용물 유포' '유해 내용 전달수단으로 USB 이용' 등의 문제에서 기인하나 이것

도 법인장과 직장장이 상호 토론에서 결정할 사항이다. 어떤 식으로 하건 문제는 없으나 나중에 확인 시 문제만 되지 않으면 된다.

전화, 팩스 사용 등과 관련한 정해진 기준이 있는 것은 아니다. 그래서 지금 말한 내용도 실정에 따라 변할 수 있다.[68]

다. 작업환경

소음, 분진, 악취, 온도(고열, 저온) 등 작업환경의 개선도 북한 근로자들의 주된 요구사안이었다. 노동을 강조하는 북한 사회의 특성상 노동보호는 필수적인 요소이며 작업환경의 경우 우리 기업을 압박하는 주요 수단중의 하나였다.

북한 근로자들이 직접적으로 작업조건 개선을 요구하는 사례도 있었다. 다음은 기업의 작업조건에 대해 북한 종업원 대표가 문제를 제기함에 따라 협의를 진행하였고 계절적 요인을 감안하여 불가피하게 휴무를 실시했던 사례이다.

작업조건상 난방을 할 수 없어 근로자들이 추위에 대한 대책을 요구하였다. 그 전에 종업원 대표가 동상이 걸린 사람들을 중심으로 30명의 휴무를 요청한 바 있다. 기업은 버선 등을 다음 주에 구입하여 배포할 예정이었으나 종업원 대표에게는 미리 공지되지 않았으며 종업원 대표는 동상 걸린 사람들이 내일부터 1달 정도(2월 16일) 나오지 않을 것이라고 알려왔다.

사실상 일방적인 무단결근으로 이해되나 회사는 버선 구입 계획 등을 사전에 알려주지 못한 점, 노동조건이 열악한 점 등을 고려하여 휴무를 실시하기로 합의하였다.[69]

아래 기업의 경우에는 우리의 전문적인 측정기관 조사 결과 작업환경상 문제가 없었음에도 문제를 제기하여 결국은 임금 인상과 연계한 사례이다.

3월 24일 종업원 대표와의 협의를 거쳐 수동 도금분야 종사자 26명에 대해 장려금 45불을 지급키로 합의하였고 수동도금 분야 종사자도 조업을 재개했다.

총국은 그동안 수동도금 분야에 대해 노동보호를 이유로 자체 측정 결과에 따라 조업중단을 지시했으나 측정 결과는 제시하지 않았다.

남측은 측정기관을 통해 측정결과 합격 기준에 도달한 것으로 판명하여 북측에 그 결과를 통보하고 배풍기 등 환기시설은 추가 설치하였다.

그러나 총국과 종업원 대표는 남측 기준상 합격에도 불구하고 작업 중단 지시를 풀지 않고 있다가 추가 노임 지급을 요구한 것이다.

기업은 결국 해당자들에 대해 장려금 45불씩을 지급하기로 하고 문제를 해결하였다. 기존에 자동도금 종사자는 3불, 수동도금 종사자는 6불을 지급하고 있었다.[70]

라. 탁아소

탁아소 문제도 근로자들에게는 주된 관심사였다. 탁아소 문제는 개별 기업 단위로 제기되기보다는 여성 근로자의 모성보호 차원에서 총국에서 줄기차게 강조되었고 기업들도 숙련된 여성 근로자 확보라는 관점에서 탁아소 필요성에 호응하였다. 그러나 기업들은 기업 내 탁아소 설치에 대해서는 부정적인 입장을 피력하며 총국이나 관리위원회 차원의 탁아소 설치를 선호하였다.

구체적으로 살펴보면 2006년 5월 11일 총국이 개성공단 내 탁아소 설치 필요성을 제기하면서 논의가 시작되었다. 그러나 기업의 반대로 개성공단 내 탁아소 설치가 곤란해지자 다양한 방안 등이 논의 되던 중 2006년 9월 핵실험으로 그 논의마저 장기간 중단된다. 결국 총국은 2007년 5월 총국사무소 일부를 활용하여 7월부터 자체 임시 탁아소를 운영하였다. 관리위원회와 총국은 2009년 9월이 되어서야 탁아소 건설에 대한 합의가 이루어졌으며 12월경 200명 규모로 최종 건설되었다. 그러나 정상 개원도 2010년 9월이 되어서야 이루어질 수 있었으며 당시 총 580명의 영유아가 이용하였다. 이후 총국 탁아소 이용 인원은 600명 수준을 유지하였다.

여성 근로자는 1일 3회(10:00, 12:00, 15:00) 탁아소를 방문하여 모유를 수유하였고 탁아소는 탁아인원 1인당 20불의 이용료를 입주 기업으로부터 징수하여 전기료, 가스료, 보육교사 인건비 등으로 지급하였다.[71]

그러나 탁아소가 설치되기 전에도 아래와 같은 현상들이 발생하여 기업들이 당혹스러워하기도 하였다.

> 회사에 산후휴가가 끝난 여직원이 젖먹이 아이를 안고 출근하였다. 회사는 어쩔 수 없어 근무를 시켰으나 종업원 대표는 육아휴직을 시키고 그중 50%의 임금이라도 지급해 줄 것을 요청하였다.
> 이러다가 공장 내에 탁아소를 설치하는 문제가 제기되는 것은 아닌지 우려스럽다.[72]

> 탁아소가 부족하여 북측 반장이 산후에 출근하지 못하자 아이를 맡겨주는 조건으로 나오도록 권유를 하였다. 이에 반장이 출근하면서 아이를 데려오고 주간 시간대에 경비실에서 아이를 돌보도록 허용해 주었다.
> 이후 여직원들이 경비실에서 아이를 돌보고 있다. 현재 회사에는 7~8명의 여성들이 탁아소 부족으로 나오지 못하고 있는 중이다.[73]

> 종업원 대표는 총국 탁아소가 부족하여 개성시 탁아소를 활용할 수밖에 없으며 이로 인해 개성시 탁아소까지 왕래할 수밖에 없다는 언급을 하였다. 회사는 왕래용 스타렉스 차량을 준비하여 차량등록을 할 예정이며 차는 다음 주 들어올 예정이다.[74]

【주】

1) 이달곤은 "협상이란 갈등관계 속에서 공통적이면서 상반되는 이익의 조합을 자신에게 유리하게 변화시키기 위해 개인이나 조직, 그리고 국가가 명시적으로 상호작용하는 과정이나 행태를 지칭한다"고 정의하고 있다. 또한 "좁은 의미의 협상은 이해관계가 보완 또는 상충되는 상황에서 당사자 간에 공유되는 이익을 모색하기 위해 명시적으로 구체적인 제안을 교환하는 과정에 초점을 맞춘 것"으로 정의한다. 이에 따르면 개성공단 내 우리 기업이 생산성 향상을 위해 북한 근로자와 벌이는 각종 노사관계 사례는 다양한 협상의 결과라고할 수 있다. 이달곤, 『협상론: 협상의 과정, 구조, 그리고 전략』(서울: 법문사, 2005), 16쪽.

2) 협상 주체는 관리위원회−총국, 기업−근로자, 총국−기업책임자회의(미성숙)/기업협회(불인정) 등 다중적으로 구성할 수 있으나 본서에서는 총국−기업책임자회의(기업협회)와의 협상이 사실상 없는 점을 고려 관리위원회−총국, 기업−근로자로 단순화하고자 한다.

3) 북한 정부의 협상 태도에 대한 전문가들의 표현을 빌리자면 다음과 같다. 한 전문가는 ① 회담개시 벽두부터 극렬한 비방, 인신공격 등으로 기선 제압(주도권) 시도, ②회담 진행중 회담 외적 의제 제기, 지연 전술 등으로 난관(장애) 조성, ③회담 진행 중 퇴장, 결렬위협, 최후통첩 등 남발, 행사 참여 여부, 심사 투쟁 병행, ④회담 종결 후 재회담 요구, 합의사항 번복, ⑤회담 대표단 비대칭적(급) 인물 설정, ⑥회담의 일방적 중단 통보, 일자, 장소의 일방적 변경, 초조감 유발 등으로 표현하였다. 또 다른 전문가는 남북회담에서 북한의 회담 전술을 ①요구조건 배가 전술, ②합의기피 전술, ③화전양면 전술, ④치고 빠지기 전술, ⑤지연 전술, ⑥반복 전술, ⑦이슈조작 전술, ⑧의제선점 전술, ⑨위협 전술, ⑩합의서 파기 전술, ⑪벼랑끝 전술, ⑫살라미 전술, ⑬자작극 전술, ⑭식사투쟁 전술, ⑮회담일자 변경 전술, ⑯회담 분위기 조성 전술, ⑰골대 바꾸기 전술, ⑱회담장 이탈과 복귀를 협상카드로 자유자재로 활용, ⑲폭로 전술 등으로 설명하기도 하였다.

4) 노동력 공급은 개성공업지구법 제22조 '기업이 요구하는 노력, 용수, 물자의 보장'에 의거총국의 책임하에 진행할 사안으로 관리위원회가 직접적으로 개입할 여지는 없으나 노동력 공급의 객관성과 투명성 확보 차원에서 총국에 노동력 공급의 문제점을 제기하고 있다. 반면, 총국은 관리위원회가 노동력 공급에 개입할 권한이 없음을 주장하며 우선공급기준은 단순한 참고 기준에 불과하다는 입장을 보이고 있다.

5) 제도 관련 사항은 앞으로 개성공단 재가동 이후 구성된 '개성공단 남북 공동위원회'를 통하여 논의될 전망이다. 남과 북은 2013년 7월 6일부터 8월 14일까지 개성공단 문제 해결을 위한 7차례의 당국 실무회담을 개최하고 8월 14일 「개성공단의 정상화를 위한 합의서」를 채택한다. 「개성공단의 정상화를 위한 합의서」는 '1. 통행제한 및 근로자 철수 등에 의한

개성공단 중단 사태가 재발되지 않도록 하며, 어떠한 경우에도 정세의 영향을 받음이 없이 남측 인원의 안정적 통행, 북측 근로자의 정상 출근, 기업재산의 보호 등 공단의 정상적 운영을 보장한다.'고 명시하여 잠정 중단 사태의 재발을 선언적으로 막고 있다. 아울러 '3.②남과 북은 개성공단 내에서 적용되는 노무·세무·임금·보험 등 관련 제도를 국제적 수준으로 발전시켜 나간다'고 하여 공동위원회 구성을 통한 제도 개선 절차를 마련하였다.

6) 개성공업지구 노동규정 제48조(분쟁해결방법)는 "로동과 관련하여 생긴 의견 상이는 당사자들 사이에 협의의 방법으로 해결한다. 협의의 방법으로 해결할 수 없을 경우에는 로동중재 절차로 해결한다"고 하고 있어 일상적인 협의를 강조하고 있다.

7) 우리의 단체교섭은 통상 노사 양측을 대표하는 교섭대표와 교섭위원이 예비교섭, 본교섭, 마무리 교섭을 진행하는 과정을 포괄적으로 의미한다. 그리고 이러한 교섭의 유형에는 기업별 교섭, 산업별 교섭, 직종별 교섭 등 다양한 방식이 존재한다. 예비 교섭의 경우 노사 교섭위원의 상견례, 교섭 방향에 대한 쌍방의 입장 표명, 교섭 일정에 대한 합의까지의 시기 등이 정해진다. 본 교섭은 노동조합 측이 공식적으로 교섭 요구사항을 제시하고 사용자 측도 안을 제시하면서 그 시작을 이루고 몇 가지의 쟁점으로 압축될 때까지의 시기이다. 마무리 교섭은 미합의 쟁점에 대해서 막바지 합의를 이끌어 내는 시기로서 완전 타결까지를 포함한다. 경제단체협의회, 『단체교섭의 전략과 기법』(서울: 경제단체협의회, 2001), 31~38쪽.

8) 이는 개성공단의 특성이라고도 할 수 있는데 주변 기업의 인상 수준을 보고 종업원 대표들이 경쟁적으로 임금 인상을 요구하는 형태가 나타난다. 이 경우 개성공단 기업들은 '상시 협의', '상시 요구'라는 어려움에 직면하게 된다. 반면 자본주의 사회 기업에서의 임금 및 근로조건 협상은 일상적이라기보다는 단체협약의 유효기간이 종료되는 특정한 시기에 집중되어 있다.

9) 당시 제시된 결함은 "일 생산 및 재정총화에 의한 반 또는 조별 일 총화기록부 작성과 평가를 제식대로 진행하거나 반(조) 또는 생산부에서 평가제출한 점수와 일부 개별적 사람들의 지시 또는 의견에 따라 점수평가를 제멋대로 적용하고 있으며 생활비 계산 방법들을 깊이 있게 인식하지 못하고 망탕 계산하는" 것들이었다.

10) 개별 기업에서의 협상에 대해 국가가 개입하는 것이 정당한 것인가라는 반론이 있을 수 있다. 그러나 우리의 경우 소극적이긴 하나 국가의 분쟁 개입을 허용(긴급조정 등)하고 있으며, 불완전한 제도하에 진출해 있는 기업들의 보호 측면에서도 국가의 개입을 부정할 것은 아니라고 생각한다. 특히 개성공단 제도의 경우 비록 북한의 주권에 관한 문제이기는 하나 '공동 투자자' 측면에서 우리 정부의 개입은 명분이 있다고 생각된다. 다만, 이에 대한 구체적인 논의는 이후의 연구과제로 넘기는 것이 적절하다고 판단된다.

11) 우리는 통상적으로 자본주의 사회에 필연적으로 수반되는 노동 문제를 해결하기 위해 근로자의 집단인 노동조합이 자본가 내지 사용자와 대등한 입장에서 관계를 형성하는 것을 노사관계 성립의 계기로 보고 있다. 정재훈, 『노사관계론』(서울: 북넷, 2011), 6쪽.

12) 박정호·구갑우, 『북한의 노동』(파주: 한울, 2007), 12쪽.

13) 우리 기업의 경우 당사자 자율 원칙에 따라 북한 근로자와 고용 관계를 형성하고자 하나 북한 근로자의 경우 정부가 개입되어 있는 고용 관계로 인해 필연적으로 교섭력에 있어서 차이가 발생하게 되고 당사자의 자율성이 제반 환경에 의해 압도당하는 상황이 만들어지는 것이다. 이러한 상황은 향후 북한의 근본적 변화가 있기 전까지 남북 간의 경제협력사업 과정에서 지속될 전망으로 자본주의하의 정상적인 고용관계가 형성되기 전까지 개별 기업이 대등한 교섭력을 유지할 수 있도록 하기 위해서는 우리 정부의 개입이 일정 부분 불가피하다고 할 수 있다.

14) 허브 코헨은 모든 협상은 정보, 시간, 힘이라고 하는 세 가지 중요한 요소가 포함되어 있다고 한다. "'정보'는 당신이 상대에 대해 알고 있는 것보다 상대측이 당신에 대해 더 많이 알고 있을 것이라고 생각하게 된다. '시간'은 상대는 당신처럼 조직의 압력, 시간의 제약, 최종기한 등과 같은 어려움이 없는 것으로 생각하게 된다. '힘'은 상대는 당신보다 더 많은 힘과 권위를 가지고 있다고 생각하게 된다"고 하면서 '정보' '시간' '힘'에 대해 설명하고 있다. 강문희 역, 『허브코헨, 협상의 법칙 I』(서울: 청년정신, 2004), 22~23쪽.

15) 키신저는 회고록을 통해 베트남전쟁 당시 협상과 관련하여 "공산 베트남은 자기들이 군사적으로 강한 입장에 있다고 생각할 때 상대하기 어려웠다"고 언급하였다 한다. 군사적 우월성을 떠나 개성공단이 북한의 주권이 미치는 지역에 조성되어 있다는 점에서 우리 입주기업들이 북한 근로자와의 관계에서 부담해야 하는 협상의 과정은 녹록치 않을 수 있음을 생각해 볼 수가 있다. 즉 노사관계는 개별 기업 내의 문제이므로 정부가 개입할 여지가 없다는 식의 소극적 인식은 오히려 기업들에게 경영외적 부담마저 지우고 있는 것은 아닌가 하는 점이다. 민족통일연구원, 『통일과 북한 사회문화(하)』(서울: 양동문화사, 2006), 209쪽.

16) U사 관계자 인터뷰, 2012년 9월 13일. 이후 이 기업은 기본노임을 다시 최저노임과 동일하게 환원하였다.

17) F사 관계자 인터뷰, 2012년 12월 12일.

18) A3사 관계자 인터뷰, 2013년 12월 22일.

19) K사 관계자 인터뷰, 2011년 10월 27일.

20) K사 관계자 인터뷰, 2012년 2월 20일.

21) K사 관계자 인터뷰, 2012년 5월 3일.

22) T사 관계자 인터뷰, 2011년 8월 26일.

23) 이러한 직책수당과 관련하여 ①종업원 대표, 총무, 반장, 조장 등에 대해 직제별·종업원 수별로 상한선을 두고 그 범위 내에서 지급하자는 의견, ②기본 직책수당+인원수 비례 직책수당+법인장 탄력적 적용분 등으로 세분화하자는 의견이 존재한다. 인원수에 따라 획일적으로 직책수당을 설정하는 것은 종업원 대표의 역할 부분을 고려하지 않은 측면이 있어 이를 고려한 방식이 필요하다. 예를 들어 종업원 대표의 기본 직책수당(100불), 그 외 인원수 비례 직책수당 설정(예: 10% 기준 시 800명 인원에 대해 100명당 10불) 및 종업원 대표의 성과를 감안한 적용 한도(50불)를 마련하여 탄력적 적용을 유도하는 것이다. 이 경우

근로자 1,000명 기업의 고성과 종업원 대표의 경우 최대 230불(=기본 직책수당(100불)+인원수 비례 직책수당(80불)+성과분(50불))의 직책수당 지급이 가능하다.

24) O사 관계자 인터뷰, 2009년 5월 12일.

25) 향후 개성공단 임금 체계 변화와 관련해서는 저개발·산업화 국가의 임금 보전 방식과 북한 사회의 임금 체계와의 접점을 찾는 노력이 필요할 것으로 생각된다. 먼저 저개발·산업화 국가의 임금 보전 방식은 ①낮은 기본급+성과급 결합→②낮은 기본급+수당 결합→③기본급 현실화(기타 수당을 기본급에 편입) 등의 순으로 변화한다. 이러한 개념을 따를 경우 개성공단은 ①에서 ②로 임금 보전 방식이 변화 중이며 수당 수준의 현실화 또는 수당 종류의 다양화 방안을 검토할 필요성이 제기된다. 한편 우리는 북한 사회의 기존 임금 체계와의 접점을 찾는 고민도 필요할 것으로 보인다. 예를 들어 북한은 기능급수에 따라 단순노동자, 기능공, 기수, 기사로 분류하고 있으며 노동강도에 따라 1~4부류, 특부류로 구분하여 배급량에 차이를 두고 있다. 여기서 '노동강도'에 의한 분류는 직종수당 방식과 유사하며 이미 기업 내에서 적용중이지만 '기능급수'에 의한 방식은 개성공단 내에서 적용되지 않고 있다. 그 이유에 대해 기업들은 북한 근로자들의 기능에 대한 검증 불가, 개성공단의 임가공 생산 형태에 따라 고기능공이 불필요하다는 입장을 밝히고 있다. 그러나 이미 북한 사회에서 작동되고 있는 '기능급수'에 의한 방식을 부정하는 것은 근로자 입장에서는 주요 보상방식이 부정되는 것과 동일하다고 할 수 있다. 이에 필자는 장기적 관점에서 '자격 수당' 또는 '전문 직종 수당'의 도입이나 KEDO에서와 같은 직군별·직종별 차등을 검토함이 필요하다고 생각한다.

26) F사 관계자 인터뷰, 2012년 2월 3일.

27) F사 관계자 인터뷰, 2008년 10월 1일.

28) 북한의 사회주의노동법 제73조는 노동능력상실연금에 관한 규정이 있으나 재해보상과 관련해 세부적인 기준을 찾는 것은 어려워 보인다. 예를 들어 개성공단 기업들에게 적용되는 가스사고 배상책임보험약관 제3조(보상하는 손해의 범위)는 후유장해 분류표에 따라 보상금을 지급하는 규정이 있으나 후유장해 분류표는 7개 등급으로 나뉘어 있어 14개 등급으로 나뉘어 있는 우리의 장해등급표에 비해 지극히 단순하였다. 또한 7개 등급은 1부류(사망 포함) 100%, 2부류 80%, 3부류 50%, 4부류 40%, 5부류 30%, 6부류 20%, 7부류 10% 씩의 보상금을 지급하도록 하고 있으나 보상금 산정기준도 불명확하였다.

29) Y사 관계자 인터뷰, 2011년 12월 16일.

30) 심천 경제특구의 경우에는 「광동성 경제특구 기업노동임금관리 잠정 규정(1981년 11월 17일, 광동성 제5기 인민대표대회 상무위원회 제13차 회의)」에 근거하여 임금제도에 대한 개혁을 실시하였다. 이에 따라 특구기업 근로자의 임금 형식 및 제도는 기업이 자체적으로 결정하며 기업의 경영수요에 따라 시간급, 일급, 월급 등을 선택할 수 있다고 규정하였다. 아울러 제8조는 "임금은 노동자 본인에게 직접 지불한다"고 하여 직접 지불 원칙을 명시하고 있다. 그러나 임금제도에도 불구하고 임금의 직접 지불 원칙은 지켜지지 못했으며 개혁개방 초기에는 노동력 알선기관인 외국인기업복무공사(FESCO: Foreign Enterprise Service Corporation)를 통해 간접적으로 지불되었다. 즉 일부 금액을 FESCO가 공제한 후

나머지 금액만 근로자들에게 지급되었다. 당시 FESCO는 중국인 근로자를 채용한 외자기업이 FESCO에 임금을 지불하면 사회보장비나 인력관리비 등의 명목으로 일부를 공제하고 나머지를 근로자에 지급하였던 것이다. 대한무역진흥공사, "중국 직접 투자 시 대두되는 법적 문제," 『특수지역경제무역정보』, 제7호(서울: 대한무역진흥공사, 1989), 28쪽; 베트남의 경우에도 임금 지불처는 외자 및 주재원 사무소의 경우에는 중개기관에, 합자기업의 경우는 직접 노동자에게 지불하도록 되어 있었다(노동법 시행령 71조). 무역서비스회사(TSC: Trade Service Company) 등의 중개기관으로부터 사무소 직원이 파견되고 있는 외국계 기업은 TSC가 책정한 임금을 지불했어야 하며 이 중 50~75% 정도의 수수료를 TSC 측에 지불하였기에 임금 중 당사자에게 들어가는 것은 고작 20% 정도였다. 허병희, "외국인 투자 관련 제도," 『북방통상정보』 12월호, 통권86호(서울: 대한무역진흥공사, 1992), 159~161쪽.

31) 우리 주재원에 따르면 북한 근로자들의 월급은 매달 10일을 전후하여 북한 회계 담당이 조선원을 다발로 가지고 와서 근로자에게 지급하고 있다고 한다. 월급액수는 확인할 수 없으나 고액권은 아니고 10원 권, 50원 권 등이 다수를 이루고 있다고 한다. 일부 근로자들은 계모임을 하고 있으며 특정일에 조선원을 한꺼번에 가져가는 사례도 있다고 한다. W2사 관계자 인터뷰, 2012년 12월 20일.

32) 노동보수세칙 제21조는 원래 '연 20%'의 연체료 부과를 명시하였으나 '연'이라는 단위에 대한 해석의 차이, 과도한 연체료율 등에 대한 관리위원회의 문제 제기에 따라 이후 연체 금액당 '1일 0.5%'의 개념으로 수정하여 통지되었다. 참고로 '연'에 대해 관리위원회는 '1년(年)'의 개념으로 보았으나 총국은 이를 '계속(連)하여' 또는 '합치다'의 개념으로 해석하는 등 차이가 존재하였다.

33) T사 관계자 인터뷰, 2012년 12월 13일.

34) A1사 관계자 인터뷰, 2009년 11월 11일.

35) Z사 관계자 인터뷰, 2009년 11월 11일.

36) L사 관계자 인터뷰, 2011년 1월 17일.

37) I1사 관계자 인터뷰, 2011년 2월 7일.

38) S2사 관계자 인터뷰, 2013년 10월 7일.

39) 노동규정 제31조(상금의 지불)는 "기업은 세금을 납부하기 전에 이윤의 일부로 상금기금을 조성하고 일을 잘한 종업원에게 상금 또는 상품을 줄 수 있다"고 명시하고 있다.

40) 북한의 사회주의노동법은 직종·연한·기능급수 등에 따른 임금 차등을 제도적으로 규정하고 있으나 '장려금'이 아닌 '가급금'으로 명시하고 있다.

41) M2사 관계자 인터뷰, 2012년 2월 14일.

42) 리기섭, 『조선민주주의인민공화국 법률제도(로동법제도)』(평양: 사회과학출판사, 1994), 197쪽.

43) 위의 책, 197쪽.

44) 이러한 복리후생 지급 형태는 중국 기업의 사례를 통해서도 확인할 수 있다. 중국 기업은 종업원 생활의 많은 부분을 부담하고 유지하는 역할을 떠맡고 있다. 임금의 경우 기본임금, 이외에 부가적 성격의 임금(직종·직무수당, 조정수당, 직무이탈수당), 복지적 성격의 각종 수당(종업원 복리기금에서 지급되며 식사수당, 주택수당, 통근수당, 전기·수도료 수당, 석탄수당, 동계난방수당, 회족식사수당, 이발수당, 목욕수당, 탁아소수당, 생활곤란보조수당, 귀향교통비수당, 산아제한장려수당)등 소비생활 항목마다 세세한 수당이 지급된다. 그 외 많은 현물 지급이 이뤄지고 있으며 의류·식품·잡화 등 종업원의 소비생활에 직접 도움이 되는 것이 세세히 지급되는 이외에 시제품·불량품이라 해서 자사 제품을 또는 그 자사 제품과 교환해서 입수한 타사 제품을 종업원에게 차례로 돌아가며 지급하는 경우도 있다. 小島麗逸 편, 권두영 역, 『중국경제개혁의 명암』(서울: 한백사, 1990), 59쪽; 장춘 제1자동차 공장은 공장 전체 부지면적이 201만㎡으로 이 중 100만㎡가 종업원의 생활용 부지이다. 이 중 80만㎡는 주택, 병원, 탁아소, 학교의 부지이고 관리직을 포함시키지 않은 4만 6천 명의 종업원 중 2만 6천 명이 비직접생산 종사자인데 후자에는 병원, 각급 학교, 식당, 탁아소, 종업원 오락시설 등의 종업원이 포함된다. 부지 내에 종업원 자녀를 위한 소·중학교가 15개, 탁아소가 21개나 기업에 의해서 운영한다. 위의 책, 61쪽.

45) 노동보호세칙 제36조(노동보호물자의 공급기준, 대상과 그 분류)는 "노동보호물자에는 노동보호용구, 작업 필수품, 식품, 세척제, 기타 약제(보호약제, 해독제, 피부보호제) 같은 것이 속한다"고 명시하고 있다. 더 나아가 동 세칙 제39조(식품과 세척제, 기타 약제 공급과 그 분류)는 "기업은 식품과 세척제, 기타 약제를 제때에 공급하여야 한다. 식품에는 간식 및 야간식사 같은 것이 속한다"고 하여 기존 북한 사회에서 규정하고 있던 노동보호물자의 개념을 더 구체화하였으며 기업이 관행적으로 지급하던 간식 및 야간식사에 대해 의무화하고 있다.

46) R2사 관계자 인터뷰, 2009년 2월 12일.

47) R2사 관계자 인터뷰, 2009년 2월 12일.

48) R2사 관계자 인터뷰, 2010년 4월 26일.

49) 주간 및 연장근무 시 120원(개당)×6개=720원÷1,200원=0.6불

50) M사 관계자 인터뷰, 2011년 5월 27일.

51) N사 관계자 인터뷰, 2011년 9월 13일.

52) R2사 관계자 인터뷰, 2011년 8월 29일.

53) 업무용 차량 제공은 개성공단 입주 초기 북한 근로자의 갑작스런 응급 상황 발생 시 차량이 없어 어려움을 겪었던 경험을 토대로 긴급 상황에 대응하고자 북한 종업원 대표에게 업무용 차량을 지원한 데서 출발한다. 이후 업무용 차량의 제공은 각 기업마다 당연시 되었다. 개성공단에서는 남북한이 운행할 수 있는 차량이 등록 시 달리 정해졌는데 긴급 상황이라 할지라도 우리 주재원의 차량을 북한 근로자가 이용할 수는 없었다. 업무용 차량은 북한 근로자들의 응급 상황이나 생산 활동(자수, 와싱 등)을 위한 이동, 총국 회의를 위한 이동 등에 사용되었고 이러한 목적에 따라 스타렉스와 같은 승합차가 주로 제공되었다.

54) 기업들의 공동 대응 실패 사례는 초코파이·간식과 업무용 차량 지원만이 아니었다. 2012
년에도 임금 수준과 관련하여 가이드라인 설정을 추진하였으나 기업 간 이해관계의 차이
로 추가 진전은 없었다. 기업들 간 각종 자율협약이 추진되나 실제 이행에는 한계가 있었
던 것이다.

55) 2011년 튀니지의 재스민 혁명을 시작으로 이집트 혁명 등이 중동 지역을 중심으로 전개되
었고 당시 분위기 속에서 언론과의 인터뷰 중 우리 기업들은 '초코파이'를 통해 북한의 변
화를 유도할 수 있다고 언급하기도 하였다.

56) 현금 전환 요구는 2012년 북한의 전방위적인 현금 징수 흐름과도 연계된 것으로 이해할
수 있다. 당시 기업에서는 노동력 공급을 이유로 한 임금 인상 제시, 유해업종 문제 제기
를 통한 반대급부 확보 요구 등이 있었으며 개성공단 전체적으로는 교통 보안원들의 함정
수사 증가, 이자소득세 등 각종 세원 발굴·징수, 화재보험 가입 요구 등 다양한 요구가
증가하고 있던 상황이었다.

57) 기본 및 연장근무 시간 중 지급되는 '간식'의 경우 기업의 복리후생 성격의 내용물로서 근
본적으로 임금이 아니기에 현금 전환 요구에 대해 적극 대처할 필요가 있었다. 또한 인센
티브 측면에서도 당시 '고정급화' 되어가던 인센티브를 '성과에 연동시키는' 방향으로 전환
하는 등 적극적인 관리가 필요하던 상황이었다.

58) 예를 들어 빵(초코파이) 3개는 라면 1개로 대체되었으며 소시지(70g), 떡국(200g) 또한 동일
비율로 거래하는 것이다. 초코파이(3개)를 라면(1개)으로 대체하는 사례가 많으며 10월 들어
서는 초코파이(1개, 개당 118원)를 커피스틱(2개, 개당 60원)으로 대체하는 사례도 있었다.

59) Z2사 관계자 인터뷰, 2011년 8월 29일.

60) X사 관계자 인터뷰, 2012년 11월 16일.

61) U사 관계자 인터뷰, 2013년 2월 25일.

62) 노동보호세칙 제11조(산업위생조건보장)은 "휴게실, 탈의실, 샤워실, 세수시설을 비롯한
위생시설을 갖추어야 한다"고 하여 기업의 의무사항으로 명시하고 있다.

63) 노동보호세칙 제30조(여성 종업원들을 위한 시설 구비)는 "기업은 여성 개별위생실을 두며
150명 이상 되는 기업은 150명당 1개의 비율로 여성 개별위생실을 꾸리고 관리원을 두어
야 한다"고 명시하고 있는데 여성 개별위생실의 개념에 논란이 있으며 이러한 기준을 근
거로 한 문제 제기도 향후 예상된다. 여성 개별위생실에 대해 총국은 여성의 생리적 현상
과 관련해 설치해야 하는 시설로서 북한에서는 단순 정리공간이 아닌 '처치(치료)' 개념과
더불어 '전담 의료진'의 개념까지 포함한다고 이야기 한다.

64) R사 관계자 인터뷰, 2009년 2월 12일.

65) O사 관계자 인터뷰, 2009년 10월 22일.

66) 이러한 샤워실 설치 및 샤워시간 보장은 북한 근로자들의 위생 상태를 고려한 측면이 크다
고 할 수 있다. 위생 상태의 불결은 제품과도 연계되며 기업의 이미지나 방문인원들에 대
한 인식 등을 고려할 경우 기업으로서도 개선해야 할 부분이기 때문이다. 박천조, 『개성공
단 입주기업의 노무관리 실태연구』(북한대학원대학교 석사 학위논문, 2010), 36쪽.

67) E사 관계자 인터뷰, 2008년 8월 18일.

68) 총국 관계자 언급 내용, 2011년 3월 24일.

69) W사 관계자 인터뷰, 2009년 1월 16일.

70) X사 관계자 인터뷰, 2009년 3월 25일. 총국은 X사의 문제와 관련하여 2009년 2월 11일 관리위원회에 통지문을 보내오는데 수동도금 업종에 대한 정밀 가스검사 결과 "공업지구법 제43조에 지적된 주민들의 건강과 환경보호에 저해를 주고 경제기술적으로 뒤떨어진 투자에 해당되므로 금지업종으로 확정되었음. 이에 관리위원회는 노동보호세칙에 근거 해당 업종의 가동중지와 새로 준공하는 기업과 신설기업에 대해 노동보호검사를 엄격히 진행한 다음 합격된 조건에서 로력 요청을 할 것"을 통지한 바 있다.

71) 당시 총국은 2009년 기준으로 1세 이하 아이가 1,064명으로 이들을 기존 임시 탁아소(130명)와 봉동 탁아소(400명) 그리고 총국 탁아소(450명)에 분산 수용이 필요하다는 입장을 밝힌 바도 있다.

72) P사 관계자 인터뷰, 2008년 3월 31일.

73) Q사 관계자 인터뷰, 2008년 7월 11일.

74) W2사 관계자 인터뷰, 2008년 7월 25일.

제6장

행위주체의 상호작용 2 : 노사협조 · 경영참가, 단체행동 · 분쟁조정

제1절 노사협조와 경영참가

1. 노사협조

가. 노사협조의 방식

노사협조에 대해서는 통상 "신뢰를 기초로 노사가 공동으로 노력할 수 있는 영역을 찾아 목표를 설정하고, 이를 달성하기 위한 노사 간의 공동 노력을 통해 생산성 및 근로자 생활의 질을 증가시키는 것"으로 정의한다.[1] 이러한 측면에서 노사협조는 임금이나 근로조건과 같은 분배적인 영역에만 국한되는 개념이 아니라 이해관계의 갈등이 발생할 수 있는 다양한 범위에서 논의될 수 있는 부분이었다.

개성공단에서도 낮은 수준이긴 하지만 생산 · 교육훈련 등의 다양한 영역에서 노사협조와 관련한 사례를 확인할 수 있었다. 예를 들어 생산성을 향상시키기 위한 기업들의 각종 표어(생산 독려, 주의사항) 부착이나 교육훈련, 북한 사회의 통제체제(문화생활) 보장 등과 같은 부분이 이에 해당한다.

이러한 노사협조가 노사관계에서 태도나 정서, 문화적인 측면에 관한 부분이라면 경영참가는 공식적이고 제도적인 측면에서의 부분이라고 할 수 있다.

개성공단에서의 경영참가는 자본주의 사회에서의 경영참가와는 그 수준에 차이가 있지만 경영참가의 방식 등을 놓고 우리 기업과 북한 근로자들 간에 다양한 협상이 전개되었다.

나. 노사협조의 사례

1) 생산 표어 및 작업상 주의사항 등 부착

초기 우리 기업들이 작성한 각종 표어를 생산현장 내에 부착하는 것은 갈등요인 중의 하나였다.

예를 들어 2005년 경 I1사는 산업안전과 관련하여 영상 교육물을 이용한 교육이나 포스터 게시는 북한 근로자들의 반대로 못하고 있었고 스티커만 기계의 위험 요소가 있는 부분에 부착할 수 있었다. 포스터의 경우 사용하려면 할수도 있었으나 북한 근로자들의 정서에 맞지 않는 부분이 있고 북한 근로자들도 꺼려하는 눈치를 보여 사용을 하지 않았다.

당시 북한 근로자들은 자기들 나름대로 책임질 수 있는 영역과 책임질 수 없는 영역을 구분하여 책임질 수 없는 영역에 대해서는 가급적 선택을 하지 않는 경향이 있었다. I1사에서는 북한 근로자들에게 산업안전보건과 관련된 좋은 포스터나 스티커 등이 있으면 가져다가 붙이라고 한 적이 있었다. 북한 근로자들은 좋은 것이 있다면서 그렇게 하겠다고 했으나 실제로 붙이지는 않았다. 당시 북한 근로자들은 사무실에 세계지도를 붙이는 것에 대해서도 세계지도에 공화국 표시가 없다고 싫어한 적이 있었다.[2]

산업안전과 관련한 표어는 정치적인 사항이 아님에도 불구하고 북한 근로자들의 정서상 우리 주재원들의 지시에 따라 무언가를 한다는 점에 민감한 측면이 있었다.

그러나 정치적인 내용과는 무관한 산업안전 표어는 점차 부착이 가능해지기 시작했으며 이후에는 생산 관련 표어의 부착도 가능해졌다. 생산 관련 표어도 처음부터 우리 주재원들이 강조하는 내용을 부착하기보다는 북한 근로자와 공유할 수 있는 내용들을 중심으로 부착되기 시작했다.[3]

예를 들어 북한식 문구인 "너도 나도 주인답게, 노동행정규율을 자각적으로 지킵시다!" "기술적 요구를 최상 수준으로, 북과 남이 합심하여 최고의 품질을 보장하자!"와 같은 문구가 가능했다. 또한 품질관리[4]를 강조하는 내용은 자존심이 강한 북한 근로자들과의 이해관계가 일치함에 따라 도입 후 점차 확산되었다. 더 나아가 "안 되는 이유를 말하지 말고 되는 방법을 찾자"와 같은 생산 독려 표어가 생산현장 내에 부착이 가능했다.

물론 이러한 생산·품질 관련 표어가 모든 기업에 부착되어 있던 것은 아니었다. 그러나 표어 부착 기업이 늘어났으며 그 내용은 납기, 품질, 3정 5S[5]와 같은 내용들이 주를 이루었다. 이러한 표어는 생산현장 내에 다수 부착되어 있었으나 외벽에도 "품질과 납기는 기업의 생명줄이다/신속하고 정확하게 확인, 확인, 그리고 또 확인/즉시 시행"과 같은 내용의 표어 부착이 가능하였다.

아울러 생산현장 내에 안전수칙, 품질방침, 공정검사 절차 등의 부착도 가능했으나 용어 사용과 관련하여 총국 관계자들은 북한 근로자들이 보아야 하는 문구이므로 외래어 표기나 한자어 표기를 북한식으로 수정해 줄 것을 요구하기도 하였다.[6]

한편 우리 기업들의 경영이념·방침·목표의 부착에 대해서는 총국 관계자들은 여전히 소극적이며 우리 주재원들이 있는 공간에만 부착할 것을 원하였다. 우리 기업들의 경영이념·방침·목표가 북한 근로자들에게 미칠 영향을 우려했던 것으로 판단된다.

북한의 경우 지도자에 대한 충성, 체제의 우월성 등을 강조하는 내용들이 많이 있고 공장과 기업소에 부착하는 노동선전물도 예외가 아니었던 점에 비춰 보면 개성공단에서는 많은 차이가 있었다. 개성공단에서는 기존 북한의 노동 선전물과는 달리 '납기', '품질', '정리', '정돈'과 같이 생산과 관련된 가치중립적인 표현들로 구성되어 있었다. 이러한 표어 변화는 중국의 경제특구에서 각종 정치적 표어가 개혁개방 시기를 거치면서 생산 중심의 내용으로 변화되었다는 점에서 일정한 유사성을 보이고 있다.

2) 작업 배치

작업 배치와 관련해서는 초기에 기업의 인사권을 부정하는 모습들이 자주 발생하며 기업과의 갈등요소로 작용하였다. 우리 기업의 인사권은 북한 종업원 대표의 노동력 관리 권한과 마찰이 발생하는 지점이었기 때문이다. 그러나 초기와 달리 인사권 행사에 대한 상호 인식의 변화가 발생하였다. 초기 북한 종업원 대표는 우리 기업들의 인사권 행사에 대한 인식이 전무했으나 이후에는 기업과 북한 종업원 대표가 협의하는 수준으로 발전하였다. 우리 기업들도 사회주의 국가의 특성상 인사권 행사가 제한적일 수 있다는 데 인식을 공유하는 등 타협적인 마인드가 형성된 것이었다.

작업 배치와 관련하여 우리 기업 주도하에 내부 기준을 만들어 배치전환을 실시하는 사례도 확인되었다.

예를 들어 F사는 인력 배치 시 기업의 공식부서를 통해 배치하였는데 인사 이동에 대한 부분은 우리 측이건 북한 근로자건 무조건 노무팀을 경유하여 공식적으로 요청·처리하는 절차를 만들어 운영하였다. 즉 신규 조·반장 임명 시 북한 종업원 대표가 우리 측 해당 부서장에게 의견을 제시하면 기업은 결근율, 지도력, 업무능력 등을 고려하여 상·중·하 3개 등급으로 대상을 구분·결정하였다. 이후 결정 사항을 노무팀장에게 개진하면 법인장 결재, 본사 결재를 통해 인력 배치를 진행하였다.[7]

한편 작업 내용상 민감한 경우 북한 근로자들은 우리 기업과의 협의를 거쳐 허용된 특정 인력들에 대해 특정한 공간을 활용하는 방식으로 생산을 허용하였다.

북한은 퇴폐적인 자본주의 문화에 예민한 측면이 있는데 우리에게는 광고의 하나로 허용되는 신체 노출 범위가 북한에서는 허용되지 않는 경우도 있었다. 당시 한 기업의 경우 생산하던 속옷 제품의 여성 모델 사진이 상자 전면부에 크게 자리 잡고 있었는데 이 사진에 대해 북한 근로자들은 사회 풍속을 어지럽힌다면서 문제를 제기한 바 있었다. 이에 해당 기업에서는 총국의 승인을 얻어 포장 공간 한쪽에 1.5m 크기의 파티션을 쳐서 다른 직원들은 보지 못하게 한 채 여성 15명만으로 포장작업을 하게 하였다. 이렇게 함으로써 정상적으로 작업이 진행될 수 있었다.[8]

또 다른 N2사는 음악 콘서트 장에서 관객들이 음악에 맞춰 흔드는 야광봉을 조립 생산하고 있었다. 이 야광봉은 음의 높낮이에 따라 빛의 농도가 달라지는데 생산 제품의 품질검사를 위해서는 우리 사회에서 유행하는 음악을 틀어 그것을 기초로 음향 측정을 해야만 했었다. 이를 위해 기존 생산라인의 품질관리 인원 중 일부를 승인받아 품질검사를 하고자 하였으나 북한 종업원 대표는 우리 음악을 들어야 한다는 점에 난색을 표시하였다. 이에 총국 관계자와도 협의를 해보았으나 소극적이었고 결국 추가 협의를 거쳐 북한의 음악 중 고음이 있고 속도감이 있는 음악을 가지고 품질관리를 진행하기로 하였다. 그 결과 북한 종업원 대표가 해당 음악을 주변 기업에서 구해 와 이를 틀면서 작업을 하였다.[9]

3) 각종 시간활용 보장

우리 기업들은 북한 근로자들의 사회통제 체제에 대한 협조 차원에서 사업장내에서 '총화'를 허용하였다. 이러한 '총화' 시간은 기업의 생산에 영향을 주지 않기 위해 통상 오전·오후 2차례 근무시간을 피해 진행하였다. 사업장내 총화는 일종의 생산활동에 대한 평가였다.

O사의 경우 북한 근로자들은 매일 아침 근무 시작 전에 약 10분 그리고 오후 근무시간이 끝나고 10분 정도 모여서 총화를 하였다. 오전 총화는 '독보'라고 해서 노동신문이나 서적 등을 읽어 주었는데, 북한 근로자 중에는 이를 읽어주는 담당자가 정해져 있다고 한다. 그리고 오후에 진행되는 총화는 주로 하루 일과에 대해 토의하고 잘한 것과 못한 것에 대한 이야기를 나누는 것으로 알려져 있다.[10]

총화와는 별개로 종업원 대표나 총무, 통계 등 간부 근로자들의 총국 총화 시간도 1일 2차례 별도로 보장해주었으며 기업에서는 이러한 시간에 대해서까지 통제하는 것은 사실상 불가능하다는 입장이었다.

이러한 사업장내 총화와는 별개로 1주 반나절씩 개성시에서 열리는 '문화생활(생활총화)'을 위해 우리 기업들은 북한 종업원 대표와의 협의를 통해 근로시간을 조정해주었다. 예를 들어 '문화생활(생활총화)'로 인해 근무를 하지 못하는 4시간에 대해서는 주중 5일간 40~50분씩 추가 근로를 하는 것으로 합의를 하여 운용하였다. '문화생활(생활총화)'로 인해 주중 추가로 근무하는 시간은 별도의 연장근로 수당이 발생하지 않았다.[11]

한편 우리 기업들은 매년 11월을 전후하여 북한 근로자들의 생활상 문제 중의 하나인 '김장'을 지원해 주기 위해 북한 종업원 대표와의 협의를 통해 '김장 휴가'를 보장해 주었다. '김장 휴가'는 주말을 껴서 활용되었는데 이는 실제 휴가는 아니며 북한 근로자들의 생활상 부분을 보장해 주기 위해 집단적인 결근을 승인해주는 개념이라고 할 수 있다.

'총화'나 '문화생활', '김장 휴가' 등은 제도상 지원해야할 법적 근거는 없으나 노사 상호 간 문화적인 측면을 감안하여 우리 기업들이 해당 시간을 보장해주었던 것이다. 사망한 지도자를 위한 갑작스런 추모일 지정에 대해 노사협의를 통해 휴무를 보장한 후 대체근무를 실시하게 한 것도 유사한 개념이라고 할 수 있다.

우리 기업들로서는 사실상 통제할 수 없는 문화적인 부분을 보장해줌으로써 기업과 근로자 모두 생산에 집중하는 효과를 거두었다고 할 수 있다. 한편 우리는 D사의 일과표를 통해 북한 근로자들의 기업 내 일상을 살펴볼 수 있다.

〈표-67〉 D사 일과표

구분 / 차수	정류소 출근 시간	업체 도착 시간	독보 및 로동안전 교양시간	작업 준비 시간	작업 시작 시간	휴식 시간	작업 시간	식사 시간	오후 작업 시간	휴식 시간	작업 시간	총화 시간	퇴근 준비 시간	퇴근 시간	연장 퇴근 시간
1차	5:30 ~ 6:30	6:30 ~ 7:00	7:00 ~ 7:20	7:20 ~ 7:30	7:30 ~ 10:00	10:00 ~ 10:20	10:20 ~ 12:00	12:00 ~ 13:00	13:00 ~ 15:00	15:00 ~ 15:20	15:20 ~ 17:00	17:00 ~ 17:20	17:20 ~ 17:30	17:30	19:30
소요 시간	1시간	30분	20분	10분	2시간 30분	20분	1시간 40분	1시간	2시간	20분	1시간 40분	20분	10분		
2차	6:30 ~ 7:30	7:30 ~ 8:00	8:00 ~ 8:20	8:20 ~ 8:30	8:30 ~ 10:00	10:00 ~ 10:20	10:20 ~ 12:00	12:00 ~ 13:00	13:00 ~ 15:00	15:00 ~ 15:20	15:20 ~ 18:00	18:00 ~ 18:20	18:20 ~ 18:30	18:30	20:30
소요 시간	1시간	30분	20분	10분	1시간 30분	20분	1시간 40분	1시간	2시간	20분	2시간 40분	20분	10분		

이들의 생활을 보면 1차 출근[12] 기준으로 살펴볼 때 출퇴근 버스 정류장에 먼저 나와 대기를 한 후 버스에 탑승한다. 우리 기업에 도착한 후에는 약 20분 간 독보가 진행된다. 독보 이후에는 10분 간 작업을 준비하고 2시간 30분 작업 후 20분 간 휴식을 취한다. 이후 점심식사 시간 전까지 1시간 40분 간 작업을 진행함을 알 수 있다. 점심식사를 마치고 나서는 2시간 작업 후 20분 간 휴식을 취하고 다시 1시간 40분 작업 후 마무리 한다. 작업이 끝난 후에는 다시 20분간 총화를 진행하고 그 이후 10분간의 퇴근 준비 이후 퇴근하는 것을 알 수 있다. 이후 연장근로는 개성공단의 출퇴근 버스 배차 특성상 2시간만 가능했다. 야간 근무가 필요할 때는 별도의 시간을 정해 시행되었다.

4) 교육훈련

우리 기업들은 생산성 제고를 위해 북한 근로자들에 대한 교육도 진행하였는데 초기의 교육훈련은 사내 교육훈련 중심이었다. 사내 교육훈련은 최초 입사자뿐만 아니라 재직자 대상 교육훈련도 가능했다. 우리 주재원에 의한 북한 근로자 대상 사내교육은 초기에는 북한 간부 근로자 중심으로 진행되었으며 점차 전체 근로자 대상 교육도 가능해졌다.

J사는 2005년 공급받은 노동력 중 반장, 조장급 등 주요 인원에 대해 일정기간 오전 9시부터 오후 3시까지 교육을 실시하였는데 당시 상당히 열심히 교육을 받았고 종업원 대표도 매우 호의적으로 협조해 주었다고 한다. 당시 교육내용은 시설사용 교육, 인성 교육, 남북 간 용어 차이 설명, 기술용어 설명, 제품 교육, 생산파트별 교육 등 다양하게 시행하였으며 이들 중 30명에 대해서는 인근 회사에 의뢰하여 화요일~금요일 2시간씩 컴퓨터 교육을 병행한 것으로 알려져 있다.[13]

또 다른 기업은 알선된 노동력뿐만 아니라 재직자에 대해서도 품질, 생산관리 위주의 정기교육을 시키고 있었다. 보통 점심시간이나 일과시간 이후를 이용하여 조·반장 교육을 수시로 진행하였으며 전체 직원들에 대한 교육은 년 2회 정도 비수기를 이용하여 실시하였다. 이 경우에는 우리 주재원이 강사가 되어 생산관리, 품질관리, 안전관리, 노무관리, 분임조 토의 등으로 5일에 걸쳐 조별 교육을 진행하였다.[14]

외부 컨설턴트를 활용한 교육도 있었는데 전체 북한 근로자를 대상으로 한 직접 교육에는 한계가 있었다. 다만 북한의 품질관리·생산관리 등 간부 근로자들에 대한 교육 후 이들이 북한 근로자를 대상으로 교육을 진행하였으며 직접 교육은 아니었지만 만족도는 높았던 것으로 알려져 있다.

2010년 5~11월 간 중소기업진흥공단 주관으로 개성공단 기업 7개사를 대상으로 실시했던 생산성 향상 컨설팅 결과에 따르면 당시 지원업체 대부분이 매우 높은 만족도를 표시했다.[15] 만족도가 높았던 이유로는 북한 근로자의 자발적 참여와 인식 전환이 있었고 컨설턴트의 전문성 확보 및 개선책이 도출되었기 때문이라고 답변하였다. 당시 컨설팅 성과로는 컨설턴트의 전문성에 기반한 문제점 분석 및 개선, 북한 근로자 참여 및 인식 전환 계기 제공, 현장 중심의 생산성 및 품질 개선 등으로 평가되었다. 그 외 남한 관리자의 직무능력 향상, 노동생산성 향상, 설비 가동율 향상, 생산 리드타임 감소, 비용절감, 회사 경영 전략 수립에 도움이 되었다는 등 부가적인 효과가 있는 것으로 응답한 바 있다.

또한 2013년 11~12월 간 중소기업진흥공단 주관으로 10개사를 대상으로 진행된 생산성 향상 컨설팅도 기업과 북한 근로자들에게 도움이 되었던 것으로 나타났다.16)

당시 컨설팅은 기업에 따라 일일보고 체계, 품질관리 체계 수립, 생산관리시스템 구축 및 불량률 개선, 평가시스템 구축, 현장 개선, 자재관리, 창고관리, 작업관리, 납기관리 등 다양한 내용으로 추진되었다. 그러나 전체 근로자를 대상으로 한 직접 교육은 진행되지 못했다.

당시에도 북한 간부 근로자만을 대상으로 교육이 가능하였는데 E사의 사례를 보면 다음과 같다.

E사는 12월 5일과 6일, 12일에 걸쳐 각각 '3정 5S의 정의 및 필요성', '7대 낭비와 개선 활동', 'TPM17) 개요 및 보전 활동의 중요성'이라는 주제로 외부 컨설턴트에 의한 교육이 진행되었다. 12월 5일과 6일 교육에는 우리 법인장과 관리자, 북한 종업원 대표와 간부 근로자가 교육에 참석했다. 12월 12일 교육에는 북한 공무조장 등 설비 관리자 등이 참여하여 교육을 진행하였다.

직접 교육에는 한계가 있으나 간부 근로자를 대상으로 한 교육이 가능했던 이유는 우선 교육에 대해 북한 당국의 관심이 높았다는 점이다. 선진 교육 기법은 북한 내부 공장이나 기업소를 운영함에 있어서도 기본적으로 활용해야 할 부분이었기 때문이다. 그러나 일반 근로자들에게까지 외부 컨설턴트가 교육을 진행한다면 일반 근로자들에게 미칠 여러 영향 때문에 직접 교육은 한계가 있었던 것으로 이해된다. 예를 들어 체제 경쟁을 벌이는 대립적인 국가의 전문가들이 자신들을 대상으로 교육을 진행하는 데서 파생될 영향과 북한 간부 근로자들과의 비교도 부담스러운 요인이었을 것이다.

한편 우리는 생산라인 구축 초기에 시험과정을 운영하여 효과를 본 U2사의 사례에서 생산성 향상과 근로자의 기능 향상을 위한 남북 간 협조의 모습을 확인해 볼 수 있다.

> 초기 200명가량의 인원에 대해 2달 가까이 교육을 시키며 이론, 실기시험을 5회 실시하였다. 당시 공통과목으로는 품질, 생산 앞 공정, 자재 부분을 교육시켰으며 전문 과목으로는 설비, 납땜, 캐드 등에 대해 교육과 시험을 실시하였다.
> 총 80~100개의 서술형 문제를 만들었으며 그 결과를 공개하여 성적 우수자에 대해서는 초코파이 등 상금을 지급하였으며 80점 미만자에 대해서는 지급하지 않았다. 이론시험은 50분 정도씩 실시하였으며 식당에 전 직원이 모여 시험을 치렀다. 실기는 각 전문 과목별로 남측 부서장 주관하에 실시하였다.
> 현재는 인원이 조금씩 들어오는 관계로 초기와 같은 대규모 이론 및 필기 시험을 치르지는 않고 품질, 불량 등에 대해 매일 점심시간 이후 15분씩 교육을 하고 월 1회 인센티브 지급을 위한 기준으로 실기시험(장비 운용능력 등)을 치루고 있다. 현재 평가시스템은 부서 평가 및 개인 평가를 혼재하고 있다. 예를 들어 전체 재원이 1,000불이라면 5개 부서(라인)에 대해 근태, 생산성, 등 5개 항목을 가지고 차등 평가를 한다. 이후 각 라인 내에서도 개인 평가(월 1회 실기 시험 포함)를 통해 25~30% 정도의 인원에 대해서는 인센티브를 지급하지 않고 있다. 이러한 평가는 종업원 대표도 선호하고 있다. 즉, 일을 잘 하는 사람에게는 많이 주어야 하며, 못하는 사람에게는 주지 말아야 한다는 생각을 하고 있다. 그 결과 근로자들은 익숙하지 못한 영어 설비·작동법을 조선어로 번역한 자료를 가지고 수시로 공부를 하고 있다. 이 자료는 회사에서 마련해 주었다.
> 신입사원이 들어올 경우 1주일 정도 북측 교육담당이 교육을 실시하고 있고 1주일 교육 후 개인 의견들을 참조하여 종업원 대표가 1차적으로 라인 배치를 실시하고 있다. 이후 법인장에게 의견을 물으며 법인장이 다른 의견을 제시하면 상호 협의를 통해 배치를 완료하고 있다. 종업원 대표의 임의적인 배치전환은 없다.[18]

5) 생산성 관리

생산성 관리 문제는 북한 종업원 대표에게도 주요 관심사항 중의 하나였다.

생산성 관리는 북한 근로자들의 특성상 개인별 평가보다는 집단평가 방식을 중심으로 운용하였다. 보상 또한 집단적인 지급 방식이 일반적이었는데 개별 평가에 비해 집단평가는 개인의 능력을 끌어 올리는 데는 한계가 있었다. 기업에 따라서는 집단평가 방식을 운용한 결과 생산성에 한계를 주자 종업원 대표와의 협의를 통해 별도의 양식을 활용하여 개인별 일일 단위 생산보고 체계를 수립함으로써 생산성을 증가시킨 사례도 확인할 수 있었다.

> 2개월 전부터 '개인생산일지'를 작성하게 하자 생산량이 남측 대비 80%로 증가하여 월평균 100만 개, 1일 5만 개를 생산하고 있다. 기존 생산량은 남측 대비 60% 수준이었다.
> 전에는 조 단위로 생산실적을 뭉쳐서 지급하다 보니 생산성이 증가하지 않았으나, 현재는 개인별로 생산한 자료를 매일 저녁에 취합하고 있고 그러다 보니 생산성이 증가하기 시작했다.
> 총 7개 라인이 있으며 생산성 증가에 따라 라인별(라인당 32명)로 상금을 지급하고 있다.[19]

우리 기업이 사용한 생산일지는 자체 고안한 것이 아니라 남쪽의 여러 생산 공장에서 통상적으로 사용되던 '개인 생산일지'였다.

〈그림-26〉 개인 생산일지

월일/요일	제품명	카드번호	색상	투입량	완성량	불량	일한시간	조%	개별점수	기타

2. 경영참가

가. 경영참가의 방식

경영참가라고 하는 것은 일반적으로 근로자들이 기업의 의사결정 구조에 참여하여 영향력을 행사하는 것을 의미한다. 경영참가는 조직 내 의사결정에 참여하는 낮은 단계에서부터 종업원지주제도와 같은 자본참가나 스캔론 플랜(Scanlon Plan)이나 럭커 플랜(Rucker Plan) 같이 이익을 공유하기 위해 경영성과에 참여하는 방식까지 다양하다.

우리의 경우 수준의 차이는 있지만 근로자들의 경영참가는 일반적인 개념으로 인식되고 있다. 최근 경영참가에 대한 인식을 보면 사용자의 경우에는 근로자의 경영참가를 통해 노사관계를 안정시키고 상호 간 협조를 통해 생산성 증대를 가져오는 긍정적 수단으로, 노동조합의 경우에는 근로자가 경영에 참여함으로써 노사 간에 대등한 이해관계의 공유와 의사결정 과정에서 근로자의 영향력을 증대시키는 수단으로 인식한다.[20]

경영참가는 통상 기업 수준, 사업장 수준, 작업장 수준 등으로 구분할 수 있다. 우리가 일반적으로 알고 있는 사업장 수준의 제도로는 노사협의회 제도가 있다. 노사협의회 제도는 '근로자참여 및 협력증진에 관한 법률'에 따라 사업장 단위로 30명 이상의 근로자를 고용한 곳은 의무적으로 설치하도록 하고 있다. 노사협의회 제도는 그 목적이 '근로자와 사용자 쌍방이 참여와 협력을 통하여 노사 공동의 이익을 증진함으로써 산업평화를 도모하고 국민경제 발전에 이바지' 한다는 취지에 따라 운용되고 있다. 기업 수준에서의 경영참가는 근로자 이사제가 있다. 근로자 이사제는 노동조합의 대표나 종업원 대표가 기업 내 이사회에 참여하여 경영 의사결정에 직접적 영향력을 행사하는 것을 말한다. 마지막으로 작업장 수준의 경영참가도 있는데 그것은 작업장 내에서 직무와 관련된 부분에 대해 생산과 관련된 문제의 분석이나 작업 방법 및 작업 조건 개선 등에 대한 종업원 설문조사, 노사합동위원회, 품질관리 분임조, 제안제도, 작업집단 구성 등이라고 할 수 있다. 이러한 차원을 넘어 높은 단계의 경영참가는 앞서 밝힌 종업원지주제, 스캔론 플랜(Scanlon Plan), 럭커 플랜(Rucker Plan) 등이 있다.[21]

개성공단 내 경영참가 유형은 우리의 기준으로 볼 때는 낮은 단계의 경영참가였다고 할 수 있다. 가장 일반적인 것이 인센티브 제도의 사전 협의 및 합의, 작업조직 구성, 배치전환 및 작업 관련 사항 결정과 같은 작업장 단위에서의 경영참가였다.

인센티브 제도는 북한 종업원 대표가 기업과의 임금 및 근로조건 관련 협의에서 어느 정도 자율성을 가지고 있는 영역이었다. 인센티브 제도는 목표량 초과 시 일정 금액을 지급하는 단순한 방식에서부터 목표 구간을 정하고 구간별로 인센티브 비율을 달리 책정하는 방식 등이 있었다.

작업조직 구성은 노동력의 관리가 북한 종업원 대표에 의해 이루어진다는 점과 그들의 자율성을 존중한다는 차원에서 우리 주재원 주도로 이루어지기보다는 북한 종업원 대표의 의견을 참고하는 방식이 주로 활용되었다. 기업에 따라서는 별도의 작업조직을 꾸려 제품의 변경이 있을 때마다 이들이 북한 근로자들에게 기술을 가르치는 방식도 활용되었다.

배치전환의 참여는 우리 기업과의 사이에 인사권 침해 논란이 발생하는 영역이었다. 배치전환은 작업조직 구성과 마찬가지로 노동력의 관리가 북한 종업원 대표에 의해 이루어진다는 점에서 배치전환 시 그들의 의견을 주로 참고하여 진행되었다. 그러나 북한 종업원 대표가 일방적으로 결정하는 사례도 일부 있어 갈등이 발생하기도 하였다.

나. 경영참가의 사례

개성공단에서 이루어졌던 경영참가 사례는 우리 주재원들과의 설문 결과를 통해 확인할 수 있다.

〈표-68〉 작업조직 구성 주체

구분	법인장이 일방적으로 라인을 구성한다	종업원 대표가 일방적으로 라인을 구성한다	종업원 대표가 안을 제시하면 법인장이 승인한다	무응답	계
기업수	6(9.4%)	11(17.5%)	40(63.5%)	6(9.4%)	63(100%)

　　작업조직 구성과 관련해서는 종업원 대표가 안을 제시하면 법인장이 승인한다는 의견이 63.5%를 차지하고 있어 기업 내 생산조직 구성에 있어 1차적인 주도권은 북한 종업원 대표가 가지고 있었음을 알 수 있다.

〈표-69〉 생산직의 작업조직 구성에 있어 고려하는 요소(복수응답)

구분	생산능력	경력	학력	연령	종업원 대표 의견	무응답	기타	계
기업수	38(37.6%)	6(5.9%)	-	11(10.9%)	39(38.6%)	6(5.9%)	1(1.1%)	101(100%)

　　기업들은 작업조직 구성에 있어 〈표-69〉에서와 같이 종업원 대표 의견(38.6%)을 1차적으로 고려했던 것으로 보인다. 이후 근로자의 생산능력(37.6%)을 2차적으로 고려하고 있어 북한 종업원 대표에 대한 우리 기업들의 의존도를 알 수 있다.

〈표-70〉 종업원 대표의 경영참여 유형(복수응답)

구분	인센티브제도의 사전협의 및 합의	소집단 활동	제안제도	작업배분	배치전환 결정	작업시간 · 작업방법 · 작업속도 · 작업량 결정
기업수	40(17.9%)	6(2.7%)	7(3.1%)	19(8.5%)	30(13.5%)	29(13.0%)
교육훈련	복리후생	고용조정	노무관리	작업조직 구성	무응답	계
6(2.7%)	20(9.0%)	7(3.1%)	20(9.0%)	33(14.8%)	6(2.7%)	223(100%)

　　기업들은 종업원 대표의 경영참여 유형으로 인센티브 제도의 사전협의 및 합의(17.9%) > 작업조직 구성(14.8%) > 배치전환 결정(13.5%) > 작업시간 · 작업방법 · 작업속도 · 작업량 결정(13.0%) > 복리후생 · 노무관리(9.0%)로 답변하였

다. 이에 반해 소집단 활동·교육훈련(2.7%), 제안제도·고용조정(3.1%) 등은 그 비율이 낮았다. 즉 근로자들의 중장기적인 발전을 도모할 수 있는 영역보다는 단기적이고 미시적인 영역에 대한 참여와 개입이 높았음을 알 수 있다. 이는 우리 기업들이 북한 종업원 대표와 중장기적인 발전 방향에 대한 논의를 하기에는 어려움이 있었음을 확인하게 하는 부분이다.

특이한 점은 노무관리 또는 노사협상의 영향 요인과 관련한 〈표-41〉 종업원 대표의 재량권과의 구분이었다. 〈표-41〉은 임금·근로조건에 대한 종업원 대표의 영향력이 근무시간 관리·생산성 관리나 배치전환보다 낮게 나왔는데 이번 질문에 대한 답은 인센티브 제도의 사전 협의 및 합의가 높게 나왔다는 점이다. 즉 전체적으로 임금·근로조건 수준은 총국 등의 영향을 받는 것으로 보이지만 인센티브의 경우 그 수준 내에서 종업원 대표의 자율성이 발휘될 수 있는 영역이라는 점을 알 수 있다.

한편 우리는 X2사의 사례를 통해 북한 근로자들의 경영참가 방식을 살펴볼 수 있다.

X2사는 태스크포스(Task Force)조직으로 생산기술팀(5명)을 조직하여 운영 중에 있었다. 생산기술팀은 팀장, 생산관리, 품질관리, 품질서기, 생산지도로 구성되었다. 팀원들은 모두 반장급에 해당하는 수당을 지급하고 있었으나 반장보다는 높은 위치이고 타 기업의 총반장 수준이었다. 생산관리는 공정상 전반적인 생산관리 업무를, 품질관리는 생산 제품의 품질 문제를, 품질서기는 대책 마련 및 이상 발생 보고를, 생산지도는 아이템(품목) 및 라인별 투입 인원에 대한 분석(공정분석)을 진행하였다. 즉 아이템(품목)이 들어오면 우리 주재원과 함께 도면과 제품을 보면서 제품에 대한 분석을 진행하였다. 공정에 대한 분석과 라인별 소요 인원을 도출하고 이를 통해 라인을 재구성 한 후 생산지도를 진행하며 공정상 수시로 생산관리 및 품질관리를 진행해오고 있었다.

예를 들어 PCB 3개 품목이 들어오면 X2사의 주업종인 PCB와 하네스 중 PCB에 2개 라인을 투입하고 나머지에 1개 라인을 투입하였다. 초기 공정분석 결과에 따라 공정을 나누고 그에 따라 라인별 소요인원을 도출하여 라인을 재구성하였다. 이러한 방식은 초기 수준임에도 효과가 있었는데 X2사의 전체 품목이 10개 정도 되고 있어 10개 품목에 대한 라인별 재구성부터 시작해 생산관리 등 모든 과정이 세팅되고 나면 그 다음부터는 더욱 나아질 것으로 예상하였다. X2사는 노동력이 부족한 상황에서 품목에 따라 자율적으로 라인이 재구성될 수 있다는 점, 교육훈련에 대해 우리 주재원의 직접적 교육이 어렵다는 점 등을 고려할 경우 이러한 체계가 나을 것 같다는 입장을 보였다.[22]

〈표-71〉 경영참여 방식의 시기

구분	정기적	부정기적	무응답	계
기업수	7(11.1%)	45(71.4%)	11(17.5%)	63(100%)

그러나 북한 종업원 대표의 경영참여 방식은 정기적이기보다는 부정기적이었다. 부정기적인 이유는 기업이 경영참여 틀을 마련하지 못했거나 정례화에 따른 부담을 회피하고자 하는 의도도 있었던 것으로 보인다. 이러한 부정기적인 경영참여는 기업 경영의 불안정성이 높았을 수도 있었음을 보여준다.

〈표-72〉 경영참여 기회 보장이 기업과 근로자와의 협력관계에 긍정적 영향을 미치는지 여부

구분	매우 그렇다	그렇다	중간	그렇지 않다	매우 그렇지 않다	무응답	계
기업수	1(1.6%)	17(27.0%)	21(33.3%)	7(11.1%)	6(9.5%)	11(17.5%)	63(100%)

우리 기업들은 북한 종업원 대표의 경영참여 방식이 비록 부정기적이고 그 참여 내용도 단기적이며 미시적이었음에도 그 평가에 있어서는 긍정적으로 인식하고 있었다. 이는 경영참가가 무조건적으로 부정되기보다는 그 활용도에 따라 기업의 생산성 제고 등에 있어 긍정적인 기능을 하고 있었기 때문으로 보인다.

제2절 단체행동과 분쟁조정

1. 단체행동

가. 단체행동의 방식

개성공단에서의 단체행동 유형으로는 준법투쟁, 태업, 파업 등이 있었으며 준법투쟁과 태업이 주되었다. 단체행동은 물리력을 동반한 것으로 교섭에 있어 근로자 측의 강력한 압력수단이 된다.[23]

준법투쟁의 방식은 노동규정 제21조의 "연장근무를 하기 위해서는 종업원 대표 또는 근로자들의 동의가 있어야" 하나 이러한 동의가 없음을 이유로 연장근무를 거부하는 것이다. 개성공단 기업들은 월 단위 생산 목표를 책정할 경우 통상 1일 2시간씩의 연장근무 수행을 전제로 일 또는 주 단위 목표를 확정하였고 생산계획은 종업원 대표와 합의하였다. 그러나 중요한 사안의 관철이 불가피할 경우 북한 근로자들은 노동규정상의 조항을 근거로 연장근무를 거부하였다.

태업은 정해진 근무시간 중에 수행하기로 합의한 생산 목표량을 달성하지 아니한 채 생산을 지연하는 행위를 의미한다. 이 경우 8시간 또는 연장근무 2시간을 합쳐 10시간 내에는 달성되어야 할 생산목표를 지연하여 야간 또는 휴일까지 근무를 진행하게 된다. 기업으로서는 야간이나 휴일까지 근무를 시킬 경우 기본적으로 발생되는 가급금 외에 초코파이로 상징되는 노동보호물자의 추가 지급이 불가피해진다. 즉 납기 지연에 대한 압박으로 인해 야간과 휴일근무를 함에 따라 인건비의 부득이한 지출로 인해 기업들의 부담은 커지게 된다.

야간이나 휴일근무를 수행함으로 인해 발생하게 되는 간접 인건비를 구체적으로 환산해보면 다음과 같다. 먼저 근무시간 산정과 관련하여 전제해야 할 부분이 있다.

첫째, 기업들은 생산 목표를 정함에 있어 기본근무 시간을 연장근무 2시간까지 합산된 시간, 총 10시간을 기본으로 설정한다. 그리고 8시간 기본근무는 18시경 종료된다.

둘째, 야간근무는 익일 02시까지 진행된다. 그러나 시간 환산은 실제 근무시간과는 상관없이 야간에 8시간의 근로를 한 것으로 감안하여[24] 시간당 300%의 가급금을 지급한다.[25] 이는 노동보수세칙상으로는 300%의 수당을 지급하게 되어 있지 아니함에도 북한 근로자들이 실제적으로 요구하고 있음을 반영한 것이다.

셋째, 월 노임이 73.873불이라 할 경우 시간급은 0.36불이다. 개성공단에서의 가동일수는 365일 중 북한의 명절 및 휴일을 제외한 일수를 공제 한 후 잔여 일수를 12개월로 환산한 월 25일 수준이다.[26]

넷째, 야간근무 시 추가로 지급해야 하는 노동보호물자는 초코파이 또는 라면을 지급하며 그 개수는 기업에 따라 다르나 시간당 1개 수준인 8개 또는 이에 상응하는 비용의 품목이다.

이러한 전제하에 24시까지 야간근무를 수행할 경우 지불해야 할 임금은 연장근무 0.36불*8시간(18시~02시)*150%=4.32불, 야간근무 0.36불*4시간(22시~02시)*50%=0.72불이나 실제 지불하는 임금은 0.36불*8시간(22시~06시)*300%=8.64불로 3.6불의 추가 부담이 발생한다. 또한 초코파이 같은 경우 8개로 금액 환산 시 8개*0.1불(125원)=0.8불이 된다는 것이다.

결국 기업으로서는 1일의 야간근무로 인해 1인당 약 4.4불의 추가 비용이 발생하며 1,000명일 경우 4,400불의 추가 비용이 발생한다.

이러한 준법투쟁 및 태업은 기업에게는 상당한 압박수단으로 작용하였다. 주문 업체와 정한 제품 납기일이 있음에도 이를 지연 생산함에 따라 기업들이 부담하게 되는 지체보상금(크레임)은 중소기업으로서는 존폐가 걸린 부분이었기 때문이다.

그러나 개성공단의 경우 우리나라에서와 같이 쟁의행위의 정당성 여부를 판단하기 위한 기준이 불비했다. 그 이유는 집단적 노사관계 관련법의 부재 때문이라고 할 수 있다. 개성공업지구 노동규정은 우리로 보자면 개별적 근로관계를 규율하는 근로기준법에 불과했기 때문이며 노동3권 등을 규율할 집단적 노사관계 법률은 없었다. 결국 현실적으로 북한 근로자들의 단체행동이 있음에도 불구하고 그러한 단체행동의 정당성 여부를 논하기 어려운 상황에 놓여있었던 것이다.[27]

나. 단체행동의 사례

1) 요구 관철을 위한 집단 준법투쟁 사례

최저노임은 과거 노동규정 제25조(종업원의 월 최저노임)의 '종업원 월 최저노임은 전년도 종업원 월 최저노임의 5%를 초과하여 높일 수 없다'는 규정에 따라 매년 관리위원회와 총국 간 협상에 의해 결정되어 왔다. 협상 시기는 2007년 체결된 최저노임 합의서 제2조 '종업원 월최저노임은 매년 8월 1일 관리위원회와 총국이 합의하여 정한다.'에 따라 매년 7월 말까지 협의에 의해 결정하였다.[28] 물론 이 시기는 2013년 잠정중단 이후에는 일정한 변동이 생겨 2014년은 5월, 2015년은 8월에 최저노임 협의가 타결된다.

최저노임 협의와 관련하여 북한 근로자들의 준법투쟁 사례를 보면 2008년 최저노임 협의 과정에서 최저노임 협의 지연에 대한 압박수단으로 개성공단 내 주요 오피니언 리더(Opinion Leader) 기업을 중심으로 북한 근로자들이 진행한 준법투쟁을 들 수 있다.

당시 과정을 살펴보면 2008년 7월 15일 최저노임 및 보조금 지급 관련 접촉(1차)이 있었으며 총국은 최저노임 5% 인상 요구와 함께 자체 작성한 합의서 안을 관리위원회에 제출하였다. 아울러 식량 값 폭등에 따른 추가 보조금 지급도 요구하였다. 그러나 이러한 협상은 7월 22일(제2차)부터 8월 6일(제4차)까지의 협의에도 불구하고 타결되지 못하였다. 이에 북한 종업원 대표들은 8월 7일부터 일부 대표 기업을 중심으로 최저노임 협의 지연을 이유로 연장근무를 거부하였다. 구체적으로는 8월 7일 최초 25개 기업 11,190명이 연장근무를 신청했으나 J사, O사, P사, Q사, L사, R사 등 6개 기업에서 3,300명이 연장근무를 거부하였다. 이후 8월 8일에는 전체 11개 기업 4,610명이 연장근무를 계획했다가 최종적으로는 9개 기업 4,160명만 연장근무를 진행하였다. 11일에는 연장근무 인원이 더욱 떨어져 8개 기업 2,726명만이 진행하게 된다.

이러한 진통 끝에 8월 13일 제5차 협의 결과 최저노임 5% 인상안이 타결되어 월 52.5불에서 55.125불로 인상하게 되었다.

이는 우리의 경우 최저노임 협의가 노사정 3자 협의체를 통해 진행되며 개별 기업의 노사관계와는 직접적 연계가 없는 것과 비교할 때 독특한 부분임을 알 수 있다. 즉 최저노임은 개별 기업이 결정할 수 없는 외부 영역의 문제임에도 이를 이유로 개별 기업의 노사관계에 영향을 준 것으로 이는 북한 정부와 종업원 대표 간에 강한 연계성이 있음을 보여주는 사례이기도 하였다.

〈표-73〉 연도별 최저노임 협의 현황

○ 2005년도(1.27, 총 1회 협의): 총국은 인상 필요성 언급, 관리위는 유예 입장

○ 2006년도(2.22~5.11, 총 5회 협의): 총국은 4% 인상 요구, 관리위는 동결을 주장, 사실상 동결로 마무리

○ 2007년도(7.13~8.3, 총 5회 협의): 총국이 최초 15% 인상 요구('04~'06까지 3년간 인상분 소급)하여 관리위 거부, 총국 5%로 수용

○ 2008년도(7.15~8.12, 총 5회 협의): 총국은 5% 인상 제안, 기업 의견수렴 후 5% 합의서 체결

○ 2009년도(9.10~9.16, 총 2회 협의): 총국 5% 인상 제안, 기업 의견수렴 후 5% 합의서 체결
 - 총국은 '09년도 상반기 300불 임금 인상 요구, 관리위는 거부 입장 표명

○ 2010년도(7.14~8.5 합의서 체결까지 총 3회 협의): 총국은 5% 제안, 기업 의견수렴 후 5% 합의서 체결

○ 2011년도(7.19~7.29 합의서 체결까지 총 3회 협의): 총국은 5% 제안, 기업 의견수렴 후 5% 합의서 체결
  - 총국에 노동생산성 증대 13개 항목 요구, 9개 항목 적극협조 합의

○ 2012년도(7.26~8.3 합의서 체결까지 총 4회 협의): 총국은 5% 제안, 기업 의견수렴 후 5% 합의서 체결
  - 총국에 경영환경개선 관련 8개 항목 요구, 경영환경 개선 요구사항에 대해 2012년 8월 31일까지 협의하여 합의키로 조율

○ 2013년도: 개성공단 잠정 중단으로 협의 미실시

○ 2014년도(3.11~6.9 합의서 체결까지 총 7회 협의): 총국은 3.1부터 5% 인상, 8월 추가 인상(5%) 제안, 기업 의견수렴 후 5.1 부로 5% 합의서 체결

○ 2015년도(6.9~8.17 합의서 체결까지 총 14회 협의): 총국은 5월분 임금 74불(5.18%)과 가급금에 사회보험료를 포함하여 6.20까지 납부, 3~4월분 노임과 차액·연체료도 그에 따라 지불 제안, 기업 의견수렴 후 3월분 노임부터 73.873불(5%)로 인상

2) 요구사항 관철을 위한 태업 사례

가) 임금 인상 요구 태업

임금 인상을 관철하기 위해 북한 근로자들이 벌였던 태업 사례를 살펴보면 다음과 같다.

> 3월 13일부터 잔업거부 중으로 납기를 며칠 앞두고 1일 8시간 근무를 주장하였다. 지체보상금(크레임)이 걸릴 경우 매일 납품가의 0.5%가 발생하는 상황이다.
> 매월 생산계획을 월초에 제시하고 이견이 있으면 월초에 협의하여 계획을 수립함에도 불구하고 월 도중에 갑작스럽게 생산계획을 일방 변경하는 문제가 발생하였다.

3월 12일 저녁 제품과 관련하여 남측 실장과 북측 생산관리 간에 마찰이 발생하였는데 어제부터 갑자기 연장과 철야근무를 하지 않겠다고 한다. 3월 15일 출하는 이미 지연되고 3월 20일 출하마저 안 될 경우 관리위원회에 제기할 예정이다. 기업 손해(크레임)에 대해 근로자에게 부담을 지우는 것을 검토할 필요가 있다.[29]

기존에 기업 전체적으로 1만 5천 불 수준의 추가 성과급을 요구한 것과 관련하여 근로자의 연장근무 거부가 계속 되었으나 최근 이 문제를 적정한 선에서 타결하였다.

기업은 초코파이를 1인당 1일 3개씩 추가 지급하고 봉지라면을 월 1천 불 금액 내에서 지급하며 기타 나머지는 장려금 등으로 3천 3백 불을 주는 것으로 매월 1만 2천 불 내에 지급하는 수준에서 북측의 요구를 수용하였다.

초코파이의 경우 기존 주간 1개, 연장 2개이던 것을 주간 4개, 연장 2개씩 지급하는 것으로 하였으며 금액으로 환산하면 3개*112원(개당 단가)*993명*25일=820만 원(7천 5백 불)이었다.

봉지라면(개당 360원)의 경우 1천 불 수준이었다.

장려금 등으로 보전하는 비용 3천 3백 불은 식자재 대금에서 1인당 0.11 불을 줄이고 나머지 금액은 기업이 보전하는 식으로 해서 지급해 주었다.[30]

나) 법인장 교체 후 태업

아래 기업은 2008년 11월 노동력이 처음으로 투입되었는데 그 이후 종업원 대표의 요구가 증가하고 법인장과의 기 싸움이 강하게 발생하였다. 통상 법인장 또는 종업원 대표가 교체된 후 6개월 미만의 경우에는 상호 간 조정기를 거치며 갈등이 자주 발생하였다.

종업원 대표의 지속적인 요구에 따라 2월 2일 협의를 통해 초코파이를 1일 3개씩 보장하기로 합의하였다. 초코파이 보장의 조건으로 2월의 경우 평균 750개, 3월의 경우 평균 800개 생산조건이 충족되어야 함을 합의하였다.

그러나 그 이후에도 종업원 대표는 장갑 또는 기타 노동보호조건의 요구가 관철되지 않을 경우 목표량을 현격히 떨어뜨리는 등 고의 태업을 빈번하게 발생시키고 있다. 이러한 문제점에 대해 2월이 지나고 나서 공식 제기할 것이다.[31]

법인장은 올 7월부터 재직 중이다. 현재 기업은 21시부터 야간근무로 계산하여 새벽 2시까지의 근로에 대해 200%를 지급중이다.

기업은 새벽 2시 이후에는 근로자들에게 취침을 시키고 있으나 종업원 대표는 취침 후 다음 날 근무에 대해 300% 가급급을 적용하고 있다.

기업은 이 경우 다음 날 9시간을 근무한다면 300%를 적용해 27시간으로 계산하고 있어 이 문제를 종업원 대표에게 지적하였다. 그러나 종업원 대표는 이러한 계산은 전임자와 합의된 사안이며 이러한 계산방식이 맞다고 고집하였다. 노동세칙상 규정을 보여줘도 억지를 부리고 있어 답답하다는 입장이다. 이 문제를 계속 제기하자 9월 12일부터 연장근무를 거부중이다.

결국 기업은 9월 14일 현재 22시~02시 사이의 근무에 대해 현 200%가 아닌 250% 지급을 대안으로 고민 중이다.

현재 근로들에게는 1년 이상 근로자에 대해 근속수당을 장려금 명목으로 1인당 3불씩 지급중이며 별도의 성과 인센티브는 없다.[32]

다) 작업환경 수당 문제로 인한 태업

북한 근로자들의 임금 인상 요구에 대해 기업이 불응할 경우 북한 근로자들은 다양한 형태의 압박을 진행하였는데 생산성 저하가 주된 방식이었다.

최근 생산성 저하 등으로 인해 북측 근로자의 요구를 받아들여 임금을 인상하였다. 종업원 대표는 1인당 20불의 임금 인상을 요구하였고 기본노임이 아닌 장려금 인상을 요청하였다.

기업은 모든 인원에 대한 일괄 인상은 어려우며 유해환경 종사 근로자에 대한 임금 인상에는 동의하였다. 재원규모는 2,350불(2,350불은 현 근로자 117명으로 나눌 경우 1인당 20불 수준)로 종업원 대표가 지급 대상자를 정해 매월 기업에 제시해 줄 것을 요구하였다.

종업원 대표는 유해환경 종사 근로자에 대해서만 지급할 것으로는 보이지 않으며 사실상 모든 근로자에게 20불 이상의 임금 인상 효과가 있는 것으로 보였다. 기존 임금 평균이 70불 수준이었는데 사실상 20불을 더 지급함으로써 90불 이상의 임금 인상이 예상된다.[33]

3) 노동력 사직 사례

노동력 사직은 노동력을 '유지'해야 하는 기업 입장에서는 협상력 약화의 주요 요인이었다. 개성공단으로의 투자를 판단하는 주요 사항 중의 하나가 근로자들의 기업 간 이동이 적다는 점인데 초기와 달리 시간이 경과하면서 우리 기업들은 노동력 '유지' 문제도 고민을 해야 하는 상황이 발생하였다. 우리는 다음의 사례를 통해 임금 인상 요구와 노동력 사직의 연관성을 확인해볼 수 있다.

종업원 대표가 오래 전부터 사직할 사람들이 있다는 말을 해왔는데 드디어 어제 21명이 집단 사직하였다. 수행업무는 재단, 캐드, 공무, 봉제 등 다양한 분야였으며 연령대는 젊은 여성 인력들로서 봉제 쪽 인력이 가장 많았다.

이전부터 북측은 임금 인상 등을 요구해 왔으며 집단 사직한 인원이 어디로 갔느냐는 기업의 질문에 개성시 기업에 갔다고 이야기하였다.[34]

그동안 임금 인상 요구가 없었으나 근로자들 21명(재봉 13명, 완성 3명, 재단 3명, 와싱 2명 등)이 최근 사직하겠다는 입장을 밝혔다.

어디로 가느냐는 법인장의 질문에 아파트형 공장 등 월급을 많이 주는 곳에 간다고 답변하였다. 사직자들은 주로 젊은 숙련공 중심이며 사직 이유가 무엇이냐는 질문에 종업원 대표는 엉뚱하게도 '영업세' 때문이라고 답변하였다.

사실 종업원 대표는 지난 달 임금 인상 문제를 최초 제기한 바 있다. 당시 기업은 일단 부정적인 입장을 표명 하였으며 단 목표치(5만 장) 완수 시 2,000불 수준의 상금 또는 상품을 지급하겠다는 안을 제시한 바 있다.[35]

종업원 대표가 19명의 사직서를 제출하며 금일부터 출근하지 않는다고 통보를 하였다. 해당 인원들은 편직 4명, 자수 3명, 가공 2명, 재봉 1명 등으로 젊고 숙련된 노동력들만 모두 사직한다고 하였다. 편직은 89년 1명, 90년 2명, 91년 1명, 자수는 89년·90년·72년 각 1명, 가공은 90년 2명, 재봉은 88년·89년·70년 각 1명, 재봉은 87년·89년·90년 각 1명이다.

입주 이후 현재까지 퇴사자가 50명 수준에 불과했는데 이번 달에 한꺼번에 19명이 신청한 것이었다.

4월 말경 종업원 대표와 총무가 방문하여 임금 인상을 요구한 적이 있었는데 당시 임금은 종업원 대표와 법인장이 합의해서 결정할 수 있는 사항이 아니라고 답변한 바 있다. 당시 종업원 대표는 장려금이나 상금으로라도 줄 것을 요구했으나 이를 거부했었다. 총무는 "애들 다 뺏기고 나서 후회하지 마세요"라고 이야기 한 바 있다.[36]

임금 인상을 위한 사직자 발생 문제에 대처 하고자 부득이하게 크린룸 투입자의 경우 작업 특성을 고려 5불씩 장려금으로 인상키로 결정하였다. 인력 부족으로 기존 운영하던 렌즈사업 부문을 축소하고 크린룸에 투입한 상황이었다. 또한 분기별 2천 불의 재원으로 장려금을 추가 지급할 예정이다.

최초 종업원 대표는 타기업의 임금 인상 수준이 15불(직·간접비 포함) 이상된다면서 임금 10불 인상, 버스 2대 구입, 기본 초코파이 1개 추가 지급 등을 요구하였다.

기존 사직자 120여 명에 대한 처리 문제에 대해 종업원 대표는 이미 일부는 타기업에 배치되었다고 답변하였다. 종업원 대표는 노동력 반납에 대해서는 확답을 주지 않고 있어 조만간 재협의 할 계획이다.[37]

2. 분쟁조정

가. 분쟁의 유형

1) 언어상·감정상 충돌, 이데올로기 충돌

분쟁조정을 살피기에 앞서 우리는 분쟁의 유형을 살펴 볼 필요가 있다. 개성공단 기업들에게서 발생했던 분쟁 유형의 상당수는 임금 및 근로조건과 관련한 부분이었다.

초기에는 이러한 분쟁에 언어상·감정상 충돌과 이데올로기적 측면이 강하게 개입되어 있었다. 언어상 충돌이란 커다란 문제의식 없이 우리 주재원이 언급한 부분을 가지고 북한 근로자들이 민감하게 반응한 것을 의미한다.

예를 들어 2005년 7월경 E1사에서는 사장이 북한 종업원 대표에게 대화중 '입으로 일을 한다'고 편하게 말한 적이 있는데 북한 종업원 대표는 이에 대해 무척 불쾌하게 생각하였다. 나중에 우리 주재원이 북한 종업원 대표를 불러 종업원 대표의 어려움을 이해하지만 사장도 목표와 책임을 가지고 온 사람이므로 그것을 완수하지 못하면 회사에 가서 설명을 해야 되는 어려움들이 있어서 그러는 것이니 이해해 달라고 중간에서 설득을 하여 오해가 풀린 경우가 있었다.[38]

R사의 경우에는 2005년 6월경 사무실 구조와 관련하여 북한 종업원 대표와 언쟁이 발생한 바 있다. 언쟁의 이유는 사장실을 제외한 모든 공간이 공개된 상황에서 일을 하고 있는데 북한 종업원 대표가 자신이 사장과 동급이므로 사장과 똑 같이 칸막이를 해 달라고 요구한 것이었다.[39] 이러한 언쟁은 초기 상호 간의 이해부족에 기인한 측면이 있다.

이데올로기 측면에서의 갈등은 정치적이나 이념적인 부분을 가지고 논쟁을 한다는 개념이 아니라 특정 사안을 두고 논쟁을 벌이거나 집행을 하는 과정에서 이러한 이데올로기적 요소가 영향을 미침에 따라 상호 간 갈등을 야기하는 것을 의미한다. 이러한 갈등 유형은 상호 대립적인 체제하에 익숙해져 있던 남북 간의 행위주체가 특정 사안을 두고 논쟁을 벌이는 과정에서 발생하게 되었다.

다음은 P2사의 사례이다.

P2사 종업원 대표는 2007년 5월 중순경 총국의 지시라면서 기업의 총 투자액, 건축 총 면적, 총 부지면적, 착공·완공일, 우리 주재원의 체류 연월일, 공장 주요 설비현황 등 기밀사항을 요구한 바 있고, 이후 종업원 대표 사무실의 별도 제공, 사업용 차, 탈의실 난방, 여름용 작업복 지급, 초코파이 지급 등을

요구하면서 회사와 충돌이 계속되어 왔다. 예를 들어 종업원 대표는 "J사는 24 시간 목욕탕을 운영하며, L사는 연장근무 시 초코파이 12개씩을 지급하고 있다"는 등의 요구를 계속해왔고, 기업은 "탈의실 난방은 탈의실의 일시 사용을 위해 난방시설 전체를 가동할 수 없고 전에 난방 사용을 허락했음에도 온도 조절을 최고치로 올려 차단기가 2차례 과열되어 차단되는 등 문제가 있어 난방을 정지한 것"이며 "5월이라 반팔 작업복을 준비한 것인데 춥다고 해서 긴팔을 마련 중에 있으니 기다리라"고 답변하는 등 종업원 대표의 요구와 그로 인한 갈등이 계속되어 왔다.

그러던 중 2007년 5월 31일 우리 측 공장장과 종업원 대표는 종업원 대표의 복리후생 요구와 관련해 또다시 충돌을 하게 되었는데, 지속적인 종업원 대표의 요구에 우리 공장장이 "회사가 생산을 위해 개성에 온 것이지, 북측의 복지를 보장해주기 위해 온 것은 아니지 않느냐. 생산이 동반되지 않는 복리후생은 어렵다"면서 "여기가 당신네 땅인가. 우리는 이곳을 돈을 주고 사용하고 있다. 당신들은 도대체 개성공단에 왜 왔느냐"며 종업원 대표와 충돌하였다. 이에 종업원 대표는 "○○님이 도와주라고 해서 왔다"라고 하자 공장장은 "도와준다는 것은 상대방이 어려울 때 도움을 주라는 의미인데, ○○님께서 이렇게 도와주라고 했나, 이런 것은 도와주는 것이 아니다"라고 하면서 언쟁이 지속되었다.

결국 종업원 대표는 "회사가 이런 식으로 나오면 개성에 발도 못 붙이게 하겠다. 나도 그만두고 당신들도 여기서 그만두게 하겠다"며 2007년 5월 31일 오전 11시 북한 근로자 전원이 조기 퇴근하는 일이 발생하였다. 이후 기업과 관리위원회가 총국을 통해 강력히 항의하자 오후에 총국 관계자들이 기업을 방문해 "말에 대한 차이, 표현에 대한 차이"가 있어서 그런 것이었다면서 원만하게 해결할 것을 요구하였고 관리위원회 또한 총국에 유사 사례의 재발 방지를 확인받았다. 다음 날 북한 근로자 전원은 정상 출근하였다.[40]

K1사의 사례도 참고할 만한 부분이다.

2007년 7월 30일 K1사의 종업원 대표는 총국의 지시라면서 토요일에만 시행하던 오전 근무를 금요일로 변경해줄 것을 요구하였다. 그러나 기업은 본사가 개성공장 한군데서 독자적으로 생산하는 체계가 아니라 본사 공장에서 원단을 받아 작업을 시행하는 체계라는 점을 설명했다. 그러면서 개성공장에서 날짜를 갑자기 바꾸면 본사와 해외공장 모든 곳의 체계도 바꿀 수밖에 없기에 변경이 불가하다는 점을 안내하고 구체적인 이유를 제시해 줄 것을 요구하였다. 그러자 종업원 대표는 이유는 제시하지 않은 채 "총국에서 안 된다고 한다" "납기가 문제라면 연장근무를 해서라도 납기를 맞추겠다"며 금요일 시행을 요구하였고 기업이 거부하더라도 자신은 강행할 수밖에 없다는 점을 기업에 전달하였다.

이에 8월 2일 총국과 협의하였으나 총국 역시 "현재 모든 기업에서 토요일 오전 근무를 시행함에 따라 출퇴근 문제와 개성시에서의 근로자 생활 등에 문제가 발생하고 있어 금요일 오전 근무 시행이 불가피하다"면서 기업이 결단을 내려줄 것을 촉구하였다. 결국 기업이 허용할 수 없다는 입장을 보이자 회의 결렬 직후 근로자들이 퇴근 준비를 하였다가 30분 만에 집단 퇴근 조치를 철회하였다.[41]

2) 임금, 근로조건, 생산성 관련 분쟁

그러나 초기의 이러한 형태와 달리 점차 행위주체 간에는 언어상·감정상 충돌과 이데올로기 측면에서의 발언이 나오지 않도록 상호 간 주의를 하게 되며 자신들의 이해관계와 관련된 사항에 대화의 주제가 집중되기 시작하였다. 언어상·감정상 충돌과 이데올로기적 충돌의 경우 노사관계의 문제가 아닌 남북관계의 문제로 전환될 수 있는 여지가 강하였기에 우리 기업이나 북한 근로자 모두 이러한 충돌을 자제하였다. 결국 제도에 근거하여 임금이나 근로조건, 생산성 문제 등과 같은 이해관계에 대해 직접적으로 문제를 제기하는 등 권리·이익분쟁으로 분쟁의 유형이 변화하였다. 이로써 갈등 형태가 임금이나 근로조건, 생산성과 같은 권리·이익분쟁으로 집중되었다.

가) 제도·규정에 근거한 기업들의 문제제기

Q2사는 2012년 9월경 북한 근로자가 자발적으로 퇴사를 하였으나 노동규정 제19조에 따라 퇴직보조금을 지급하지 않았다. 그러나 이후 종업원 대표는 노동보수세칙 제16조(퇴직보조금의 지불 및 계산)에 따라 자발적으로 사직한 경우에도 퇴직보조금을 지급해야 한다는 주장을 하였다. 그러나 Q2사는 노동보수세칙의 조항이 상위 규범과 배치되며 수용할 수 없다는 입장을 고수하였다. 이후 한동안 종업원 대표와의 관계가 좋지 않았으나 원칙대로 하였고 종업원 대표도 더 이상의 요구는 없었다고 하였다.[42]

퇴직보조금과 관련해서 해석상 문제가 되었던 것 중에는 자발적으로 사직하는 자와 정년이 도래하여 퇴직하는 자에 대한 퇴직보조금 지급 여부였다. 이전만 하더라도 노동규정상으로는 기업의 사정으로 퇴직하는 경우에 퇴직보조금을 지급하였으나 2014년 11월 노동규정 개정 이후에는 퇴직 사유를 불문하고 퇴직보조금을 지급하도록 명시하고 있어 기업으로서는 혼란이 발생하였다.

이러한 과정들을 보면 기업들도 제도·규정에 근거하여 북한 근로자들의 요구에 대처하여 왔음을 확인해 볼 수 있다.

나) 노동세칙을 활용한 북한 근로자들의 임금 인상 요구[43]

(1) 휴가비, 유가족 보조금 등 지급 요구

노동보수계산서상 임금 계산 방식의 차이 외에도 북한은 노동세칙상의 주요 조항 등을 적극 활용하려는 사례가 나타났다.

그 사례들은 휴가비, 보충휴가, 유가족 보조금 지급 요구 등 다양한 형태로 나타났으며 제도를 적극 활용한 권리 분쟁에 가까운 내용들이었다.

다음은 개별 기업에서 있었던 노동세칙 요구 사례이다.

종업원 대표가 노동보수세칙 제17조(유가족 보조금의 지불)를 들어 최근 집에서 사망한 안전관리에 대해 유가족 보조금을 지급해 줄 것을 요구하였다.

사인은 심장마비로 보이며 북측은 몸이 아픈데도 출근하여 일을 했으므로 보조금 지급은 필요하다며 이를 수용 않는 기업이 도덕적으로 문제라는 입장을 보였다.[44]

종업원 대표는 장기 결근자에 대해 기업 재직 중 발생한 질병이므로 결근기간 동안 휴무비가 지급되어야 한다고 이야기 하였다.[45]

한편 총국 관계자는 휴가비를 노임계 항목에 반영하자는 요구에서 더 나아가 각종 결근의 경우에도 노임계 항목에 반영하여야 한다는 주장을 하기도 하였다. 즉 월별, 연말, 산전후, 보충휴가, 사결(결혼, 사망), 진단서 첨부 결근(병결)의 경우에도 휴가비와 동일하게 보아 노임계에 합산시키고 사회보험료를 반영해야 한다는 입장이었다.[46] 결근을 휴가비와 동일하게 바라보는 데 따른 문제점을 지적하자 결근 시에도 사회보험의 혜택을 주는 것이 북한 제도라고 주장하였다. 이러한 주장은 임금을 노동의 대가가 아닌 생활비 개념으로 바라보는 북한의 인식이 저변에 깔린 것으로 이해된다. 또한 노임 항목에 공제노임 항목을 표기하고 있는 기존 노동보수계산서와도 배치되는 개념이었다.

한편 총국 관계자는 노동시간 및 휴식세칙 제11조의 고열, 유해직종, 정신적 피로를 겪는 기업에 대해서는 2~7일의 보충휴가를 주어야 한다는 규정을 들어 동 조항의 적용을 요구하기도 하였다. 예를 들어 고열은 C1사, D1사, 유해직종은 B1사, A1사(연마), E1사(프레스), 정신적 피로는 F1사(소음) 등을 언급하였다.

당시 필자는 총국 관계자가 이야기 하는 고열이란 제철소 등과 같이 거대 용광로를 사용하는 곳을 의미하며 각 유해직종과 정신적 피로와 관련한 세부적인 기준 설정이 없는 상황에서 총국 차원의 임의적인 판단은 문제가 있을 수 있는바 우리의 기준을 제시하겠다는 뜻을 전달하기도 하였다.

(2) 야간근무 시 300% 가급금 조항 활용

야간근무 수당 요구도 노동세칙을 적극적으로 해석한 것임과 동시에 우리 기업들이 가지고 있는 납기에 대한 부담을 적극 활용한 부분이라고 할 수 있다. 야간근무 수당 지급 요구에는 일종의 태업 성격도 가미되어 있었다.

예를 들어 노동보수세칙 제11조(연장 및 야간작업의 가급금 지불 및 계산)는 "1일(전날 오전 작업 시작시간으로부터 다음날 오전 작업 시작 시간까지)이상 련속적으로 연장 및 야간작업을 조직하지 말아야 하며 부득이한 사정으로 련속적인 연장 및 야간작업을 시켰을 경우에는 시간당 또는 일당 로임액의 300%에 해당한 가급금을 주어야 한다. 이 경우 작업시간은 8시간을 초과하지 말아야 하며 가급금은 대휴에 관계없이 지불하여야 한다"고 명시하고 있다.

총국은 24시간 연속 야간근무를 시키는 경우에는 근로자의 과도한 피로 등을 감안하고 야간근무를 억제한다는 차원에서 300%의 가급금을 주어야 한다는 입장이었다. 그러나 이는 개성공업지구 노동규정 제30조(연장, 야간작업의 가급금)의 "연장 또는 야간작업을 한 종업원에게 일당 또는 시간당 노임액의 50%에 해당한 가급금을 주어야 한다. 명절일, 공휴일에 노동을 시키고 대휴를 주지 않았거나 로동시간 밖의 야간작업을 시켰을 경우에는 노임액의 100%에 해당한 가급금을 주어야 한다. 야간작업에는 22시부터 다음날 6시까지의 사이에 진행한 노동이 속한다"라고 하는 규정과 배치되었다.

그러나 개별 기업에서는 북한 근로자와의 협의를 통해 취침시간에 대해서까지 근로시간으로 간주하여 임금을 요구하거나 취침을 하였음에도 불구하고 익일 근무시간에 대해 300%의 가급금을 요구하는 사례들이 발생하였다.

예를 들어 갑의 정규 근로시간이 09시~18시까지이고 납기 문제로 인해 익일 12시까지 연속근로를 하였을 경우 시간외 근로수당의 원칙적인 계산 방식은 다음과 같다.

계산의 편의를 위해 시간노임 0.36불, 월노임 73.873불, 휴식시간은 12시~13

시(점심시간 1시간), 18시~18시 30분(저녁시간 30분), 익일 06시~09시(취침 3시간)를 전제로 한다.

갑은 19시간 30분의 근로를 하였으며 이 중 연장근무는 11시간 30분, 야간근무는 8시간을 실시한 것이다. 취침시간 이후 익일 09시부터 12시까지 진행되는 3시간의 근로는 연장근무가 아닌 새로이 시작되는 근로시간으로 가급금 문제가 발생하지 않은 것이다. 이에 따라 갑의 시간외 근로수당은 연장근로수당 6.21불(=11시간 30분*0.36불*150%)과 노동시간 밖의 야간근무(8시간)에 따른 야간근로수당 2.88불(=8시간*0.36불*100%)을 합친 9.09불이다. 그러나 익일 오전 취침시간의 실질성 여부에 따라 300% 가급금 문제가 제기될 수 있다.[47] 따라서 익일 09시부터 12시까지 진행되는 3시간의 근로는 '련속적인 연장 및 야간작업'에 해당되어 300% 가급금 문제가 발생한다. 이 경우 갑의 시간외 근로수당은 연장근로수당 6.21불(=11시간 30분*0.36불*150%)과 노동시간 밖의 야간근무(8시간)에 따른 야간근로수당 2.88불(=8시간*0.36불*100%)이외에 24시간 이상 연속근로에 따른 연장근로수당 3.24불(=3시간*0.36불*300%)을 합친 12.33불이 된다.

그러나 현실에서의 계산 방식은 '24시간을 초과하는 구간'에서의 300% 적용이 아니라 ①22~24시까지의 근무시간에 300%를 지급하고 취침을 시키거나, ②24~06시까지 300%를 지급하거나, ③22~06까지 일정비율(200%)을 지급 후 익일 근무개시 시간 이후부터 300%를 지급하는 등 다양한 방식의 임금 적용을 요구하였다.

G1사는 일정한 임금 수준 이상에 대해서는 북한 반장과의 요구와 협의를 거쳐 노동보호물자로 지급하는 방식도 활용하였다.

예를 들어 야간근무(01~16시, 식사시간 1시간 제외 시 총 14시간)를 하는 경우 해당 시간에 대한 가급금으로 300%를 지급하는 것으로 사전 합의하였다. 그중 익일 아침 8시간분에 대해서는 100%를 계산하여 임금으로, 8시간분을 제외한 6시간분에 대해서는 300%로 계산하여 노동보호물자로 지급하기로 하였다. 이 경우 노동보호물자는 라면(단가 350원) 기준 30개(초코파이 90개, 단가 120원) 수준이 되었다.

즉 300%*14시간(=4,200%)에서 100%*8시간(=800%)을 제외한 3,400%를 노동보호물자로 가져가는 방식(주중 야간근무 시 300%를 적용하면 14불 수준, 익일이 토요일인 경우 12불 수준)을 북한 종업원 대표와의 협의를 통해 결정한 것이다. 앞서 밝힌 원칙대로 하면 익일 근무 8시간분에 대해서만 300%의 가급금을 적용하고 전일 부분에 대해서는 150% 또는 200%를 적용해야 하나 임의적으로 계산방식을 정하여 300%의 수당을 적용한 사례라고 할 수 있다.[48)]

야간근무 수당과 관련한 또 다른 기업 사례를 보면 다음과 같다.

> 과거 08시 30분~19시 30분까지 근무 후 20시부터 철야근무를 진행하고 해당 시간부터 익일 07시 30분까지 200%의 가급금을 지급 후 익일 08시 30분부터 근무 시 다시 100%만 지급하는 형태였다.
> 기업 판단으로는 24시간 연속근무 후 초과 부분에 대해 300%를 지급하는 것은 비용이 증가하는 것으로 판단하여 과거 200% 가급금 부여시간을 300%로 상향 인상하여 지급하되 노동보수계산서상 초과노임 삭제 부분은 반영하지 않는 것으로 수정 적용중이다.
> 현재 직책 가급금은 2불(조장), 5불(반장), 15불(총무), 25불(종업원 대표)로 지급하고 있으나 총무 부분에 대해 통계가 임의로 20불로 인상한 사례가 있다. 고의적으로 보인다.[49)]

(3) '찔러보기'식 제도 적용을 통한 임금 인상 요구

2010년 노동세칙 통지 이후 북한 근로자들은 노동세칙상의 조항을 근거로 각종 임금 및 수당 등을 요구하였다. 이러한 요구 과정에서 북한 근로자들은 기존의 양식이나 계산 방식과는 다르게 노동세칙상 자신들에게 유리한 조항을 노동보수계산서상 슬쩍 기록해 놓고 우리 주재원들의 관리 능력과 수준을 확인하는 형태를 취하기도 하였다.

〈그림-27〉은 기업들이 일상적으로 활용했던 노동보수계산서 양식의 한 형태이다.

〈그림-27〉 X사 노동보수계산서 양식

NO	이름	부서직종	입직년월일	월로임	일로임	시간로임	가동일수	휴무	로임						직제금	년한가급금	장려금	상금	휴무비	월로동보수계	사보료	총지불액
									기본로임	초과로임	휴가비	공제로임	로임계	가급금								
1				67,005	2,6802	0,3350	25,0		67,005	44,56		0,00	11,56	30,49	200	4				346,05	16,73	362,79

※주: 동 양식은 표준양식에 직제금·연한가급금이 추가된 형태이다.

당시 노동보수계산서는 노동규정 제24조 "노임, 가급금, 장려금, 상금으로 노동보수를 구성"한다는 조항에 의거하여 구성되어 있었다. 노임은 월 기본노임과 연장·야간·휴일근무 등의 경우 계산하는 초과노임, 결근·조퇴시 반영하여 공제하는 공제노임, 유급 휴가비 등으로 구성되었다. 이 중 초과노임과 휴가비는 해당 사유 발생 시 가산되는 금액이며 공제노임은 결근·조퇴시간에 따라 차감되는 금액이었다. 노임계 내에 포함되는 초과노임이 연장·야간·휴일근로에 대한 대가로 100% 부분을 반영하는 것이라면 가급금은 100% 외에 할증되는 50%, 100% 등에 해당하는 부분을 반영하였다. 이외에 성과급 지급사유가 발생할 경우 장려금, 상금 등에 기재하였다.

통상 노동보수계산서는 위와 같은 양식으로 작성되었는데 2013년 12월 근로자들의 퇴직금 계산을 위해 X사에서 작성된 노동보수계산서를 보면 가동일, 생활비(노임), 해고노임 산정기준, 평균임금 산정기준 등 다양한 부분에서 북한통계원에 의한 고의적인 오기(誤記)가 발생하고 있음을 알 수 있다.

〈그림-28〉 X사 퇴직금 계산서

N O	이름	부서직종	입직년월일	월로임	일로임	시간로임	가동일수	휴무	로임						직제금	년한가급금	장려금	상금	휴무비	월로동보수계	사보료	총지불액
									기본로임	초과로임	휴가비	공제로임	로임계	가급금								
1				67,005	2,6802	0,3350	25,0		67,005	44,56		0,00	11,56	30,49	200	4				346,05	16,73	362,79

이러한 〈그림-28〉의 퇴직금 계산서는 기업의 관리능력에 대해 '찔러보기'식의 모습을 보인 것이라고 할 수 있다. 즉 계산 방식을 변경하였을 경우 우리 주재원이 이를 인지할 능력이 있는지와 더불어 향후 동 사항의 적용을 통해 전체 기업에 확산시키고자 하는 의도가 포함되어 있었다고 할 수 있다. 또한 노동세칙상의 일부 조항을 적극 활용하려는 의도도 포함되어 있었다. 이러한 관점에서 〈그림-28〉의 퇴직금 계산서가 가지고 있던 문제점 및 의도를 살펴보면 다음과 같다.

첫째, 가동일을 기업 가동일이 아닌 개인 가동일로 명시하였다. 앞서 언급한 것처럼 기업 가동일은 365일중 북한의 명절 및 휴식일 등을 공제한 일수를 차감한 일수인 25일을 기준으로 월 근로일의 길고 짧음에 상관없이 균일 적용하였다. 그러나 〈그림-28〉은 북한 근로자의 가동일수를 기업의 가동일수가 아닌 북한 근로자의 출근일을 가동일수로 명기함으로써 근로자의 결근 여부와는 상관없이 평균임금이 동일하게 산출되는 방식으로 혼란을 유도하였다. 즉 우리의 퇴직금 산정 방식에 비춰 설명하면 우리의 1일 평균임금 산정 방식은 '산정 사유가 발생한 날 이전 근로자에게 지급된 3월간의 임금 총액을 그 기간의 총 일수로 나눈 개념'이다. '그 기간의 총 일수'는 변동이 없는 반면 '3개월간의 임금 총액'은 근로자가 해당 기간 내 결근 등을 할 경우 감소되는데 이 경우 결근 등에 의해 '3개월간의 임금 총액'이 감소된 근로자는 당연히 1일 평균임금에 영향을 미치고 퇴직금 또한 타 근로자에 비해 줄어들게 된다.

그러나 북한 근로자의 방식대로 한다면 '3개월간의 임금 총액'이 감소됨에도 변경하지 말아야 할 '그 기간의 총 일수' 또한 근로자 출근일수에 맞춰 변경시킴으로서 사실상 1일 평균임금의 변경이 없도록 하려는 방식이었다고 할 수 있다.

둘째, 생활비를 노임계가 아닌 노동보수로 기재하였다. 노동규정 제24조에서 설명한 것처럼 '노동보수에는 노임, 가급금, 장려금, 상금이 속한다'고 하여 노동보수가 임금 총액의 성격을 가지고 있고 노임은 기본급과 같은 성격을 가지고 있다. 아울러 평균임금 계산 방식을 명시하고 있는 노동규정 제28조는 '휴가받기 전 3개월간의 로임을 실가동일수에 따라 평균한 하루 로임에 휴가일수를 적용하여야 한다'고 되어 있어 퇴직금 산정의 기초가 되는 임금은 임금 총액 개념인 '노동보수'가 아니라 기본급 개념인 '노임'으로 해석해야 하는 것이다. 그러나 〈그림-28〉을 보면 '노임'이 아닌 '노동보수'를 평균임금의 기초로 하고 있어 과도한 임금 지출을 유도하고 있었다.

셋째, 근무연한이 1년 미만인 자에 대해서도 해고노임을 요구하였다. 노동규정상 퇴직금 지급 대상이 '1년 이상 재직 근로자로서 기업의 사정에 의해 퇴직한 경우'임에도 총국은 그동안 1년 미만 재직자에 대해서도 퇴직금을 요구해 왔다. 당초 해고노임은 총국과의 노동세칙 협의 시 우리 노동법에 명시되어 있는 '해고 예고수당'의 개념으로써 사전 예고 없이 즉시 해고하는 경우 지급하는 것으로 논의가 되었다. 그러나 총국이 통지한 노동세칙은 그러한 개념과는 전혀 무관한 1년 미만 재직자에 대한 퇴직금 지급 요구로 변질된 것이었다. 물론 노동세칙은 6개월 이상자에 대해서만 해고노임을 지급하도록 명시하고 있었다. 그러나 이러한 상위 규범과도 배치되는 조항들을 일방 적용하기 위해 〈그림-28〉의 노동보수계산서는 '찔러보기'식 계산을 한 것이다.

넷째, 1년 이상 퇴직자의 경우 초과되는 6개월 이상은 2년으로 일방적으로 환산하였다.

다섯째, 평균임금 산정 시 가동일이 25일임에도 불구하고 실제 지급은 30일로 납부하고 있어 평균임금 산정 기준과 지급 기준의 차이가 발생하였다. 물론 이는 북한 근로자의 고의적인 측면이 있다기보다는 현행 노동규정과 관행화된 현실 간에 충돌되는 부분이라고 할 수 있다. 그러나 이러한 기준상의 차이를 북한 근로자들이 적극 활용하였다는 점은 유념해 둘 만하다.

아래의 〈그림-29〉 또한 위의 〈그림-28〉과 유사한 형태의 퇴직금 계산 방식이다. 이 방식은 2013년 12월 확보된 자료로서 재가동 이후 북한 근로자들의 임금 계산 방식이 일정한 흐름을 가지고 있었음을 보여주는 것이라고 할 수 있다.

〈그림-29〉 J1사 작성 노동보수계산서

No	이름	직종	입직날자	퇴직받기 전 3개월 로임			월평균 생활비$	퇴직받기 전 3개월 가동일수			월평균 일수	하루 평균 생활비$	일수	일한 해수	퇴직금
				1월	2월	3월		1월	2월	3월					

나. 분쟁조정의 방식

우리의 분쟁조정 절차가 노동조합법 및 노동관계조정법, 노동위원회법 등을 통해 정비되어 있는 것과 달리 개성공단의 분쟁조정 절차는 다른 규정들과 마찬가지로 매우 불완전하였다.[50]

당사자 사이의 분쟁 발생에 대하여 개성공업지구 노동규정 제48조(분쟁해결 방법)는 "로동과 관련하여 생긴 의견 상이는 당사자들 사이에 협의의 방법으로 해결한다. 협의의 방법으로 해결할 수 없을 경우에는 로동중재 절차로 해결한다" 고 하고 있어 일상적인 협의를 강조하고 있다. 즉 개별 기업 내 대다수의 분쟁은 당사자 간의 해결을 원칙으로 하되 사안이 장기화하거나 심각한 경우에는 관리위원회가 관리위원회 내 소속 부서인 협력부51)를 통하여 문제 제기를 하고 이에 대해 남북 간 양 당사자의 의견을 청취하여 갈등을 조정하는 역할을 하였다.

그러나 그러한 갈등 조정 과정은 우리의 분쟁 절차, 예를 들어 지방노동위원회나 중앙노동위원회의 조정 및 중재 절차와 같이 결정의 구속력을 갖고 있지는 못하였다. 실제 기업 내에서 노동분쟁이 발생하는 경우 이에 대한 대응과 실제적 개선에는 상당한 애로가 있었다. 분쟁조정 제도의 불비는 현실적으로 기업 내에서 발생하는 각종 노사관계에 공권력의 강제적 조정과 중재의 여지가 적음을 의미하였다. 이는 더 나아가 기업들로부터 노사관계에 대한 국가 개입의 필요성을 강하게 제기하는 요인 중의 하나가 되었다.

〈그림-30〉 개성공단 내 노동분쟁시 일반적 처리 절차

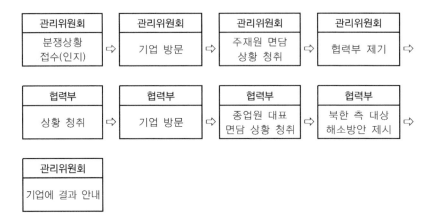

따라서 일반적인 조정·중재와 같이 분쟁 및 갈등에 대해 강제적 구속력을 가지는 결정을 내린다는 것은 현실적으로 불가능하였다. 아울러 관련 세칙이 북한에 의해 통지되긴 했으나 세칙 내용상의 문제로 인해 구체적인 논의가 진행되지 못하였다. 조정·중재를 위한 제도적 판단을 위해 총국이 2010년 8월 13일 제재 및 분쟁해결 세칙을 통지(중앙특구개발지도총국 지시 제3호, 2010.7.21)하

였으나 실제 집행되지는 못하였다.[52] 이의 제도적 보완을 위해 2013년 9월 10일 남북 공동위원회 제2차 회의에서 「개성공단에서의 '남북상사중재위원회 구성·운영에 관한 합의서' 이행을 위한 부속합의서」를 채택하고 2013년 12월 27일과 2014년 3월 13일 2차례의 상사중재위원회도 개최하였으나 중재인 명단(각 30명) 교환 이후 구체적 진전을 보지 못하였다.

노동중재 절차의 구체적인 집행을 위해서는 사실 준거법(규정)의 존재가 전제되어야 한다. 노동중재 절차라는 것이 준거법(규정)의 집행과 해석 과정에서 나타나는 다양한 갈등과 분쟁을 조정하고 판단기준을 내리는 역할을 하기에 준거법(규정)의 존재는 당연한 것이라고 할 수 있다. 만일 준거법(규정)이 존재하지 않거나 불명확한 상황에서 노동중재 절차를 진행한다는 것은 자칫 불합리한 제도를 합리화하거나 또 다른 갈등과 분쟁 요인을 제공하는 것이기 때문이다.

예를 들어 북한이 통지한 노동세칙의 경우 상위 규범과의 불일치 등 많은 점에서 문제점을 내포하고 있었는데 불완전한 노동세칙을 근거로 어떠한 사안을 조정하거나 중재할 경우 이는 기존 노동세칙을 인정하는 결과를 유발하게 된다. 특히, 남북의 사회문화적 특성과 법제도에 대한 기본 인식에 차이가 있는 상황에서 중재위원에 남북이 함께 참여한다 하더라도 '다수결 원칙'을 도입할 경우 동일한 사안에 대해 국가별 위원 참여도에 따라 그 결론이 수시로 바뀌는 결과를 초래할 수도 있다.

이러한 관점에서 노동중재 절차의 실행을 위해 초보적인 수준이라도 준거법(규정)에 대한 남북 당국 간의 사전 합의가 필요하다. 즉 상위 규범과의 불일치 등으로 인해 제도 인정 여부가 논란이 되고 있는 노동세칙에 대한 남북 당국 간 재협의를 통해 공통적으로 수용할 수 있는 내용을 확정할 필요가 있다. 초보적인 수준이나마 남북이 합의할 수 있는 준거법(규정)을 만들고 이를 근거로 노동중재 절차를 진행한다면 이는 노동중재 절차의 시작이 될 것이다.

중재 절차와는 별개로 노동 사안에 대한 관리감독 관련 규정으로는 노동규정 제7조(감독통제기관)가 있었다. 이 규정은 "공업지구에서 기업의 로력 채용과 관리사업에 대한 감독통제 사업은 공업지구관리기관이 한다"고 되어 있는데 '로력 채용과 관리사업'에 대한 개입 시점과 관련하여 해석상 총국과 이견이 있었다. 즉, 관리위원회는 '로력 채용과 관리사업'은 노동력 공급 및 알선 단계부터라는 입장이나 총국은 채용 이후 시점이라는 것이었다. 이러한 이견으로 인해 기업들의 주된 애로사항 중 하나인 노동력 공급 및 알선 과정에 관리위원회가 적극 개입하는 데는 일정한 한계가 발생하였다.

한편 2014년 12월 8일 개정된 노동규정 제7조(노력보장사업에 대한 지도통제 기관)는 '공업지구에서 로력보장사업에 대한 지도통제는 중앙공업지구 지도기관이 한다.'고 변경하였다. 이러한 개정은 '노력채용과 관리사업'에 대한 부분을 '노력보장사업'으로 변경하고 통제기관을 관리기관(관리위원회)에서 지도기관 (총국)으로 수정함으로써 전반적인 노동력 관리의 권한을 북한이 지속적으로 유지해 나가겠다는 입장을 반영한 것이라고 할 수 있다.

다. 분쟁조정의 사례

1) 남북 간 장기 조업 중단 해결

S사는 2008년 3월 최초 가동[53]하여 조업을 해오던 중 6월 7일 분쟁이 발생하였다. 당시 분쟁 사유는 화장지, 세숫비누 등의 소모품 지급 기준을 둘러싼 마찰 및 상호 감정적 대응 때문이었다. 초기 소모품 지급 기준을 둘러싼 갈등이 지속되던 중에 우리 주재원이 북한 종업원 대표와 언쟁을 하던 중 "*** 닥쳐"라는 비속어를 사용하게 되고 이로 인해 남북 간 마찰이 발생하였다. 이후 북한 근로자들은 조업을 중단하고 퇴근을 하였고 휴일을 보낸 이후 북한 근로자들이 6월 12일, 13일 출근을 하였으나 기업은 6월 12일부터 6월 21일(10일간)까지 임시휴무 조치를 실시하였다.[54] 이후 북한 근로자들도 임시휴무 이후인 6월 23일부터 출근을 하지 않았다.[55]

다시 기업은 분쟁 해결의 선결 과제로 분쟁 당사자인 근로자 3명의 즉각적 해고를 요구[56]하였고, 총국은 북한 근로자들이 정상 출근 하였음에도 6월 12일 부터 13일까지 이틀 동안 뙤약볕에 방치한데 대한 사과를 요구하는 등 현격한 입장 차이를 보였다. 관리위원회는 수차례 기업 및 총국과의 면담을 진행하며 분쟁 해결을 도모하였으나 기업과 총국 간의 입장 차이로 장기간 해결되지 못 하였다.

그러나 관리위원회의 지속적인 해결 방안 모색으로 2008년 9월 17일 기업과 총국은 정상화에 합의하였고 당시 주문·생산물량 등을 고려하여 12월경 정상 조업하기로 하였다. 이후 2008년 12월 25일 재가동 준비를 위해 북한 근로자 12명이 출근하였고 2009년 1월 14일 북한 근로자 전원이 출근함으로써 분쟁이 해결되었다.[57]

2) 관리위원회 - 총국 간 협조를 통한 마찰 해결

2007년 6월 25일 L사의 종업원 대표는 샘플실 근무자를 재단조장으로 임의 배치전환 하였으며 법인장이 이러한 행위에 대해 지적하자 종업원 대표는 노동력 관리 권한은 자신의 권한이라며 항변하는 일이 발생하였다.

법인장은 이 상태로는 공장가동을 할 수 없다며 가동 중단을 지시하였고 종업원 대표 또한 근로자를 퇴근시키겠다며 회의실을 퇴장하는 등 갈등이 발생하였다. 회사는 종업원 대표의 태도를 문제 삼아 협력부를 통해 공식 항의를 하였다. 관련 사안을 전달받은 관리위원회도 일방적인 임의 배치전환은 기업의 인사권과 관련된 사항이므로 즉각 시정할 것을 요구하였다.

이후 총국 관계자가 기업을 방문하여 종업원 대표의 개인적 착오가 있었다고 설명하고 우선 공장 가동을 정상화 시킨 뒤 문제를 해결하자는 입장을 알려왔다. 총국은 종업원 대표와 기업 간 의사전달 과정의 오해에서 발생된 사안으로 문제를 확대시키지 말고 넘어가 줄 것을 요구하였다.

하지만 기업은 2007년 6월 26일 근로자들의 출근에도 불구하고 "배치전환 된 노력이 원상회복 될 때까지 공장가동을 할 수 없다"는 입장을 밝히며 "그동안 수차례 총국으로부터 인사권, 경영자율성은 기업에 있음을 확인받아 왔는데 또 다시 종업원 대표의 월권 행위가 발생한 것은 총국 측의 문제로 밖에 판단할 수 없다"고 문제 제기를 하는 등 강력하게 대응하였다.

이에 총국 관계자가 기업을 방문하여 해결 방안을 모색하자고 제안하였다. 이후 총국-관리위원회-기업 간 3자 면담 시 I사는 최근까지의 문제 발단 이유에 대해 설명하며 인사권이 보장되지 않는다면 기업 경영의 이유가 없음을 설명하였다. 관리위원회도 '인사권'이 기업의 고유권한이며 이의 부정은 수용할 수 없다는 입장을 밝혔다. 이후 총국 관계자는 '인사권은 기업의 권한'이라고 언급하며 향후 이런 문제가 있으면 총국에 직접 제기해줄 것을 요청하고 문제의 발단이 된 2명에 대해 원상복귀를 지시하였다. 다음 날인 6월 27일 종업원 대표는 재단반 3조와 6조의 조장으로 임의 배치전환 한 샘플실 근무자 2명에 대해 원상회복 조치하였으며 기업은 정상가동하였다.[58]

3) 일상적 분쟁 해소

노동분쟁의 일상적 해소 형태는 기업 내에서 법인장과 종업원 대표 간 협의를 통해 주로 해소하나 분쟁 가능성이 있는 경우에는 기업이 관리위원회로 협조를 요청하고 관리위원회가 분쟁 현장에 개입함으로써 이를 해소하였다.

> 11시경 I사 관계자가 관리위원회에 전화를 걸어 "회사로 와 주었으면 좋겠다"고 요청하였다. 관리위원회 담당자가 회사를 방문, 회사 관계자와 1층 사무실에서 면담을 진행했다.
> 면담 결과 기업관계자는 "사장님이 1층 사무실에서 회의를 주재하는데 북측 종업원 대표가 생산관리와 함께 참석하였다. 사장님이 생산관리에게 회의석상에서 나갈 것을 지시했으나 생산관리가 이를 거부하였다. 이에 사장님이 생산관리

를 강제로 끌어내는 과정에서 생산관리의 옷이 찢어지는 일이 생겼다"고 언급하였다. 사장은 "큰 일이 아닌데 오게 해서 미안하다. 잘 해결될 것이다. 더 이상 확대되지 않았으면 한다"고 설명하였다.

종업원 대표는 "내가 회사에 온 지 얼마 되지 않아 생산관리를 회의에 함께 참석시킨 것인데 이를 가지고 문제를 삼으면 어떻게 하는가"라고 대응하였다.

관리위원회는 "잘 해보기 위해 회의를 하려던 것이었을 텐데 이런 마찰이 생겨 유감이며, 종업원 대표도 일단 사장이 지시를 했으면 그에 따르는 것이 맞다. 상호 간에 발생한 마찰에 대해 잘 풀었으면 한다"고 설명하였고, 함께 참석한 총국 관계자도 "이런 일이 생기면 직원들의 사기가 떨어질 수밖에 없다. 사장 선생이 직원들에게 잘 설명해 주어야 한다. 종업원 대표는 빨리 정상적으로 업무를 보라"고 지시하였다.

면담 이후 종업원 대표는 바로 현장에 복귀하여 조업을 하였고 사안은 마무리되었다.[59]

1) 신수식·김동원·이규용, 『현대 고용관계론』(서울: 박영사, 2010), 179쪽.

2) I1사 관계자 인터뷰, 2011년 2월 7일.

3) 북한에서의 노동선전은 행정당국의 사전 승인을 받아야 하기에 개성공단 기업 내의 각종 표어 부착도 남북 간 표현상 문제가 없더라도 최소한 총국 관계자의 승인이 필요한 것으로 보인다.

4) "개성공단에서는 다른 것보다도 품질과 납기만 충족되면 된다는 생각을 하고 있었다. 이런 생각에서 직장장에게 개성공단에 입주한 기업이 품질과 납기가 충족되지 않으면 바이어가 떨어져 수주를 할 수 없고, 결국 생산이 어려워 기업도 근로자도 존재할 수 없다는 점을 지속적으로 설명해 주었다. 이러한 설명에 직장장 또한 기업은 무엇보다도 품질과 납기가 중요하다는 점을 충분히 이해하고 있었는데, 남측 주재원이 '납기와 품질이 무엇이라고 생각하느냐'고 묻자, 북측 직장장은 '납기는 생명, 품질은 자존심'이라면서 이는 반드시 준수할 것이라고 약속하였다. 직장장의 '납기는 생명, 품질은 자존심'이라는 말을 작업 독려 구호로 삼겠다고 한 후 사무실 및 공장 내부에 부착하여 작업을 독려하고 있는데, 근로자들의 생산성에 많은 영향을 주고 있다"라는 언급 내용에서 알 수 있듯이 '납기는 생명, 품질은 자존심'이라는 표현은 개성공단 생산현장에서는 일반화된 내용이다. 박천조, 『개성공단 입주기업의 노무관리 실태연구』(북한대학원 대학교 석사 학위논문, 2010), 51쪽. "L사 관계자 인터뷰, 2007년 11월 26일." 재인용.

5) 3정 5S는 생산의 효율성을 높이기 위해 강조되는 구호로 3정은 정량, 정품, 정위치를, 5S는 정리, 정돈, 청소, 청결, 습관화를 의미한다.

6) 우리 주재원들이 부착을 하고자 할 경우 북한 종업원 대표는 사전에 총국 관계자와의 협의를 해줄 것을 주문한다. 예를 들어 총국 관계자들이 수정을 요구했던 표현들은 '거즈→가재', '데이터→문서', '테이블→탁', '샘플→견본', '숙지→파악', '날짜→날자', '수불→접수', '빗자루→비자루', '방사→분사' 등과 같은 표현이었다.

7) 박천조, 앞의 책, 2010, 38쪽. "F사 관계자 인터뷰, 2007년 11월 13일." 재인용.

8) 박천조, 앞의 책, 2010, 95쪽. "H사 관계자 인터뷰, 2007년 11월 15일." 재인용.

9) N2사 관계자 인터뷰, 2013년 11월 17일.

10) O사 관계자 인터뷰, 2007년 11월 14일.

11) 이러한 '문화생활(생활총화)'은 가동기업이 27개에 불과하던 시기에는 토요일에 진행하는 것이 일반적이었다. 그러나 개성공단 근로자들의 계속적인 증가로 인해 '문화생활(생활총화)'을

토요일에 집중적으로 하기에는 북한 내부적으로 장소적 문제, 행사 준비상의 문제 등이 대두되었다. 이에 따라 총국 관계자들은 토요일로 되어 있던 '문화생활(생활총화)' 일을 2007년 이후 입주 기업들에게는 주중 특정 근무일의 반일로 해줄 것을 요청하게 된다. 박천조, 앞의 책, 2010, 88쪽.

12) 개성공단은 출퇴근 버스의 한계로 인해 부득이 근로자들이 출근시간을 1차(7시 조업), 2차(8시 조업)로 구분하여 운용하고 있으며 일정 시기를 기준으로 출근시간대를 변경하고 있다.

13) J사 관계자 인터뷰, 2011년 7월 5일.

14) 박천조, 앞의 책, 2010, 49쪽. "F사 관계자 인터뷰, 2007년 11월 13일." 재인용.

15) 당시 지원업체 7개사 중 6개사가 '매우 만족'한다고 응답하였으며 1개사가 '만족'한다는 의견을 밝혔다. 중소기업진흥공단, 『2011 개성공단 입주 기업 생산성향상 컨설팅 결과보고서』(서울: 중소기업진흥공단, 2011) 참조.

16) 중소기업진흥공단, 『2013 개성공단 입주 기업 생산성향상 컨설팅 결과보고서』(서울: 중소기업진흥공단, 2013) 참조.

17) TPM은 Total Productive Maintenance(총 생산보전)의 줄임말로 통상 생산 부문의 TPM과 전사적 TPM 두 가지로 나누어지는데 생산 부문을 비롯해 개발, 영업, 관리 등 모든 부문에 걸쳐서 최고경영자부터 현장 작업자에 이르기까지 전원이 참여하고 소집단 활동을 통하여 손실율 제로("0")를 달성하는 행위를 의미한다.

18) U2사 관계자 인터뷰, 2012년 3월 25일.

19) V2사 관계자 인터뷰, 2012년 11월 7일.

20) 통상 경영참가는 노동조합 주도하에 집단적으로 이루어지는 측면이 있어 노동조합의 영향력 강화와 분리할 수는 없다. 경영참가에 있어 논란이 되는 부분은 사실상 사용자의 전속적인 권한이라고 할 수 있는 경영권에 근로자가 개입하는 것이 적절한지, 그 한계는 어디까지인지라고 할 수 있다.

21) 종업원 설문조사는 규격화된 설문지를 종업원들에게 배부하여 조직의 정책이나 제도에 대한 종업원들의 의견과 태도를 측정하고 그 결과를 두고 종업원들과 해당 관리자가 토론을 통하여 개선이 필요한 분야를 찾아 개선책을 강구하고 실시하는 제도이다. 품질관리 분임조는 소규모의 종업원 집단이 정기적으로 모임을 갖고 품질 향상 등 작업장에서의 문제해결을 도모하는 제도로 기존의 조직 권한과 제도, 위계질서와 상충되지 않고 활동이 이루어지는 제도이다. 노사합동위원회는 경영층과 노동조합의 대표로 구성된 위원회에서 생산성 향상, 품질 향상, 근무환경 개선 등을 목표로 기존 제도에 대한 문제점을 제기하고 이를 개선할 수 있는 방안을 찾는 노동조합이 주체가 된 경영참가 제도이다. 제안제도는 집단적 경영참가 방식인 품질관리 분임조와 달리 개인 차원에서 회사의 운영 효율화를 위해 아이디어를 제출하는 개인적 경영참가 방식이다. 현장 자율경영팀은 15명 미만의 종업원이 생산에 관한 결정을 스스로 내리면 독자적으로 생산 활동을 수행하는 제도이다. 신수식·김동원·이규용, 앞의 책, 2010, 193~219쪽.

22) X2사 관계자 인터뷰, 2011년 9월 14일.

23) 코르나이는 고전적 사회주의 체제에서 피고용인의 입지를 강화시키는 요소들로 ①만성적인 노동력 부족, ②태업, ③이데올로기를 들고 있다. 반면에 피고용인의 입지를 약화시키는 요소들로는 ①독립적인 노조가 없다는 것, ②각종 법적, 경제적, 정치적 구속에 의해 고용인에 의해 얽매인다는 것이다. Kornai, Janos., op. cit., 219쪽.

24) 실제 근무시간이 8시간이 되지 않고 기업 내에서 취침을 하고 있음에도 근로자들은 8시간분의 임금 보장을 요구했다. 우리나라의 경우 실제 근무시간 이후에 대해서는 가급금을 적용하지 않으나 개성공단에서는 북한 근로자들이 교통수단의 부재로 인해 퇴근하지 못하고 기업 내에서 취침하는 시간에 대해서도 가급금 보장을 요구한 것이다.

25) 300% 가급금 조항은 개성공업지구 기존 노동보수세칙 제11조(연장 및 야간작업의 가급금 지불 및 계산)에 명기되어 있었다. 그러나 300% 가급금 지급 조건은 24시간 연속근무 후 익일에도 계속 근무하는 경우 익일 근무시간 개시 이후부터 적용하게 되어 있음에도 현실에서는 야간근무 수당이 100%만 지급되어야 할 구간에서도 300% 가급금 계산을 요구받았다. 다만 이 조항은 2015년 4월 통지된 개정 노동보수세칙 제11조(가급금의 적용)에서는 그동안의 논란을 의식해서인지 삭제되었다.

26) 그러나 가동일수 25일은 향후 변경될 가능성이 있다. 2013년 이후 청명일(4.5), 양력설 (1.2~3), 국제부녀절(3.8), 조선소년단창립절(6.6), 선군절(8.25), 어머니날(11.16) 등 추가적인 명절 및 휴식일로 제정되어 공제해야 할 일수가 증가한 것이고 이를 반영할 경우 월 가동일수의 감소를 예상할 수 있다.

27) 우리는 헌법 제33조 단체행동권의 보장을 통해 노동조합 및 노동관계조정법이 정하는 절차에 따라 정당한 쟁의행위에 대한 합법성이 보장된다. 우리 노동조합 및 노동관계조정법 제2조는 "쟁의행위라 함은 파업, 태업, 직장폐쇄 기타 노동관계 당사자가 그 주장을 관철할 목적으로 행하는 행위와 이에 대항하는 행위로서 업무의 정상적인 운영을 저해하는 것을 말한다"고 명시하고 있다. 이러한 법률에 의한 정당한 쟁의행위는 민사상 손해배상 책임과 더불어 형사상 책임도 면책된다. 통상 쟁의행위의 정당성이 인정되기 위해서는 목적, 절차, 수단의 정당성이 인정되는 것을 의미한다. 여기서 목적의 정당성이란 쟁의행위의 목적이 '임금 및 근로조건의 유지ㆍ개선 등 근로자의 경제적 지위 향상'이어야 함을 의미한다. 즉 경제적 측면의 요구라고 할 수 있는데 이러한 경제적 측면의 요구가 아닌 국가의 입법 활동이나 정치적인 사안을 목적으로 한 쟁의행위는 정치파업이라 불리며 일반적으로 그 위법성이 논란이 된다.

다음으로 수단의 정당성이란 쟁의행위가 상대방에 대한 노동력 제공의 거부를 통한 압력 행사 수준에 머물러야 한다는 것이다. 따라서 그것을 초월하여 행하는 경우 그 정당성을 인정받기 어려울 수 있다. 우리의 노동조합 및 노동관계조정법 제42조는 "쟁의행위는 폭력이나 파괴행위로 할 수 없다"고 명시하고 있으며 쟁의행위가 공장, 사업장, 기타 직장에 대한 안전보호시설의 정상적인 유지ㆍ운영을 정지ㆍ폐지 또는 방해한 때에는 정당한 쟁의행위로 인정하지 않는다. 쟁의행위 수단으로는 파업, 태업, 불매운동, 문서배포ㆍ부착, 현수막 게시, 리본ㆍ완장 부착, 피케팅 등이 있다.

마지막으로 절차의 정당성이란 쟁의행위는 조합원의 직접ㆍ비밀ㆍ무기명투표에 의한 조합원 과반수의 찬성으로 결정하여야 하며 전체 조합원 과반수가 찬성하여야 한다. 또한 과반수의 찬성이 있더라도 쟁의행위 돌입 전에는 노동조합 및 노동관계조정법 제45조 제1항에 의하여 당사자의 어느 일방이 노동쟁의 발생을 상대방에게 통보한 때에는 자동적으로 조정절차가 개시되도록 하고 있다.

28) 다만 2014년 12월 8일 수정된 노동규정은 제25조(종업원의 월 최저노임)는 "종업원월최저노임기준은 중앙공업지구지도기관이 종업원의 노동생산능률, 공업지구경제발전수준, 노력채용상태 같은것을 고려하여 해마다 정한다."고 하여 최저노임 5% 상한선을 없애고 중앙특구개발지도총국의 일방적인 인상 발표가 가능하도록 변경하였다.

29) Z1사 관계자 인터뷰, 2013년 3월 14일.

30) G사 관계자 인터뷰, 2011년 7월 14일.

31) H사 관계자 인터뷰, 2009년 2월 25일.

32) H1사 관계자 인터뷰, 2012년 9월 11일.

33) I사 관계자 인터뷰, 2010년 5월 6일.

34) X1사 관계자 인터뷰, 2010년 5월 14일.

35) Y사 관계자 인터뷰, 2010년 5월 14일.

36) Y1사 관계자 인터뷰, 2010년 5월 17일.

37) G사 관계자 인터뷰, 2010년 5월 24일.

38) E1사 관계자 인터뷰, 2007년 11월 15일.

39) R2사 관계자 인터뷰, 2009년 2월 12일.

40) P2사 관계자 인터뷰, 2007년 11월 15일. 해당 종업원 대표는 3개월 후인 8월 말 교육을 이유로 퇴사하였으며 그로부터 2개월 후인 10월 말 새로운 종업원 대표가 배치되어 왔다.

41) K1사 관계자 인터뷰, 2007년 11월 15일.

42) Q2사 관계자 인터뷰, 2012년 9월 12일.

43) 노동세칙을 활용한 북한 근로자들의 요구는 2015년 4월 개정노동세칙이 수정통지 되기 전에 일어났던 사례들이다.

44) H사 관계자 인터뷰, 2012년 5월 12일.

45) F사 관계자 인터뷰, 2012년 7월 3일.

46) 총국 관계자 언급 내용, 2011년 5월 13일.

47) 물론 익일 오전 취침이 작업 선반 위에서 이루어지거나 작업 현장 내에서 박스를 깐 채 이루어지는 등 비정상적인 경우 해당 시간을 정상적인 취침시간으로 볼 수 있느냐의 논란은 발생한다.

48) 우리 주재원들에 의하면 북한 근로자들은 일이 없어도 바쁘게 해달라고 하면서 야간근무를 주 2회씩 요구하는 사례가 있다고 한다. 북한 근로자 간의 대화 중에 "일 없는데 철야하는 날입니다"라고 하는 경우에는 비수기에 일이 없어도 임금 보전을 위해 야간근무를

하는 경우를 의미한다고 한다. 이 경우 주 2회만 야간근무를 해도 근로자들에게는 상당한 임금 보전 효과가 생긴다는 것이다.

49) G사 관계자 인터뷰, 2009년 2월 13일.

50) 우리는 노사 간에 분쟁이 발생하는 경우 이의 해결 수단으로 노동쟁의 조정제도를 두고 있다. 일반적으로 노사 간의 분쟁은 당사자 간 자율적 해결이 원칙이다. 그러나 노동쟁의로 인해 전체 국민생활에 영향을 미칠 우려가 있는 경우 국가는 노동쟁의 조정제도를 통해 개입하게 된다. 우리 노동조합 및 노동관계조정법은 국가에 의한 조정 방식과 더불어 사적 조정 방식도 명시하고 있다. 노동조합 및 노동관계조정법은 제52조 제1항은 노사 간 사적조정절차에 의해 노동쟁의를 해결하기로 한 때에는 이를 관할 노동위원회에 신고토록 하고 있다. 그리고 제52조 제3항은 사적조정절차에 의하여 노동쟁의를 해결하기로 한 때에도 그 조정을 개시한 날로부터 일반사업은 10일, 공익사업은 15일을 경과하지 아니하고는 쟁의행위를 할 수 없도록 하고 있다. 사적 조정에 의해서도 노동쟁의가 해결되지 않는 경우에는 노사 쌍방은 노동조합 및 노동관계조정법상의 조정·중재에 따른 조정을 노동위원회에 신청할 수 있다. 다만, 노동쟁의가 현저히 국민경제를 해하거나 국민의 일상생활을 위태롭게 할 위험이 현존하는 경우에는 노동조합 및 노동관계조정법 제76조에 따라 긴급조정에 회부할 수 있다.

이러한 사적 조정에 관한 합의가 없을 때에는 노동조합 및 노동관계조정법상의 조정절차가 적용된다. 동 법에서는 조정의 종류로 조정·중재·긴급조정 등을 두고 있다. 조정은 당사자 일방의 신청이 있는 경우 노동위원회가 개시하며 일반사업과 공익사업을 구별하지 않는다. 이러한 조정과는 달리 당사자 쌍방의 신청에 의하거나 단체협약의 정한 바에 따라 당사자 일방의 신청에 의해 중재 절차가 개시될 수 있다. 그리고 조정 기간이나 중재 기간이 경과하면 조정 또는 중재가 진행 중이더라도 노동조합 및 노동관계조정법 제45조 제2항에 따라 쟁의행위를 할 수 있다. 조정 및 중재의 경우 이 절차에 의해 분쟁이 해결되면 조정서 및 중재재정서가 작성되는데 그때 효력은 단체협약과 동일한 효력이 부여된다.

51) 협력부는 관리위원회와 총국과의 연락업무를 수행하는 관리위원회 내 북한 인사들로 구성된 부서이다.

52) 2013년 12월 27일 남북 상사중재위원회가 정식으로 구성된다. 남북은 각 5명씩 상사중재위원 명단을 교환했고 상사중재위원은 우리의 경우 법무부 통일법무과장(위원장), 통일부 제도개선팀장, 대한상사중재원 본부장, 한국개발연구원 연구위원, 상사전문 변호사가 포함되었다. 북한은 중앙특구개발지도총국 처장(위원장), 민족경제협력위원회 법률고문, 조선국제무역중재위원회 처장, 3급 연구원, 책임중재원 등이 상사중재위원 명단에 포함되었다. 이후 2014년 3월 13일 개성공단 상사중재위원회 첫 회의가 개성공단에서 개최되어 중재 규정과 중재 대상에 대해 논의를 하였다.

53) S사의 우리 주재원은 개성공단 입주 초기부터 북한 근로자들의 행태에 대한 기본적인 문제의식과 불만이 팽배해 있었던 것으로 보인다. 2008년 3월 13일 가동된 지 얼마 되지 않은 시점에 S사의 우리 주재원과의 면담 내용은 북한 근로자에 대한 문제의식이 상당 부분 쌓여 있었음을 간접적으로 확인할 수 있다. 2008년 3월 13일 우리 주재원과의 면담 내용을 보면 "①2월 16일 북측 명절 이후 장기 결근자가 지속 발생 중이며 2월 16일 전에는

응원연습, 체육대회 준비 등으로 고정적인 결근자가 발생(12~15명)하였고 생산은 뒷전이며 개성시 행사에만 치중. ②아픈 인원은 조퇴 시키지 않으면서 멀쩡한 인원은 다음 날 결근시키는 등의 모습을 보임. 최근 사무 인력의 무단결근으로 업무 스케줄에 문제 발생. ③최근 회사 제품이 도난 된 것으로 보임. 세무소에 갔더니 회사 제품이 버젓이 세무소 담당자의 손에 가 있었음" 등으로 언급하며 북한 근로자에 대한 상당한 불신을 드러내고 있었다.

54) 이러한 일련의 상황은 우리의 입장에서 보자면 근로자들의 쟁의행위가 발생하고 이에 대응하는 사용자의 쟁의행위(직장폐쇄)가 발생한 것과 유사한 형태라고 할 수 있다. 우리 노동조합 및 노동관계조정법은 사용자의 쟁의행위(직장폐쇄)는 근로자의 쟁의행위보다 선제적이거나 공격적으로 행할 수 없고 방어적 차원에서 진행되어야 한다고 규정하고 있다.

55) 우리 주재원의 진술에 따라 관련 경과를 살펴보면 ①2008년 6월 3일부터 소모품(화장지, 세수비누) 지급 기준 문제로 마찰이 발생, ②종업원 대표는 지급 기준에 불만, 사무실 내에서 신경질적인 반응을 보이거나 임의로 근무시간을 조절(사전에 합의한 연장, 조기출근 등을 모두 거부), ③2008년 6월 3일부터 7일까지 우리 주재원과 북한 근로자 간에 의사소통이 없는 상황 지속, ④2008년 6월 7일 오전부터 종업원 대표가 갑(甲)과의 대화 중 언성이 높아지기 시작하였으며 사건 발생 직전까지 지속, ④2008년 6월 7일 대부분의 우리 주재원들이 14:00 남쪽으로 출경한 이후 14:35경 종업원 대표가 업무 수행 중인 갑(甲)에게 다가왔으며 상호 간 언쟁이 있던 중 갑(甲)이 참지 못하고 "대표, *** 닥쳐"라고 하고 사무실로 들어감. 갑(甲)의 발언에 종업원 대표와 반장, 사무조, 기타 근로자들이 사무실로 들어와 갑(甲)에게 항의하였으며 갑(甲)도 마찰이 있었다고 하는 등 논란이 확산되었다. 그 이후 종업원 대표가 갑(甲)이 공개사죄하지 않으므로 일을 하지 말라고 근로자들에게 지시하여 모든 생산라인의 작업이 중지된다. ⑤이후 2008년 6월 12일부터 21일까지 회사는 임시 휴무 조치를 취하고 2008년 6월 12일부터 13일까지 근로자 250여 명이 정상 출근하였음에도 회사는 임시 휴무를 지속한다. ⑦결국 2008년 6월 14일부터 근로자도 출근을 하지 않음에 따라 사안이 장기화 된다.

56) 당시 기업은 ①종업원 대표, 생산관리, 전기기사 3명의 즉시 해고, ②해고자를 대체할 관리인력 충원, ③향후 유사 사례 재발방지 약속 요구, 금주 내(6월 13일까지) 충분한 조치가 없을 경우 회사 철수 예정 등의 강경한 입장을 강조했었다.

57) 당시 S사의 분쟁은 기업과의 지속적인 소통구조 마련과 개성공단 이해를 위한 우리 주재원들의 교육 필요성을 고민하게 하는 계기가 되었다. 기업은 분쟁이 발생하기 이전 소모품 관련 마찰이 지속되어 분쟁 가능성이 있었음에도 관련 사실을 관리위원회에 통지하지 않은 채 방치하였고 결국 물리적 충돌로 확산됨에 따라 초기 대응에 애로가 있었다. 또한 우리 주재원들이 개성공단 정착 초기 북한에 대한 이해 부족으로 사안이 확산된 측면도 있어 신규 입주 기업의 조기정착을 위한 북한 문화·근로자 특성, 생활상의 차이, 언행 관련 주의 사항 등 계도가 필요함을 절감하게 한 사안이었다.

58) L사 관계자 인터뷰, 2007년 11월 15일.

59) I사 관계자 인터뷰, 2009년 9월 30일.

제7장

개성공단 노사관계 평가

우리는 개성공단 행위주체들이 주어진 환경 하에서 진행한 각종 상호작용 사례와 실태를 살펴보았으며 그 결과를 토대로 다음과 같이 개성공단의 노사 관계를 평가할 수 있다.

제1절 성과

1. 성과

우리는 개성공단 노사관계의 성과로 노사관계의 개념에 부합하는 틀이 형성되어 갔고, 일방의 의사 관철이나 권한 행사보다는 협상과 협의의 방식이 일상화되어 가고 있었으며, 노사 상호 간 법적 근거를 토대로 이해와 요구사항을 개진했었다는 점을 들 수 있다. 이를 구체적으로 정리해보면 다음과 같다.

첫째, 노사관계를 고용을 둘러싸고 행위주체들이 벌이는 다양한 상호작용의 결과라는 개념으로 정리할 경우 노사관계 개념에 맞는 주요 요건들이 형성되어

가고 있었다는 점이다. 행위주체에 있어 우리 기업과 북한 근로자와 더불어 남북 정부가 존재하고, 요구조건에 있어서도 임금·근로조건이 주요 내용을 이루며, 요구 관철에 있어서는 태업·준법투쟁 등이 발생하는 등 외형상 노사관계의 틀을 만들어 가고 있었다. 또한 분쟁의 유형이 언어적·감정적 충돌 및 이데올로기적 충돌에서 권리·이익분쟁으로 변화되었던 점도 확인할 수 있다. 초기 서로 다른 체제에 익숙했던 두 행위주체가 각종 협의 과정에서 표출했던 언어적·감정적·이데올로기적 충돌은 기업 내 노사관계 차원을 넘어 남북관계로까지 파생될 수도 있는 사안이었다. 그러나 이러한 충돌은 생산성 향상과 임금 및 근로조건 개선이라는 두 행위주체의 목적과는 무관한 부분들이었으며 분쟁을 통한 긍정적 측면보다는 부정적 측면이 강한 부분이었다. 결국 행위주체들로서는 권리·이익분쟁이라는 노사관계 본연의 목적으로 집중하는 것이 상호 이익이었던 것이다. 아울러 산출 결과로서 제도화(서면화)의 모습도 나타나고 있었으며 이러한 제도화(서면화)의 과정을 통해 문서 근거주의 방식이 점차 자리를 잡아가고 있었다.

둘째, 남북 간 협상과 협의를 통한 결과물 도출이 일상화 되어 가고 있었다는 점이다.

어느 일방의 힘에 의해 지시 내지는 관리되는 개념이 아니라 상호 간 협상 또는 협의를 통해 다양한 결과물들이 만들어지고 있었다. 이러한 결과물 도출은 임금이나 근로조건과 같은 부분에만 국한된 것이 아니라 기업 측의 권한이라고 할 수 있는 인사권에 이르기까지 기업 내 많은 부분에 확산되어 있었다.

결과물은 새로운 제도·규칙의 형성이나 관행의 유지라는 방식으로 나타났었다. 새로운 제도·규칙의 형성이나 관행이 유지되는 모습을 임금이나 근로조건 분야에서 두드러지게 확인할 수 있었다. 구체적으로 보자면 새로운 제도·규칙의 형성은 수당 신설을 통한 임금 체계의 확대와 같은 분야에서 확인할 수 있었다. 반면 관행의 유지는 간식이나 국거리, 업무용 차량 등 편의 제공 분야에서 확인할 수 있었다.

셋째, 기업이나 근로자 모두 제도상 보장된 법적 근거를 적극 활용하고 있었다는 점이다. 특히 북한 근로자들의 경우 초기 개성공단과는 무관한 기존 북한 사회의 법제도를 근거로 많은 요구들을 하였으나 점차 이러한 부분은 잦아들고 개성공단의 법·제도에 근거한 주장이 확산되었다. 물론 불완전한 노동세칙을 주된 근거로 제기하는 측면이 있었으나 그러함에도 이는 법치주의의 점진적 정착이라고 할 수 있었다.

2. 성과 요인

가. 제도적 측면

초기와 달리 개성공업지구 노동규정의 하위 규범으로 5개의 노동세칙이 통지되어 외형상 제도의 완결이 있었다는 점이다. 제도의 완결은 우리의 수용 여부와는 별개로 장기적 관점에서 보자면 법률에 근거한 노사관계 형성이 가능하다는 긍정적인 측면이 있다.

또한 제도의 불비에도 불구하고 관리위원회와 총국 간 분쟁 발생 시 공동 대응하는 관리구조도 중요한 지점이었다. 전면중단 이전까지 제재 및 분쟁 해결 절차가 사실상 불비한 가운데 분쟁조정의 역할을 관리위원회와 총국이 공동으로 수행하였다. 이는 향후 분쟁 절차 수립 과정에서도 소중한 경험으로 활용될 수 있을 것이다.

나. 비제도적 측면

우리는 비제도적 측면에서의 성과 요인으로 우선 행위주체들의 학습효과를 들 수 있다. 개성공단 초기의 노사관계는 상호 간 서로 다른 체제에 익숙했던 경험들을 토대로 자기주장에만 충실한 모습들을 보여 왔다. 그러나 그러한 상호 간의 충돌은 정작 당사자에게는 불필요한 갈등 영역으로 이러한 갈등 영역의 양산이 행위주체에게 부정적 영향을 주었던 데 대한 자기반성적 측면이 포함되어 있었다.

다음으로 행위주체의 상호작용 과정에서 상대방에 대한 이해도의 증가와 그에 따른 경험을 토대로 기존과는 다른 협상의 모습이 전개되었다. 즉 일방이 자기주장만을 내세우고 자기 입장만을 관철하려는 데서 나아가 상대와의 협상, 타협, 갈등을 통해 상호작용의 결과물을 만들어 냄으로써 노사관계 본연의 모습으로 점차 변화되어 갔다.

다. 기업 행동적 측면

우리 기업들이 회의체 결성을 통해 근로자들의 각종 요구에 대응했던 모습은 기업 공동의 요구사항을 제기하고 현안 문제들을 공론화시키는 역할을 가능하게 했다. 특히 기업책임자회의의 재결성은 기존 북한에 의해 실체가 종종 부정되었던 기업협회(임의단체)의 틀이 아니라 개성공업지구법에 근거한 회의체(의무단체)의 운영으로 총국과의 관계에서 공식적인 문제 제기가 가능해질 수 있었다.

또한 우리 기업들의 북한 근로자들에 대한 타협적 마인드의 형성도 중요한 지점이었다. 체제 대결적이고 극단적인 노무관리적 시각에서 점차 상대방의 실체에 대한 인정과 이해관계의 직접 발굴을 통해 협상 영역을 개발하게 되었다. 결국 극단적이고 일방적인 요구가 아니라 상호 간 접점이 만들어질 수 있는 주장을 하게 된 것이다.

제2절 한계

1. 한계

개성공단의 노사관계는 한계의 측면도 가지고 있었다. 행위주체의 상호작용을 통한 결과물이 국가 차원의 법·제도 변화까지는 이끌어내지 못하였으며, 전면중단 직전까지 대립적 노사관계의 모습이 자주 확인되었고, 환경변수로 인해 노사관계의 불안정성이 증가하는 등 한계도 존재하였다. 이를 구체적으로 보면 다음과 같다.

첫째, 노사관계의 변화가 큰 틀에서의 제도적 변화로는 연계되지 못하고 있었다는 점이다.

노사관계 시스템의 관점으로 보자면 기업 내 상호작용의 결과물은 다시 국가의 제도 변화로 피드백 되는 과정을 거치게 된다. 그러나 개성공단의 경우 기업 내 노사관계의 변화가 있음에도 불구하고 이것이 북한 정부의 제도 변화로까지는 이어지지 못하였다.

둘째, 협력적 보다는 대립적 노사관계로의 경향이 발생하고 있었다는 점이다.

통상 대립적 노사관계란 이해관계의 조정이 분쟁을 통해서만 해결되고 분쟁이 자주 발생하거나 격렬해지는 경우를 의미한다. 이러한 대립적 노사관계는 한편으로는 후진적 노사관계의 원인이 되기도 한다. 후진적 노사관계는 통상 노사정의 잘못된 관행과 노동시장의 경직성, 현장 내 법치주의의 미확립 등을 그 원인으로 한다. 조금 더 구체적으로 보자면 노사정의 잘못된 관행이란 근로자 측에서는 단기간에 많은 이익을 추구하려 하고, 기업 측에서는 근본적 대응 보다는 임시적 대응을, 정부 측에서는 일관성 없는 정책을 펴는 것을 의미한다. 노동시장의 경직성이란 채용·해고 등에 있어서의 경직성을 의미하고 현장 내 법치주의의 미확립이란 요구사항 관철 과정에서의 불법행위와 이에 대한 법적 대처의 불완전을 의미한다. 이러한 점에서 보자면 기업 측이 보이는 임시적 대응이나 노동시장의 경직성, 요구 관철 과정에서의 북한 근로자들의 과도한 모습은 후진적 노사관계의 모습을 포함하고 있어 우려스러운 지점이라고 할 수 있다.

셋째, 환경의 변화에 따라 노사 간의 협상력에 차이가 발생하거나 노사관계의 불안정 요소로 전환되었다는 점이다.

노동시장, 노동제도, 이해관계, 관리구조와 같은 경쟁 환경변수뿐만 아니라 남북관계와 같은 일반 환경변수의 변화는 노사 간의 교섭력에 영향을 미치고 노사관계의 안정성에 영향을 주었다. 환경변수인 노동력 공급의 저하, 노동제도의 불완전한 변화, 남북관계의 경직성 등의 결합은 우리 기업들의 협상력 약화와 더불어 노사관계를 안정·협력보다는 갈등으로 이동케 하였다.

2. 한계 요인

가. 제도적 측면

총국이 개성공업지구 노동규정의 하위 규범으로 노동세칙을 통지하였으나 북한에 유리한 부분만 구체화하거나 상위 규범과 배치되고 북한에 유리한 영역에 대한 왜곡된 해석을 암묵적으로 조장하는 등의 특징을 지니고 있었다. 물론 2014년 12월 노동규정 개정 이후 통지된 2015년 4월의 노동세칙은 상호 간에 일관성을 유지하려는 모습이 보이기도 했으나 완전한 모습은 아니었다. 이러한 불완전한 제도는 법치주의의 정착이나 법에 근거한 행동양식의 발생을 가져온다는 긍정적 측면에도 불구하고 우리 기업에게는 경영의 불안정성을 가져왔다.

나. 비제도적 측면

첫째, 노동력의 공급 부족을 들 수 있다. 노동력 공급 부족은 노동력 수요자 중심의 노사관계를 공급자 중심의 노사관계로 변화시키고 있고 기업 측에서 보자면 각종 비용의 증가요인이 되었다. 아울러 초기와 달리 노동력의 이동이 점차 가능해져 가는 것도 한계요인으로 작용하였다.

둘째, 남북 간 이해관계의 간격이 커져 갔다는 점이다. 북한의 입장에서는 개성공단 조성을 통해서 얻고자 했던 이익이 정체 상태에 놓임으로써 남북협력공간을 확대 개발할 필요성이 감소하였다. 이런 점이 반영됨에 따라 북한은 5·24 조치 이후 다른 경제협력 공간이 차단된 상황에서 개성공단을 통해 이익을 극대화하려는 모습을 보였다. 이러한 불만의 극단적인 표출이 2013년 북한의 일방적인 개성공단 잠정 중단이었음을 우리는 확인할 수 있다.

셋째, 여전히 임가공 구조로 운영되는 우리 기업들의 생산방식이었다. 주문 이후 즉시 납기를 맞춰야 하는 단납기 방식에 따라 북한 근로자들의 단체행동을 동반한 각종 요구에 대해 우리 기업들은 법·제도적 대응보다는 현실적인 측면을 고려하여 가급적 수용하는 모습을 취하였다. 즉 납기를 지키지 못함에 따라 발생할 수 있는 각종 지체보상금(크레임)에 대한 부담으로 근로자들의 요구사항을 수용하고 그 비용을 지불함으로써 인위적으로 노사관계를 안정시키고자 하였다.

넷째, 관리구조상 근로자 측면에서 보자면 북한 정부와 근로자 간의 강한 연계성이 확인되었다는 점이다. 통상 자본주의 노사관계에서는 정부의 개입 최소화가 원칙이나 체제전환 국가의 경우 여전히 국가-노동조합 간 연계가 존재하고 있고 북한 정부와 근로자 간의 연계는 중국·베트남에서의 연계에 비해 훨씬 강력하다. 이는 대등한 교섭력의 유지라는 관점에서 볼 때 근로자 측의 경우 북한 정부의 개입에 의해 강한 교섭력을 유지하고 있는 반면 우리 기업 측의 교섭력은 상대적으로 약할 수밖에 없음을 의미한다.

다. 기업 행동적 측면

첫째, 기업 간 공동대응 체계가 약화되고 있었다는 점이다.

초기에 우리 기업들은 각자의 유불리를 떠나 상호 정보 공유를 통해 북한 근로자들의 무리한 요구에 대응하는 등 기업 간 공동 대응이 가능했다. 그러나 점차 기업 간 이해관계에 치우친 나머지 자신들의 지불 능력에 맞게 북한 근로자들의 요구에 대처함으로써 공동 대응 체계가 흔들리고 있었으며 이는 개성공단 기업들의 전반적인 교섭력 저하로 나타났다.

둘째, 개성공단 현지 투입에 대한 주재원들의 준비 부족을 들 수 있다.

기본적으로 북한 사회의 작동체계나 노동문화 등에 대한 우리 주재원들의 현지 이해도는 상당히 떨어져 있었다. 기업에서의 현지화 교육은 전무하며 우리 정부의 방북 교육도 일반적인 사항에 불과했다. 해외에서의 노사관계 경험 또한 적은 것으로 나타났다. 뿐만 아니라 이를 대체할 수 있는 개인들의 각종 경험도 부족하였다. 우리 주재원 중 많은 수가 개성법인의 규모와 같은 노동력을 관리한 경험이 없었으며 북한 근로자들의 협상력에 대응하기 위한 인사·노무 분야의 관리 경험 또한 부족하였다.

제8장

결론

　우선 본서에서 인용된 개성공단의 노사관계 사례와 실태가 개성공단 내 모든 기업들의 현실을 충분히 반영하지 못한 한계가 존재한다. 기업들과의 설문조사를 통해 이러한 부분을 보완하고자 했으나 전체 가동기업의 50% 수준에서만 의견을 피력함으로써 전체적인 현실을 반영하지 못하였다는 점도 밝히고 싶다. 아울러 본서의 발간 목적이 개성공단에 대한 극단적인 인식과 달리 중간지대로서의 노사관계가 존재하고 있음을 밝히고자 하였다는 점에서 입주 시기별, 기업별 비교를 통해 구체적으로 분석하지 못했다는 한계도 있다.

　그러나 이러한 한계에도 불구하고 우리가 확인할 수 있는 점은 개성공단의 노사관계가 기존 선행연구 및 통념이 지적했던 시각과는 분명한 차이가 존재했다는 점이다. 즉 개성공단에서 기업과 근로자가 만들어 내는 다양한 상호작용 과정과 결과는 어느 한 행위주체의 일방적 권한 행사나 의사 관철로 이루어지고 있지 않았음을 보여준다. 오히려 환경변수를 고려한 행위주체들의 전략적 선택과 적극적 상호작용으로 다양한 협상과 타협의 결과가 발생하고 있었다는 점을 확인할 수 있다.

　우리는 개성공단의 노사관계가 보편적 노사관계와는 달리 행위주체 간의 독립성에 차이가 있다는 점도 확인할 수 있었다. 특히 북한 정부와 근로자 간에는 우리 정부와 기업과의 관계에 비교해 강한 연계 형태를 보이고 있었고 이는 높은 협상력을 발생시켰다. 그러나 근로자 측의 강한 연계는 개성공단만의 특수한 상황은 아니며 중국 · 베트남 등 체제전환 국가의 초기 노사관계에서도 발견할 수 있는 현상이었다. 다만 노사관계가 협력적인지 대립적인지 여부가 행위주체의 이익 극대화 과정의 형태에 따라 결정된다고 하였을 때 근로자 측의 이익 극대화 여부는 조금 더 복잡한 측면이 있었다. 즉 개별 기업에서는 기업과 근로자 간에 이익 극대화를 위한 접점이 다양하게 만들어 지고 있었다. 그에 반해 근로자 측의 또 다른 행위주체인 북한 정부의 경우에는 이익 극대화의 결과물이 많지 않음에 따라 근로자와의 강한 연계를 통해 개별 기업의 노사관계에 더욱 개입함으로써 이익 극대화를 추구하려는 모습을 보였다. 이러한 북한 정부의 이익 극대화 과정과 그에 따른 노사관계 개입이 협력적 노사관계를 대립적 노사관계로 전환시키는 결과를 나타내기도 하였다. 다만 대립적 노사관계의 격화가 노사 간의 힘의 역전을 의미하는 비대칭적 노사관계로까지 전환된 것은 아니었다.

행위주체 앞에 놓인 환경변수 중 행위주체의 전략적 선택에 영향을 미치는 경쟁 환경변수로는 노동시장, 노동제도, 이해관계, 관리구조가 있었다. 아울러 남북관계를 비롯한 각종 사회 · 문화적, 정치적, 경제적 환경 등 일반 환경변수도 주요한 환경요인이었다.

노동시장의 경우 2007년과 2008년의 대규모 노동력 투입 이후 2009년부터는 점차적으로 공급 규모가 일정 수준만을 유지하고 있었다. 노동제도도 2008년 이전까지는 제도 구축기에 불과했으나 2009년 이후에는 제도가 구체적으로 집행되기 시작하며 상위 규범과의 충돌 등 법적 불안정과 이에 따른 갈등이 발생하였다. 개성공단 운영 10년의 평가를 통해 2014년 이후에는 제도의 변화를 모색하였다. 개성공단의 개발과 확대의 지연에 따라 북한 정부의 불만이 상대적으로 급증하였으며 이러한 불만의 증가는 점차 노사관계에도 영향을 미쳤다. 근로자 측의 강한 연계 구조는 우리 기업들의 공동 대응 후퇴 속에 협상력 우위의 모습으로 나타났었다. 한편 2009년 이후 더욱 고조된 정치·군사적 갈등은 남북관계의 악화를 이끌었고 이 또한 행위주체들의 상호작용에 영향을 미쳤다. 북한의 새로운 리더십이 등장하였으나 여전히 변하지 않는 사회·문화적 환경과 해결되지 않는 정치·경제적 환경도 우리 행위주체들의 상호작용에 영향을 미쳤다. 이러한 환경변수는 중국·베트남 등 체제전환 국가의 초기 환경변수와는 상당히 다른 모습이다. 이러한 환경변수는 행위주체의 '이해관계' 차이가 '노동제도' 및 '남북관계'의 변화와 맞물리면서 '노동력 공급'에 영향을 주는 순환구조를 보였다. 이러한 환경변수의 순환구조는 노사관계의 안정성에 영향을 주었다.

그러함에도 환경변수 하에 행위주체들이 벌이는 상호작용은 다양한 분야에서 전개되었다. 협상을 통한 임금·근로조건 개선과 함께 생산·교육훈련 등의 다양한 분야에서의 노사협조 사례가 창출되었다. 기업의 의사결정 구조에 영향력을 행사하고자 하는 북한 근로자들의 능동적 경영참가 모습도 나타났다. 더 나아가 우리는 북한 근로자들이 자신들의 요구사항 관철을 위해 다양한 유형의 단체행동을 전개하며 이러한 단체행동이 실제적으로 노사관계의 결과물 형성에 유력한 수단으로 작용하고 있음도 확인할 수 있었다. 행위주체들이 요구 관철 과정에서 발생시키는 갈등은 초기의 언어상·감정상 또는 이데올로기 충돌에서 점차 권리·이익분쟁으로 성숙되어 갔고 제도의 불비 속에서도 관리위원회와 총국이 행하는 각종 분쟁조정도 행위주체들의 동태적인 모습을 보여주었다.

이러한 상호작용의 모습은 행위주체들의 다양한 학습효과를 통해 나타난 결과라고 할 수 있다. 행위주체들이 다양한 학습효과를 거쳐 개성공단의 여러 경쟁 환경변수를 고려하여 행하는 전략적 선택의 모습은 다음과 같이 정리해 볼 수 있다.

첫째, 노동시장 측면에서 초기에 기업들은 노동력의 '확보'를 위한 노력에 치우쳤으나 공급이 제한된 상황에서 북한 근로자들의 사업장 이탈 증가에 직면하면서 기업들은 노동력의 '확보'뿐만 아니라 '유지'를 위해 임금·근로조건 개선 요구에 집중하는 전략적 선택을 하게 되었다.

둘째, 노동제도 측면에서 우리 기업들은 북한의 '노동세칙'을 기본적으로 불인정하는 가운데서도 생산성과 밀접한 관련이 있는 임금 부분에 대해서는 전략적 수용의 형태를 보였다. 완전 수용하기에는 제도의 불완전함이 큰 상황 하에서 선택적 수용을 하게 된 것으로 볼 수 있다. 반면 북한 근로자들은 불완전한 제도를 적극 활용하여 이를 관철시키려 하는 전략적 행동을 시도하였다.

셋째, 이해관계 측면에서 정치경제적 이익을 확보하고 있는 우리와 달리 북한 정부는 개성공단의 확대보다는 현상유지라는 전략적 선택을 하였고 이의 대표적 표현이 소극적인 노동력 공급 정책으로 나타났다. 한편 우리 기업들 간에는 이해관계에 따라 분화가 발생하였다. 즉 임금·근로조건의 보장과 관련하여 초기 동종업계의 수준 등을 고려하여 공동 대응 체계를 형성하였으나 점차 이해관계의 분화에 따라 기업들이 각자의 지불 능력만큼 임금·근로조건 수준을 높이고 그에 상응하는 결과를 확보하려는 전략적 선택을 한 것이었다.

넷째, 관리구조 측면에서 우리 기업들의 경우 근로자 측의 강한 연계성을 감안하여 기업 간 공동 대응 형태를 논의하면서도 기업의 필요에 따라 이탈하는 이중성의 모습도 나타냈었다. 이에 반해 북한 정부와 근로자들은 정치·군사적 갈등 고조와 더불어 북한 정부의 이해관계가 맞물리면서 더욱 강한 연계의 형태를 취하였다. 이러한 전략적 선택은 개성공단의 노사관계에 대응하는 우리 기업들과 북한 근로자들의 현실적인 모습이었다고 할 수 있다.

그러나 이러한 전략적 선택과 상호작용의 결과는 반드시 균일한 모습만을 보인 것은 아니었다. 입주 시기나 기업의 관리능력·수준 등에 따라 다양한 차이를 나타내고 있었다. 입주 시기가 빠른 기업의 경우 상대적으로 풍부한 노동력 공급과 유리한 환경변수 하에서 협력적 노사관계의 모습을 만들어 냈다면 후발 기업의 경우에는 대립적 노사관계의 모습이 자주 확인되었다. 기업의 관리능력·수준의 차이는 자본주의와 사회주의 체제의 결합이라는 개성공단 특성과 맞물리면서 그 중요성이 강조될 수밖에 없었다. 개성공단의 특성과 조건을 인정한 전제하에서 북한 근로자를 제대로 파악하고 분석하여 대응한 기업들은 북한 근로자들과의 관계 형성이 안정적인 반면 우리의 시각과 관행을 그대로 적용하려 한 기업들은 잦은 갈등과 불안정성을 노출하였다. 현지화라는 관점에서 북한 근로자들의 노동에 대한 인식과 정서, 북한 사회의 특성을 제대로 이해하고 이를 활용할 줄 아는 것이 기업의 노사관계 안정성에 직접적인 영향을 미쳤다.

우리는 본서를 통해 개성공단에 대해 기존에 가지고 있던 양 극단의 시각이 교정될 필요가 있음을 다시 한 번 확인할 수 있다. 아울러 노사관계의 결과물이 타협과 협상, 갈등의 과정을 거쳐 점진적으로 진화하고 있었음도 확인할 수 있다. 뿐만 아니라 이익 극대화를 위해 행위주체들이 벌이는 상호작용의 결과물은 노사 모두에게 이익이 되는 방향으로 변화하고 있었고 우리 정부의 정책적 지원에 따라서는 지금보다 진전된 노사관계도 가능할 수 있을 것이라는 긍정적 전망도 기대해 볼 수 있다.

본서를 정리하며 필자는 북한 정부와 근로자에 대응하는 우리 정부와 기업 간의 연계와 개입 방식에 대해서는 추가적인 고민이 필요하다는 점을 제안하고 싶다. 아울러 남북 간 노사분쟁의 해소방안이 현재와 같은 당사자 간의 협의 방식으로는 한계가 불가피하다는 점에서 새로운 대안 마련의 필요성도 함께 제안하고자 한다. 그 점에서 개성공단 공동위원회 차원에서 논의되다가 중단된 상사중재 절차와 함께 노동중재 절차에 대한 심도 있는 논의 전개가 필요하다고 판단한다.

그러나 중재 절차라고 하는 것은 기본적으로 준거법(규정)을 전제로 한 해석과 집행의 문제이기에 현재와 같이 일방이 부정하는 준거법(규정) 수준이 아닌 남북이 초보적인 수준이나마 합의한 준거법(규정)을 통해 관련 논의를 전개할 필요가 있다. 그 점에서 초보적인 수준의 준거법(규정) 합의를 위한 노력도 필요하다는 점을 밝히고 싶다. 또한 장기적으로 개성공단에 대한 북한 정부의 이익 관점에서 북한의 이해관계를 해소할 수 있는 영역들에 대한 추가적인 연구와 논의과정도 제기되길 기대해 본다.

　한편 이런 측면에서 필자는 개성공단의 사례를 통해 향후 전개될 각종 남북 협력공간에서의 관리구조를 어떻게 형성하고 논의 내용은 어떻게 구성해야 할지 제안해 보고자 한다.

　북한의 특수경제지대 관리 및 운영과 관련된 법률에 의하면 공단 관리체계는 기본적으로 지도기관과 관리기관을 두어 운영하게 되어 있고 이러한 점을 감안한다면 향후 남북 간 협력공간이 북한 지역에 조성될 경우 별도의 법률 제정이 없는 이상 현재와 유사한 체계가 운영될 것이다. 이 경우 관리구조는 거시 수준과 중위 수준, 미시 수준으로 나누어 볼 수 있다.

　거시 수준은 남북 당국자로 구성된 공동위원회가 수행하고, 중위 수준은 기본적으로 개성공단에서의 관리위원회와 총국과 같이 정부의 권한을 위임받은 현지 남북 기관들과 기업 단체가 수행하는 것이 적절해 보인다. 미시 수준은 개별 기업·작업장별 수준의 근로자 조직과 사용자와의 협의를 통해 노사 간의 이해관계를 조정하는 방식이 될 것이다.

　이 경우 거시 수준은 일반 계획, 체제 연관 부분, 공단 운영 부분, 기타 기업의 사회적 책임 부분 등을 논의할 수 있을 것이다. 중위 수준에서는 기업의 생산활동과 직접 관련이 있는 노동생산성, 근로조건, 기업관리, 산업안전, 근로감독 등의 논의가 가능하다. 마지막으로 미시 수준에서는 중위 수준에서 논의된 내용들의 실질적 실행방안 등을 논의할 수 있을 것이다.

　다만 이러한 수준별 협의 내용은 고정된 것이 아니며 중위 수준의 협의 결과를 거시 수준의 합의내용으로 갈음하거나 기업 단체의 경우에도 기본적으로 기업 단체가 중위 수준에 결합하되 필요시 업종별 대표들이 중위 수준에 결합하는 방식을 모색해 볼 수도 있을 것이다.

　아무쪼록 본 내용을 토대로 남북 간 추진하게 될 경제특구나 각종 경제개발구와 같은 경제협력 공간에서 개성공단보다는 더욱 진전된 노사관계가 창출될 수 있도록 진지한 고민이 전개되기를 기대해 본다.

1. 국내 문헌

가. 단행본

강문희 역,『허브코헨, 협상의 법칙 I』(서울: 청년정신, 2004).

경수로사업지원기획단,『KEDO: 경수로사업 지원 백서』(서울: 경수로사업지원기획단, 2007).

경제단체협의회,『단체교섭의 전략과 기법』(서울: 경제단체협의회, 2001).

고용노동부,『새로운 미래를 여는 합리적 임금체계 개편 매뉴얼』(서울: 고용노동부, 2014).

국회예산정책처,『개성사업 평가』(서울: 국회예산정책처, 2006).

김석진,『중국·베트남 개혁모델의 북한 적용 가능성 재검토』(서울: 산업연구원, 2008).

김성수·박찬희·김태호,『한국기업 성과급제도의 변천』(서울: 서울대학교 출판부, 2007).

김성철,『베트남 대외 경제개방 연구: 북한에 주는 함의』(서울: 통일연구원, 2000).

_____,『국제금융기구와 사회주의 개혁·개방: 중국 베트남의 경험이 북한에 주는 함의』(서울: 통일연구원, 2001).

김영윤,『북한 경제개혁의 실태와 전망에 관한 연구』(서울: 통일연구원, 2006).

김연철,『북한의 산업화와 경제정책』(서울: 역사비평사, 2001).

김연철·박순성 편,『북한 경제개혁 연구』(서울: 후마니타스, 2002).

김영종,『노동정책론』(서울: 형설출판사, 1992).

개성공단 5년 발간위원회,『개성공단 5년: 개성에 가면 평화가 보인다』(서울: 통일부 개성공단사업지원단, 2007).

남궁영,『북한의 경제특구 투자환경 연구: 중국·베트남과의 비교』(서울: 민족통일연구원, 1995).

동명한·김창철·조봉현,『개성공단! 중국진출 Return 중소기업의 대안』(서울: 중소기업청·중소기업진흥공단, 2008).

_____,『중소기업 남북경협 이렇게 해야 활성화 된다』(서울: 중소기업청·중소기업진흥공단, 2008).

맨슈어 올슨, 최광 옮김,『지배권력과 경제번영』(서울: 나남, 2010).

문무기,『중국 노동법제 분석을 통한 북한 노동법제 변화 전망』(서울: 한국노동연구원, 2002).

문무기·윤문회,『개성공단의 인력관리 실태와 노동법제 분석』(서울: 한국노동연구원, 2006).

민족통일연구원,『통일과 북한 사회문화(하)』(서울: 양동문화사, 2006).

박석삼,『북한경제의 구조와 변화』(서울: 한국은행 금융경제연구원, 2004).

박영범,『북한의 경제개발에 대비한 사회주의국가의 노동시장 형성 및 촉진과정 비교분석』 노동부 연구용역보고서(2002).

박영범·최훈,『경제특구에서의 북한 노동력 활용방안』 노동부 연구용역사업보고서(2003).

박정동,『북한의 경제특구: 중국과의 비교』(서울: 한국개발연구원, 1996).

박정호·구갑우,『북한의 노동』(파주: 한울, 2007).

박형중,『북한의 경제관리체계』(서울: 해남, 2002).

_____,『구호와 개발, 그리고 원조: 국제 논의 수준과 북한을 위한 교훈』(서울: 해남, 2007).

법무법인 태평양,『개성공업지구 법규 및 제도해설』(서울: 로앤비, 2005).

법무부,『북한 '북남경제협력법' 분석』(서울: 2006, 법무부).

배규식,『개성공업지구 노동보수 관련 연구』, 통일부 연구용역사업보고서(2010).

백학순,『베트남의 개혁·개방 경험과 북한의 선택』(서울: 세종연구소, 2003).

선한승 외,『사회주의 국가의 노동개혁과 북한 모형 연구』(서울: 한국노동연구원, 2003).

_____,『북한의 노동제도와 노동력에 관한 국제비교연구』(서울: 한국노동연구원, 2000).

_____,『북한인력에 관한 법제실태와 활용방안』(서울: 한국노동연구원, 2004).

세종연구소 북한연구센터,『조선로동당의 외곽단체』(파주: 한울, 2004).

신수식·김동원·이규용,『현대 고용관계론』(서울: 박영사, 2010).

신지호,『북한의 '개혁·개방': 과거·현황·전망』(서울: 한울, 2000)

오승렬,『중국 경제의 개혁·개방과 경제 구조: 북한 경제 변화에 대한 함의』(서울: 통일 연구원, 2001).

유창형, "북한 노무인력 활용 경험,"『노무관리 워크샵 발제자료』(서울: 한국전력공사 KEDO 원전사업처, 2004.7.15).

이규창,『2009년 헌법 개정 이후 북한 노동법제 동향: 제정 노동보호법 및 노동정량법의 분석과 평가』(서울: 통일연구원, 2011).

이달곤,『협상론: 협상의 과정, 구조, 그리고 전략』(서울: 법문사, 2005).

이병태,『최신 노동법』(서울: 중앙경제, 2001).

이 석,『북한의 경제개혁과 이행』(서울: 통일연구원, 2005).

이영훈·오대원,『개성공단 기업의 효율성 분석: 중국 및 동남아 기업들과의 비교(미발 간)』(서울: 한국은행 금융경제연구원, 2008).

이원덕,『고능률생산체계와 신노사관계』(서울: 한국노동연구원, 1995).

이철수·박은정,『개성공업지구 노동안전보호법제 해설』, 통일부 학술연구용역사업보고 서(2009).

이효수,『노사 공동선 경제학』(서울: 한국노동연구원, 1997).

이효수·최훈,『중국의 노사관계』(서울: 한국노동연구원, 1988).

정수영,『신노무관리론』(서울: 박영사, 1982).

정재호,『중국 개혁: 개방의 정치경제 1980~2000』(서울: 까치, 2002).

정재훈,『노사관계론』(서울: 북넷, 2011).

조동호,『북한의 노동제도와 노동력 실태』(서울: 한국개발연구원, 2000).

조명철·홍익표,『중국 베트남의 초기 개혁개방정책과 북한의 개혁 방향』(서울: 대외경 제정책연구원, 2000).

조혜영 외,『개성공단 기업의 국내산업 파급효과 및 남북 산업간 시너지 확충방안』, 지 식경제부 연구용역보고서(2010).

좋은벗들 엮음, 『북한사람들이 말하는 북한이야기』(서울: 정토출판, 2002).

차문석 · 김지형, 『북한의 공장 및 노동실태 분석』(서울: 한국노총, 2008).

최신림 · 이석기, 『북한의 산업관리체계와 기업관리제도』(서울: 산업연구원, 1998).

최정식 외, 『소주 공업원구 법제에 관한 연구』, 통일부 정책연구개발사업보고서(2006).

최종태 · 김강식, 『북한의 노동과 인력관리』(서울: 서울대학교 출판부, 2003).

최진욱, 『현대북한행정론』(서울: 명인문화사, 2008).

통일교육원, 『북한 이해 2013』(서울: 통일교육원, 2013).

통일연구원, 『2000 북한개요』(서울: 통일연구원, 2000).

_____, 『2009 북한개요』(서울: 통일연구원, 2009).

_____, 『개성공단협력 분과위 제1차 회의 결과해설자료』 2007년 12월 21일.

한국노동연구원, 『남북한 인력교류를 위한 북한인력 및 노동제도 실태분석』, 노동부 연구용역보고서(2000).

小島麗逸 편, 권두영 역, 『중국경제개혁의 명암』(서울: 한백사, 1990).

한국비교경제학회편, 『비교경제체제론』(서울: 박영사, 1997).

황병덕, 『분단국 경제교류 · 협력 비교연구』(서울: 민족통일연구원, 1998).

나. 논문

강미연, 『개성공단 경제특구의 작업장 문화』(연세대학교 대학원 박사 학위논문, 2013).

김보근, 『북한 '천리마 노동과정' 연구』(고려대학교 대학원 박사 학위논문, 2005).

김승철, "북한 주민의 노동의식에 관한 연구," 『통일경제』(1998), 51~64쪽.

김익수, "북한의 중국식 모델 도입: 가능성, 한계 및 남한의 역할," 『동북아경제연구』, 12권2호(2001), 325~375쪽.

권 율, "베트남 개혁 · 개방 모델이 북한에 주는 시사점," 『수은 북한경제』, 여름호(2005), 26~54쪽.

대한무역진흥공사, "중국 직접 투자시 대두되는 법적 문제," 『특수지역경제무역정보』, 제7호(서울: 대한무역진흥공사, 1989), 28쪽.

박두복, "북한의 개혁 · 개방과 중국 모델," 『시민정치학회보』, 5호(2002), 1~39쪽.

박정동, "중국의 경제체제 개혁: 북한에 주는 시사점," 『중소연구』, 86호(2000), 53~83쪽.

박천조, 『개성공단 입주 기업의 노무관리 실태연구』(북한대학원대학교 석사 학위논문, 2010).

_____, "개성공단 노동제도의 변화와 영향 연구,"『산업노동연구』, 제21권 제2호(2015), 179~222쪽.

_____, "임금대장을 통해 본 개성공단 임금제도의 변화 연구,"『산업관계연구』, 제25권 제4호(2015), 59~91쪽.

박형중, "중국과 베트남의 개혁과 발전: 북한을 위한 모델?,"『Online Series 05-06』(2005), 1~16쪽.

양문수, "대북경제협력 전망과 과제," 한반도포럼 주최 세미나 발표자료(2012.2).

_____, "남북경협의 평가와 과제," 국회 입법조사처 주최 세미나 발표자료(2012.8).

양문수 · 지만수 · 서봉교(2001), "북한의 개혁 · 개방 어떻게 될까,"『LG주간경제』(2001.2), 4~16쪽.

이마무로 히로코(今村 弘子), "협력적인 노사관계: 중국의 외자도입 초기의 문제점이 북한에 가지는 의미,"『성균관법학』, vol.16 No.2(2004), 77~84쪽.

이영훈,『개성공단 1단계 사업에 대한 경제적 효과 분석』한겨레문화재단 주최 국제학술회의 발표문(2008.11.21).

이임동,『개성공단 위기시 행위주체의 역할에 관한 연구: 입주 기업 위기극복 활동 중심으로』(중앙대학교 대학원 석사 학위논문, 2013).

이해정, "개성공단, 중국 · 베트남보다 경쟁력 우월,"『현안과 과제』(2011.7), 1~12쪽.

이효수 · 김태진, "노사관계이론의 비교연구,"『산업관계연구』, 제6권 제1호(1996), 105~124쪽.

이효수, "세기적 전환기와 노사관계의 신기축,"『노동경제논집』, 제19권 제1호(1996), 223~246쪽.

임을출, "중국 경제와 개성공단의 초기 조건 비교: 임금 · 고용 법제와 실제를 중심으로,"『북한연구학회보』, 제11권 제1호(2007), 1~26쪽.

장근섭, "2007년 베트남 노동시장 및 노사관계 전망,"『국제노동브리프』(2007), 48~58쪽.

정유경, "베트남 노동자의 파업권과 외자기업 내 단위노조의 역할: 사회주의 지향의 시장경제 체제 하 파업 발생 사례를 중심으로,"『동남아연구』(2013), 339~360쪽.

조동호, "북한 노동력과 대북투자,"『동북아경제연구』, 제8권 제1호(1997), 85~111쪽.

_____, "북한 노동력수준의 평가와 활용방안,"『KDI 북한경제리뷰』, 제2권 제11호(2000), 3~47쪽.

한홍석, "중국의 개혁 · 개방이 북한에 주는 시사점," 외교안보연구원 주최 세미나 발표문(2002.11).

허병희, "외국인 투자관련 제도,"『북방통상정보』12월호, 통권86호(서울: 대한무역진흥
　　공사, 1992).
홍　민, "행위자－네트워크 이론과 북한 연구",『현대북한연구』, 제16권 제1호(2013),
　　106~170쪽.

다. 기타

개성공업지구 관리위원회 홈페이지(www.kidmac.com).
사단법인 개성공단기업협회 홈페이지(www.gaesong.net).
통일부 홈페이지(www.unikorea.go.kr).
통일연구원 홈페이지(www.kinu.or.kr).
『동아일보』.
『한겨레신문』.
데일리 NK.
연합뉴스.
한국아이닷컴.
CBS노컷뉴스.
chosun.com.
YTN.

2. 북한 문헌

가. 단행본

김일성, "새 환경에 맞게 공업에 대한 지도와 관리를 개선할 데 대하여",『사회주의 경제
　　관리 문제에 대하여 2』(평양: 조선로동당출판사, 1970).
리기섭,『조선민주주의인민공화국법률제도(로동법제도)』(평양: 사회과학출판사, 1994).
리원일 등,『로동행정편람 1』(평양: 과학백과사전종합출판사, 1998).

_____, 『로동행정편람 2』(평양: 과학백과사전종합출판사, 1998).

_____, 『로동행정편람 3』(평양: 과학백과사전종합출판사, 1998).

사회과학원 경제연구소, 『경제사전 1』(평양: 사회과학출판사, 1985).

_____, 『경제사전 2』(평양: 사회과학출판사, 1985).

사회과학출판사, 『조선말대사전 1』(평양: 사회과학출판사, 2006).

_____, 『조선말대사전 2』(평양: 사회과학출판사, 2007).

_____, 『조선말대사전 3』(평양: 사회과학출판사, 2007).

서재영 외, 『우리 당의 선군시대 경제사상 해설』(평양: 조선로동당출판사, 2005).

조선로동당 중앙위원회 당력사연구소, 『조선로동당력사』(평양: 조선로동당출판사, 2006).

나. 논문

김경일, "추가적인 로동보수제는 기업소경영활동을 개선하기 위한 중요한 경제적공간,"
　　『경제연구』, 1998년 제2호.

김달현, "대외무역을 발전시키는 것은 사회주의 경제건설을 촉진하는 담보,"『근로자』,
　　1989년 제2호.

_____, "현실발전의 요구에 맞추어 대외무역을 더욱더 발전시키자,"『근로자』, 1989년
　　제9호.

김정일, "로동행정사업을 더욱 개선 강화할 데 대하여(1989.11.27),"『김정일 선집』, 제9
　　권(평양: 조선로동당출판사, 1997).

리광혁, "공화국특수경제지대 관리기구제도의 기본내용,"『김일성종합대학학보(력사·
　　법률)』, 제58권 제2호(2012).

서승환, "사회주의적로동보수제는 근로자들의 창조적로동활동을 추동하는 중요공간,"
　　『경제연구』, 1990년 제2호.

전정희, "대중적 기술혁신운동의 새로운 형태,"『근로자』, 제9호(1964).

지영희, "사회주의사회에서 생산의 합리적조직의 본질,"『경제연구』, 1990년 제2호.

전익춘, "대외경제사업을 강화하는 것은 사회주의 경제건설의 중요한 요구,"『근로자』,
　　1986년 제4호.

다. 기타

중앙특구개발지도총국, 『노력채용및해고세칙』·『노동시간 및 휴식세칙』·『노동보호세
    칙』, 중앙특구개발지도총국 지시 제8호(2008.10.1).
_____, 『노동보수세칙』, 중앙특구개발지도총국 지시 제9호(2008.11.20).
_____, 『노동법규위반행위에 대한 제재 및 분쟁해결 세칙』, 중앙특구개
    발지도총국 지시 제3호(2010.7.21).
『우리 민족끼리』.
『조선신보』.

3. 외국 문헌

가. 단행본

Dunlop, J.T., *Industrial Relations System*, rev. ed.(Massachusetts: Harvard Business
    School Press, 1993).
Farnham, D. and Pimlott, J., *Understanding Industrial Relations*, 4rd ed.(London: Cassell,
    1990).
Fox, A., *A Sociology of Work in industry*(London: Collier-Macmillan, 1971).
Kornai, Janos., *The Socialist System-The Political Economy of Communism*(New Jersey:
    Princeton University Press, 1992).
Korchan, T.A., Katz, H.C., and McKersie, R.B., *The Transformation of American
    Industrial Relations*(New York: Basic Books, 1986).
Min Sunoo, Jan Jung, Chi Do Quynh, and Lee Chang-Hee., *Viet Nam: a foreign
    manager's HR survival guide*(Hanoi: ILO Country Office for VietNam, 2009).
Salamon, M., *Industrial Relations: Theory and Practice*(New York: Prentice Hall, 1987).
Weber, M., *Economy and Society*(California: University of california press, 1978).
HR Solutions Vietnam.Com, *HR Survival Guide For Foreign Managers In Vietnam*(Hanoi:
    HR Solutions Vietnam.Com, 2010).

中華人民共和國 國家統計局 編, 『中國統計年鑑 2001』(北京: 中國統計出版社, 2001).

高昇孝, 『朝鮮社會主義の理論』(東京: 新泉社, 1978).

_____, 『朝鮮社會主義 經濟論 朝鮮社會主義の理論』(東京: 日本評論社, 1973).

나. 논문

Barbash, J., "Collective bargaining and the theory of conflict," *British Journal of Industrial Relations*, vol.18, No.1(March 1980), pp.82~90.

K.F.Walker., "Towards Useful Theorizing about Industrial Relations," *British Journal of Industrial Relations*, vol.15, No.3(November 1977), pp.307~316.

Kirkbride, P., "Industrial relations theory and research," *Management decision*, vol.17, No.4(1979), pp.326~338.

Laffer, K., "Is industrial relations an academic discipline?," *Journal of Industrial Relations*, vol.16, No.1(March 1974), pp.62~73.

Lee, Hyo-Soo, "Theory Construction in Industrial Relations: A Synthesis of PDR Systems," *The Korean Economic Review*, vol.12 No.2(Winter 1996), pp.199~219.

Lee, Ching Kwak., "From the spector of Mao to the spirit of law: labor insurgency in China," *Theory and Society*, vol.31(2002), pp.189~228.

Lewis, A., "Economic Development with Unlimited Supply of Labor," *The Manchester School of Economic and Social Studies*, vol.22 No.2(May 1954), pp.139~191.

Lindblom, C., "The Market as Prison," *Journal of Politics*, vol.44, No.2(May 1982), pp.324~336.

McMillan, J. and Naughton, B., "How to Reform a Planned Economy," *Oxford Review of Economic Policy*, vol.8, No.1(1992), pp.130~143.

Naughton, B., "What is Distinctive about China's Economic Transition? State Enterprise Reform and Overall System Transformation," *Journal of Comparative Economics*, vol.18, No.3(1994), pp.470~490.

개성공단 노사협상 및 노무관리에 관한 설문지

개성공단 노사협상 및 노무관리에 관한 설문지

본 설문조사는 개성공단 내 우리 기업들이 경험하고 있는 북한 근로자와의 각종 노사협상 및 노무관리 사례에 대한 연구자료로 활용하고자 실시하는 것입니다.

바쁘신 줄 아오나 귀사에서 발생하는 각종 노사협상 및 노무관리 사항에 대한 질문에 답변해 주시기 바라며 본 설문지에 응답해주신 내용은 연구목적 외에 다른 자료로 활용되지 않음을 알려드립니다.

아울러 본 설문조사에 참여하신 분의 신분은 본인 관리 하에 외부에 노출되지 않도록 철저히 관리할 예정인 바 협조바랍니다.
작성하신 분의 성명은 기재하지 않으셔도 무방하며 작성해 주신 내용은 향후 소중한 자료로 활용하겠습니다.

바쁘신 가운데 설문조사에 협조해주셔서 감사드립니다.

2013년 2월

박 천 조

* 해당되는 칸에 √ 표시를 하거나, 직접 답을 적어 주십시오.

Ⅰ. 일반사항

1. 귀하의 직책은?
   □ 법인장   □ 중간관리자(인사, 노무, 생산관리 등)

2. 귀사의 업종은?
   □ 섬유·봉제   □ 기계·금속   □ 전기·전자   □ 화학   □ 식품
   □ 기타

3. 귀사의 북측 근로자 수는?
   □ 200명 이하   □ 200명 이상~400명 미만   □ 400명 이상~600명 미만
   □ 600명 이상~800명 미만   □ 800명 이상~1,000명 미만   □ 1,000명 이상

4. 귀하는 현 개성법인의 규모와 같은 노동력을 관리해 본 경험이 있는지?
   □ 있다   □ 없다

5. 귀하는 개성법인에 입사 전 인사 또는 노무관리 분야의 경험이 있는지?
   □ 있다   □ 없다

6. 귀하의 개성공단 근무기간은?
   □ 1년 미만   □ 1년 이상~2년 미만   □ 2년 이상~3년 미만   □ 3년 이상~4
   년 미만   □ 4년 이상~5년 미만   □ 5년 이상 (년   개월)

7. 귀하는 개성공단 이외의 해외 지사근무 경험이 있는지?
   □ 있다 (근무지역: _____)   □ 없다

8. 귀하는 남측에서의 재직 시 노동조합에 가입한 경험이 있는지?

　□ 있다　　　□ 없다

II. 노무관리 또는 노사협상의 영향 요인

1. 개성공단의 대외적인 환경이 기업 내 노무관리에 미치는 영향은?

　□ 매우 크다　□ 크다　□ 중간　□ 큰 차이가 없다　□ 매우 작다

2. 귀사의 노무관리 또는 노사협상에 영향을 미치는 요인을 순서대로 표기한다면?

　□ 기업의 경영방침　□ 남측 당국의 입장　□ 북측 당국의 입장

　□ 종업원 대표의 입장　□ 북측 근로자들의 입장　□ 개성공단 제도

3. 귀사의 노사협상에서 남북측 간 일상적인 협상 주체는?(복수응답)

　□ 법인장　□ 사장　□ 종업원 대표　□ 총국 관계자　□ 관리위원회 관계자

4. 귀사의 노사협상에서 남북측 간 결정적인 권한을 가지고 있는 자는?(복수응답)

　□ 법인장　□ 사장　□ 종업원 대표　□ 총국 관계자　□ 관리위원회 관계자

5. 귀사의 노무관리 또는 노사협상에서 남측 당사자인 법인장의 영향력은 어느 정도인지?

　□ 매우 크다　□ 크다　□ 중간　□ 큰 차이가 없다　□ 매우 작다

5-1. 귀사의 법인장은 남측 대표와의 관계에서 협상의 재량권이 있는지?

　□ 매우 그렇다　□ 그렇다　□ 중간　□ 그렇지 않다

　□ 전혀 그렇지 않다.

5-2. 귀사의 법인장에게 재량권이 있다면 어느 부분이 있는지(복수응답)

□ 근무시간 관리　□ 임금 및 근로조건 관리　□ 배치전환

□ 교육훈련 관리　□ 생산성 관리

5-3. 귀사의 노무관리 또는 노사협상에 있어 가장 큰 애로사항은?

□ 남측 대표의 비현실적 협상결정　□ 동종업체의 불공정 경쟁

□ 생산 납기　□ 북측 근로자의 집단행위　□ 총국의 개입

□ 불완전한 노동제도

6. 귀사의 노무관리 또는 노사협상에서 북측 당사자인 종업원 대표의 영향력은 어느 정도인지?

□ 매우 크다　□ 크다　□ 중간　□ 큰 차이가 없다　□ 매우 작다

6-1. 귀사의 종업원 대표는 북측 총국과의 관계에서 재량권이 있는지?

□ 매우 그렇다　□ 그렇다　□ 중간　□ 그렇지 않다

□ 전혀 그렇지 않다.

6-2. 귀사의 종업원 대표에게 재량권이 있다면 어느 부분이 있는지?(복수응답)

□ 근무시간 관리　□ 임금 및 근로조건 관리　□ 배치전환

□ 교육훈련 관리　□생산성 관리

6-3. 귀사의 노무관리 또는 노사협상에서 종업원 대표의 영향력을 제한하는 요소가 있다면 무엇인지?

□ 북측 당국의 입장　□ 북측 근로자의 입장　□ 종업원 대표의 능력

□ 기타(　)

7. 귀사의 북측 종업원 대표와의 협상내용별 빈도수는?

□ 임금 등 근로조건: 월　회　□ 배치전환: 월　회

□ 생산품질 관련: 월　회　□ 기타(　　): 월　회

8. 특정사안에 대해 기업 간 통일적인 대응이 가능하다고 생각하는지?
   □ 매우 그렇다   □ 그렇다   □ 중간   □ 그렇지 않다
   □ 전혀 그렇지 않다.

9. 귀사의 협상력 강화를 위해 필요한 영역은?
   □ 기업단체의 단결력 강화   □ 협상교육   □ 관리위의 직접 개입
   □ 각종 규정 보완

10. 귀사의 협상력 강화를 위해 관리위원회의 지원이 필요한 영역은?(복수응답)
    □ 시장친화적 노동제도 구축   □ 근로자 요구에 대한 총국 협상
    □ 임금 및 노보물자 결정   □ 배치전환   □ 생산 및 품질 향상
    □ 기타(   )   □ 없음

III. 작업조직 구성 및 참여

1. 작업조직은 누가 구성하는지?
   □ 법인장이 일방적으로 라인을 구성한다
   □ 종업원 대표가 일방적으로 라인을 구성한다
   □ 종업원 대표가 안을 제시하면 법인장이 승인한다

2. 일반 생산직의 작업조직 구성에 있어 고려하는 요소가 있는지?(복수응답)
   □ 생산능력   □ 경력   □ 학력   □ 연령   □ 종업원 대표 의견

3. 귀사 종업원 대표의 경영참여 방식에는 어떠한 것들이 있는지?(복수응답)
   □ 인센티브제도의 사전협의 및 합의   □ 소집단 활동
   □ 제안제도   □ 작업배분   □ 배치전환 결정
   □ 작업시간·작업방법·작업속도·작업량 결정   □ 교육훈련
   □ 복리후생   □ 고용조정   □ 노무관리   □ 작업조직 구성

4. 경영참여 방식의 시기는?
   □ 정기적   □ 부정기적

5. 경영참여 기회 보장이 기업과 근로자와의 협력관계에 긍정적 영향을 미치고 있는지?
   □ 매우 그렇다   □ 그렇다   □ 중간   □ 그렇지 않다   □ 매우 그렇지 않다

Ⅳ. 종업원 대표 관련

1. 귀하와 북측 종업원 대표와의 관계기간은 어느 정도입니까?
   약 ____개월

2. 귀하의 개성법인 북측 근로자 관리에 대한 실질적인 영향력은?
   □ 매우 크다   □ 크다   □ 중간   □ 적다   □ 매우 적다

3. 귀사 종업원 대표의 능력 수준을 평가한다면?(해당 칸에 √ 표시 기재)

구분	매우 높다	높다	중간	낮다	매우 낮다
통솔력					
책임감					
인 성					
협조성					
생산이해도					

4. 귀사 종업원 대표와 총무와의 관계는?
   □ 매우 협조적   □ 협조적   □ 중간   □ 전략적 협조   □ 비협조적(상호견제)

5. 남측 관리자의 능력을 100으로 보았을 때 종업원 대표의 전반적인 관리 능력은?
   □ 70미만   □ 70이상   □ 80이상   □ 90이상   □ 100   □ 100이상

6. 종업원 대표의 관리 능력을 위와 같이 판단한 근거는?(복수응답)

    □ 노동력 관리 능력   □ 생산 및 품질관리 능력   □ 생산 이해도

    □ 기타( )

박천조

〈개성공업지구지원재단〉 기업지원부장. 1998년 제7회 공인노무사 시험에 합격하여 다양한 노사관계 이슈와 노동문제를 다루어 왔다. 2007년부터는 개성공단 현지 관리기구인 개성공업지구관리위원회에서 근무하며 우리 기업과 북한 근로자 간에 발생하는 다양한 노사관계 문제를 현장에서 경험하고 관리하였다. 2014년『개성공단 노사관계 연구』라는 논문으로 박사 학위를 받았으며, 저서로는 「개성공단을 통해 본 남북협력공간에서의 노사관계 협의구조 연구」(『북한학의 새로운 시각: 열 가지 질문과 대답』(공저), 역사인, 2018.3)가 있다. 논문으로는 「개성공단 생산표어 사례 연구」(『산업관계연구』 제26권 제3호2016.9), 「임금대장을 통해 본 개성공단 임금제도의 변화 연구」(『산업관계연구』 제25권 제4호, 2015.12), 「개성공단 노동제도의 변화와 영향 연구」(『산업노동연구』 제21권 제2호, 2015.6) 등이 있다.

이메일: laborpark@naver.com / laborpark@empas.com